新零售工程系列著作

数字经济背景下新型农业经营模式创新研究

白世贞 吴 绒等 著

科 学 出 版 社
北 京

内 容 简 介

“数字经济+农业”已成为顺应时代发展、促进农业转型升级、解决农业短板的重要方法。本书以数字经济时代新型农业经营模式创新为研究对象，总结我国新型农业经营模式发展现状，从政策驱动、数字化驱动、融资需求驱动等方面阐述新型农业经营模式创新的动因，创新大规模机械化、生态绿色、电商参与融资、智慧订单等新型农业经营模式，结合典型案例，从政府引导、技术支持、主体培育等角度设计保障措施，并提出新型农业经营模式创新的趋势，为后续创新发展新型农业经营模式提供理论依据和思路。

本书适合工商管理、管理科学与工程、产业经济学等相关学科、专业的研究生和本科生阅读，也适合乡村振兴相关政府部门负责人、参与数字乡村建设的企事业单位管理者参考阅读。

图书在版编目（CIP）数据

数字经济背景下新型农业经营模式创新研究 / 白世贞等著. -- 北京 : 科学出版社, 2025. 6. -- (新零售工程系列著作). -- ISBN 978-7-03-079251-8

Ⅰ. F324

中国国家版本馆 CIP 数据核字第 2024X5X187 号

责任编辑：任锋娟 周春梅 / 责任校对：王万红
责任印制：吕春珉 / 封面设计：东方人华平面设计部

科学出版社出版
北京东黄城根北街 16 号
邮政编码：100717
http://www.sciencep.com
天津市新科印刷有限公司印刷
科学出版社发行 各地新华书店经销
*
2025 年 6 月第 一 版 开本：B5（720×1000）
2025 年 6 月第一次印刷 印张：13
字数：262 000

定价：128.00 元

（如有印装质量问题，我社负责调换）
销售部电话 010-62136230 编辑部电话 010-62135763-2015

前　言

近年来，中央提出大力发展数字农业，实施数字乡村战略，推动农业数字化转型。传统农业以粗放型种植为主，技术含量较低、非标准化生产导致产品质量参差不齐，且普遍存在品牌意识薄弱等问题。随着数字经济思维的日益渗透，数字化技术与农业产业加速融合，彻底改变了农业生产、经营、管理和服务等各个环节，这对推动我国农业转型升级具有重要作用。《数字农业农村发展规划（2019—2025 年）》提出的发展目标包括数字技术与农业产业体系、生产体系、经营体系加快融合，农业生产经营数字化转型取得明显进展，管理服务数字化水平明显提升。当前，农业数字化转型正处于窗口期，数字化农业市场面临着前所未有的机遇，数字技术叠加互联网平台形成合力，将大大推动农业变革，加速乡村振兴。

本书特点如下。

① 应用数字经济思维探索新型农业经营模式创新，推进“数字经济+现代农业”理论逻辑。依托数字经济发展，构建大规模机械化、生态绿色、电商参与融资、智慧订单等新型农业经营模式，探索多元化创新模式运作机制，为企业、行业发展新型农业经营模式提供理论指引。

② 采用典型案例分析探索新型农业经营模式创新。结合我国数字农业情境创新四类新型农业经营模式，分别选择典型案例，通过一手数据和二手数据，剖析四类新型农业经营模式的应用情况及运作机制。

本书为国家社会科学基金项目“农业全产业链‘纵合横通’数字化转型发展机制与实施路径研究（23BJY191）”、教育部哲学社会科学研究后期资助重大项目“数字化赋能现代流通体系创新与高质量发展路径研究（22JHQ009）”阶段性成果。本书依托以数字经济为代表的现代信息技术，创新多元化新型农业经营模式，对完善我国新型农业经营体系、促进我国现代农业发展具有一定的理论意义与现实意义，丰富了“数字经济+现代农业”的理论体系，有助于加快我国农业数字化进程，利用数字化拓宽我国农民增收渠道，带动农民致富增收。

本书由白世贞布局统稿并撰写第 1 章，姜曼撰写第 2 章，吴绒撰写第 3、4 章，谢宇枫撰写第 5 章，贾雪莲撰写第 6 章，王妍撰写第 7 章，中国人民大学博士研究生田轶男撰写第 8 章，哈尔滨商业大学企业管理、管理科学与工程专业研究生陈彦岐、黄佩华、刘泽军、吕洋、冯家欣、梁琦、孝佳骏、张俭协助进行了文献整理和校稿工作，在此表示衷心的感谢。

在撰写本书过程中，作者参考了大量相关文献，在此对相关作者一并表示感谢。此外，感谢科学出版社的领导和责任编辑对出版本书付出的心血，感谢所有为出版本书提出无私建议和指导的同人。

由于作者的学识有限，书中难免存在不足，敬请广大读者批评指正。

目　　录

第1章 绪　论

1.1 研究背景

农业是国民经济和社会不断发展进步的基础，很多国家非常重视农业发展。中国是世界上屈指可数的农业大国，农业是国民经济的基础，农业发展对国家的经济发展至关重要。因此，加快农业、农村、农民“三农”发展，始终是党和政府关注的重点。

乡村振兴，关键是产业振兴，而要实现产业振兴，核心是要加快构建现代农业产业体系、生产体系和经营体系。为解决好“三农”问题，党的十八大报告明确提出，发展农民专业合作和股份合作，培育新型经营主体，发展多种形式规模经营，构建集约化、专业化、组织化、社会化相结合的新型农业经营体系。2013年中央一号文件围绕新型农业经营体系构建这一战略思想做出了总体部署，要求创新农业生产经营体制，稳步提高农民组织化程度。自此，创新发展农业经营模式、构建新型农业经营体系成了我国解决“三农”问题以及推进农业现代化进程的关键。党的十九大报告指出“三农”问题是关系国计民生的根本性问题，并做出了“实施乡村振兴战略”这一重大部署，强调发展多种形式适度规模经营，培育新型农业经营主体。2020年中央一号文件提出重点培育家庭农场、农民合作社等新型农业经营主体，培育农业产业化联合体，通过订单农业、入股分红、托管服务等方式，将小农户融入农业产业链。可见，构建现代化农业产业体系和创新发展多种形式的农业经营模式是我国实现农业现代化、加快由农业大国向农业强国转变的必经之路。

以互联网、物联网、大数据、人工智能等新技术为代表的数字经济，在不断发展中迸发出引领时代的巨大能量。数字经济不仅正成为全球经济社会发展的重要引擎，而且已加速向农业农村广泛渗透，为农业农村数字化建设提供了良好契机。2015年7月4日出台的《国务院关于积极推进“互联网+”行动的指导意见》正式将现代农业纳入“互联网+”的十一个重点行动领域之一，提出“利用互联网提升农业生产、经营、管理和服务水平”，并进一步部署了依托互联网加快完善新型农业生产经营体系这一重大任务，从而为我国农业发展提供了新的前进方向。2015 年 12 月印发的《农业部关于推进农业农村大数据发展的实施意见》和 2016 年 10 月出台的《农业农村大数据试点方案》致力于实现农业数据的有序共享开放，初步完成农业数据化改造。2019 年，国家出台的《数字乡村发展战略纲要》提出，立足新时代国情农情，要将数字乡村作为数字中国建设的重要方面，加快信息化发展，整体带动和提升农业农村现代化发展。《数字农业农村发展规划（2019—2025 年）》提出，数字技术与农业产业体系、生产体系、经营体系加快融合，农业生产经营数字化转型取得明显进展，管理服务数字化水平明显提升。2021 年中央一号文件提出，发展智慧农业，建立农业农村大数据体系，推动新一代信息技术与农业生产经营深度融合。2022 年中央一号文件提出，大力推进数字乡村建设，推进智慧农业发展，促进信息技术与农机农艺融合应用。如今，数字经济在农业领域已成为优化农业产业结构、提高农业生产与经营管理效率的关键手段，这表明要充分借助现代信息技术、数字化知识和信息，深入推动农村数字经济为乡村产业振兴赋能。

我国是传统意义上的农业大国，且人口数量庞大，农业发展有着巨大的市场基础。多年以来，我国始终把“三农”领域工作摆在重中之重的位置，并不断推进农业现代化发展。如今，我国农业农村面貌发生了巨大的变化，农业生产持续发展，农村经济全面繁荣，农民生活显著改善，我国农业发展已取得了很大的成就。但是，与发达国家相比，我国普遍面临着数字化水平低、互联网技术结合力度小、融资体系不完善等问题。可见，我国新型农业经营体系尚处于发展初级阶段，农业经营组织形式亟须持续创新。因此，我国应鼓励新型农业经营主体充分利用以数字经济为代表的新兴技术，创新适合我国现代农业发展的新型农业经营模式，进而推进我国实现由农业大国向农业强国的转变，带动农民致富增收。

1.2 研究目的与意义

1.2.1 研究目的

新型农业经营模式创新已成为促进农民持续增收、强化农业基础地位的关键手段。随着数字经济思维的日益渗透，数字化技术开始与农业产业加速融合，彻底改变了农业生产、经营、管理和服务等各个环节，这对推动我国农业转型升级具有重要作用。如今，“数字经济+农业”已成为顺应时代发展、促进农业转型升级、解决农业短板问题的重要方法。因此，各类新型农业经营主体如何依托数字经济来创新发展多元化的农业经营模式是目前一项重要而亟待解决的战略问题。本书以数字经济时代新型农业经营模式创新为研究对象，主要期望达到以下目的。

一是分析我国农业区域划分情况，并指明各个区域的新型农业经营功能定位。解释新型农业经营主体的概念及类型，并从全国角度说明农业区域划分情况。进一步厘清我国新型农业经营主体分布及新型农业经营模式分类情况，有助于全面了解我国现代农业整体发展状况。

二是总结我国新型农业经营模式发展现状，探究新型农业经营模式创新动因。利用社会调研、文献研究等方法介绍我国新型农业经营模式现状，对其中存在的问题进行总结整理。之后从新型农业经营模式政策驱动、农业数字化驱动、绿色农业生态发展驱动、融资需求驱动和优质农产品消费结构持续升级驱动这五个方面阐述我国新型农业经营模式创新的动因。

三是创新多类新型农业经营模式。构建包括大规模机械化农业经营模式、生态循环绿色农业经营模式、电商参与融资的农业经营模式和智慧订单农业经营模式等新型农业经营模式，采用定量、定性相结合的方法分析上述四种新型农业经营模式的应用情况，构建各类新型农业经营模式的运作机制。从政府引导、技术支持、新型农业经营主体培育等角度设计一系列保障机制，以推动各类新型农业经营模式在我国现代农业中的高效运行。

四是多方面分析我国新型农业经营模式创新面临的问题，并探索我国创新发展"数字经济+"新型农业经营模式的对策建议，最后提出新型农业经营模式创新的趋势与重点，从而为我国后续创新发展新型农业经营模式提供理论依据和发展思路。

1.2.2 研究意义

依托以数字经济为代表的现代信息技术创新多元化的新型农业经营模式，对完善我国新型农业经营体系、促进我国现代农业发展具有一定的理论意义与现实意义。

1. 理论意义

创新性地构建依托数字经济发展的新型农业经营模式，并进一步对各类新型农业经营模式的典型案例及运作机制进行探讨。不仅实现对新型农业经营模式相关研究的有益补充及成果丰富，还为健全新型农业经营模式运作机制提供理论基础与理论指导，丰富了"数字经济+现代农业"的理论体系。

2. 现实意义

一方面，创新性地提出结合数字化技术发展的新型农业经营模式，有助于快速实现我国新型农业与数字经济的融合发展，加快我国农业数字化进程；另一方面，为充分将新型农业经营模式应用到我国农业而展开一系列机制研究，有助于我国充分实现新型农业经营模式创新，从而利用数字化拓宽我国农民增收渠道，带动农民致富增收。

1.3 国内外研究现状

1.3.1 新型农业经营模式研究

目前，关于新型农业经营模式概念的界定还比较模糊。刘静（2017）认为，新型农业经营主体是指基于家庭联产承包经营制度的完善，一些文化水平较高、技术掌握程度较强、经营管理能力不弱的职业农民和大规模经营、较高集约化程度以及具有市场竞争力的农业经营组织，普遍包括家庭农场、专业大户、农民合作社以及农业产业化龙头企业这四种经营形式。事实上，各新型农业经营主体之间不存在谁优谁劣、谁主谁辅的问题，而存在相互依存、功能互补与整合的关系。因而出现了“专业大户+农民合作社”“专业大户+龙头企业”的“农业共营制”等多种形式（翁贞林和阮华，2015）。姜涛（2019）在研究中也认为应加强新型农业经营主体之间的合作，并不断探索融合发展新模式。一般来讲，农业经营模式可以理解为农业经营形式和农业经营方式的有机统一（曾福生，2011）。因此，大多数学者普遍会将农业经营模式、农业经营形式和农业经营方式这三个名称混同使用，没有进行明显区分。如今，不少学者研究了多种形式的新型农业经营模式。廖祖君和郭晓鸣（2015）阐述了我国农业经营组织体系不断演变的内在逻辑，并认为未来的一个显著趋势是以企业为龙头、合作社为载体、农户为单元的“公司+合作社+农户”的混合一体化经营。刘畅和高杰（2016）利用共生理论的思想，分析了我国农业经营组织的演进过程，并提出在共生系统中，各农业经营主体的经济实力最终决定了其在利益分配中的份额。周月书和王婕（2017）研究得出，规模农户加入龙头企业带动型或合作经济组织带动型的农业产业链组织有助于提高融资规模。姜长云（2018）认为，应加强家庭农场、农民合作社和龙头企业之间的合作，实现新型农业经营主体支持方式的持续创新，从而促进小农户与现代农业发展的有效衔接。

1.3.2 数字经济与农业经营关系研究

数字经济的快速发展，使得我国的“数字经济+农业”于近年取得了可观的成绩。但是由于发达国家的技术水平始终保持领先，我国与发达国家的农业现代化建设相比尚存在一定的差距。如今，发达国家的“数字经济+农业”早已步入一个新的发展阶段，国外学者对“数字经济+农业”的相关研究也较为丰富。Jamaluddin（2013）对印度农民使用电子商务的情况进行了调查，发现农民应用电子商务的实践尚处于初级阶段。虽对农民进行了电子商务相关知识的培训，但知识的积累与实践之间仍存在巨大的差距。Khanal 等（2015）调查了互联网的使用对小型农场企业和家庭的收入支出影响情况，最后研究得出小型农场企业可以从数字经济中受益，因为它可以增加企业收入、非农收入和家庭总收入。此外，使用互联网还可以减少一些投入成本和家庭开支。Tzounis 等（2017）介绍了数字经济背景下物联网技术的发展概况及在农业领域的应用情况、为农民带来的潜在价值以及物联网在传播方面面临的挑战。

在国内，随着“数字经济+现代农业”的发展，李贝贝（2019）认为采用大数据、云计算等新兴数字技术，依托互联互通的网络进行物联技术融合的新农业特质，是新型农业产业发展的必然产物。李佳南（2019）认为数字经济推动农业发展方式变革，促使农业由小规模经营逐步转向适度规模经营。互联网、物联网等数字技术的出现，将农户和现代农业发展有效衔接起来，从而实现农业经营规模化、集约化、专业化。楚明钦（2020）提出数字经济推动了农业产业集群的虚拟化，有利于传递各类农业信息，便于生产经营主体之间的沟通合作。通过数字经济技术，拓展了小农户和新型农业经营主体的信息来源渠道，从而获得更加精准、智能的服务。钱明辉等（2021）主要分析了疫情后农业农村数字经济的发展趋势，发现数字技术的广泛应用将会加快市场信息、农资供应、农业绿色生产技术等生产服务发展，最终促进新型农业经营主体经营活动的规模化发展。彭成圆等（2019）以乡村青年电商创业带动型、农村电商创业平台助推型、新型农业经营主体领办型以及乡村振兴战略为视角，归纳总结了江苏省农村电商创业的四种典型模式（包括农村电子商务示范村引领型），并进一步分析发现政策、资金、人才和基础设施是影响农村电商发展的主要因素。阮俊虎等（2020）指出，物联网革命为我国赶超发达国家进而引领正在发生的数字经济提供了巨大机遇，在对数字农业运营管理基本特征进行界定的基础上，构建数字农业创新商业模式与一体化技术解决方案，有利于促进我国现代农业从机械化、电气化到数字化、智能化的跨越和数字农业运营管理这一新兴领域中国学术话语体系的构建。

1.3.3 农业经营模式创新研究

闵继胜（2018）提出了农业经营模式创新的概念，认为农业经营模式创新是指在大规模农业经营形式下引入新的农业技术和优化配置生产要素，实现农业经营方式由粗放向集约、精细转变，并分析得出新型经营主体创新经营模式的原因以及前置条件。蔡海龙（2013）总结了已有的几种代表性农业产业化经营组织形式，并在阐述农业产业化经营组织形式创新路径过程中提出，其纵向创新的目标是实现交易费用的降低和资源配置的优化，而横向创新则是以生产效率提高和实现规模效益为目标。杨富云（2019）分析了传统农业产业化经营组织形式面临的诸多困难，并提出以龙头企业、农民合作社和家庭农场等为主体构建的现代农业产业化联合体是组织模式创新的发展方向。苟兴朝和杨继瑞（2019）介绍了农业生产经营模式的内涵，并创新性地提出了一种“农业共营制”模式。随着“数字经济”理念的提出，不少学者将数字经济与农业经营模式创新紧密结合起来。汪旭辉等（2020）提出利用数字经济拥有的信息化、共享化和平台化等特性，有序推动农业供应链资源整合，促进产业模式变革，构建以“消费者”为中心，从生产环节、流通环节再到销售终端的全产业链数字农业经营模式。寇爽（2021）探讨了在数字经济引领下的“互联网+订单农业”经营模式、智慧农业经营模式等，认为利用大数据技术搜集农业产业链信息，可以提高农业生产经营效率，优化经营结构，增加经营效益。文龙娇和张珩（2021）探讨了数字经济背景下新型农业经营的融资模式，认为依托云计算、大数据等数字技术的“云融资”模式，将逐渐成为新型农业经营主体获得融资的重要途径。根据前人的研究成果可知，农业经营模式的创新对加快构建新型农业经营体系具有重要意义。将数字经济思维应用到农业经营模式的创新过程中，可有效推进农业现代化发展，因此，本书将把数字经济应用到新型农业经营体系构建中，基于数字经济技术创新提出若干种新型农业经营模式。然而温涛和陈一明（2020）认为，目前农村数字基础设施建设能力较差，农业数据共享体系尚未健全，乡村数字经济从业人员素质有待增强，相关法律法规和标准制定不明确，数字经济与农业产业融合发展仍存在一些现实障碍，因此新型农业经营创新模式的有效运作需要多重机制和路径来保障。

1.3.4 农业经营模式运作机制研究

农业经营模式的长期稳定发展离不开各种运作机制的保障。汪艳涛等（2015）对“公司+农户”、“公司+中介组织+农户”和股份合作制三种类型的新型农业经营主体运作模式进行了介绍，并进一步阐述了各种运作模式下运作机制的优缺点以及运作机制设计时需重视的问题。小农户家庭经营是我国未来农业的主要经营形式和生产环节的基本组织形态，为实现小农户与现代农业的有效衔接，应坚持以多种形式适度规模经营为引领，以小农户家庭经营为基础，实现互相协调。因此，不少学者对构建新型农业经营主体与农户之间的利益联结机制进行了研究（王乐君等，2019；姜长云，2019）。例如，陈东平和宋文华（2018）利用案例分析了不同信任类型（熟人信任与制度信任）对新型农业经营主体与农民之间的利益联结稳定性的影响情况，研究得出熟人信任有利于推进利益联结的建立，而制度信任将更有利于促进利益联结趋向稳定。王志刚和于滨铜（2019）介绍了农业产业化联合体的内涵、组织边界和增效机制，认为契约分工、收益链接和要素流动是有效促进农业产业化联合体增效稳定运行的三大机制，且未来需进一步实现运行规范化。农业组织模式创新是推动乡村振兴战略顺利实施的关键，谢来位和付玉联（2019）研究得出，农业生产方式和组织模式创新在新型农业经营主体数量、社会化服务体系、生产要素配置、机械化及信息化等方面存在种种困难，具有强烈的政策诉求，因此亟待推出一系列政策。此外，农村人才培育保障机制、农业激励约束机制、风险防范与化解机制等在发展现代农业、促进农民增收进程中也发挥着重要作用（孙东升等，2019；李洁，2019；兰明昊和涂圣伟，2017）。我国的农业现代化水平尚处于初级阶段，无论是互联网技术、新型农业经营主体情况，还是各种基于互联网技术提出的新型农业经营模式，它们的发展与进步都离不开各方面运作机制的保障。因此，本书将在介绍创新提出的多种新型农业经营模式应用案例的基础上，多方面探索各种农业经营模式的运作机制，以通过新型农业经营模式创新来提高我国农业服务质量，协调各方收益，从而达到提高各主体利润的目的。

通过对新型农业经营模式、数字经济与农业经营关系、农业经营模式创新以及农业经营模式运作机制这些研究进行梳理与总结，可以发现学者们已经逐渐意识到数字经济与新型农业经营模式创新融合发展的重要性。但以往研究仍存在以下不足：一方面，由于新型农业经营模式的理念刚出现不久，因此关于这方面的研究稍显不足，难以为实践提供有效指导；另一方面，目前较少有学者基于我国现代农业实际情况，依托数字经济创新性构建适合我国情境的新型农业经营模式。因此，基于国内外学者研究，考虑到我国新型农业经营模式发展现状和特点，本书分别从多个角度创新性地构建基于数字经济的新型农业经营模式，并深入展开案例分析及运作机制探讨，试图弥补现有研究的不足，这对我国现代农业发展有一定的理论价值和现实意义。

1.4 研究内容与方法

1.4.1 研究内容

以我国新型农业经营模式为研究对象，按照“创新动因提出→创新模式构建→对策建议”的研究思路展开研究。首先，对我国农业区域进行划分，并通过一手数据、二手数据调研得出我国新型农业经营主体分布及新型农业经营模式分类情况，然后通过问卷调研和实地访谈等手段，明晰我国新型农业经营模式的现状，系统分析现行农业经营模式存在的种种弊端，从而厘清我国新型农业经营模式创新发展的动因，主要包括新型农业经营模式政策驱动、农业数字化驱动、绿色农业生态发展驱动、融资需求驱动以及优质农产品消费结构持续升级驱动五个方面。其次，结合创新目标，依次构建四类依托数字化技术发展的新型农业经营模式，并分别引入各类新型农业经营模式的典型案例，进一步探索四类新型农业经营创新模式的运作机制，以保障新型农业经营模式的长期稳定应用。最后，从多个角度分析数字经济背景下新型农业经营模式创新过程中面临的种种困难，进一步形成相应的对策建议。

1.4.2 研究方法

1. 文献研究方法

依靠中国知网、谷歌学术以及万方等途径进行检索，从新型农业经营模式、数字经济与农业经营关系、农业经营模式创新以及农业经营模式运作机制这四个方面入手，查阅并梳理前人的研究成果，总结数字经济与新型农业经营模式融合创新的研究方向。并通过国家统计局、中华人民共和国农业农村部等官方网站归纳整理我国农业发展状况，最终为未来更好地创新适合我国情境的新型农业经营模式提供理论依据及借鉴。

2. 社会调查方法

全国农业划分为优化发展区、适度发展区和保护发展区等三大区域，本书主要研究优化发展区新型经营模式运作，包括东北区、黄淮海区、长江中下游区和华南区。分别对这些典型区域中具有代表性的新型农业经营主体开展新型农业经营模式现状的问卷调查和访谈调查，根据调研结果获得对我国各农业区域新型农业经营模式发展情况有实际参考价值的数据和资料。

3. 案例分析方法

本书主要以创新提出的四种新型农业经营模式为代表，包括大规模机械化农业经营模式、生态循环绿色农业经营模式、电商参与融资的农业经营模式以及智慧订单农业经营模式，选取我国应用这四类新型农业经营模式的典型案例，并深入剖析其运作情况及运作保障机制，总结出可借鉴的经验。

1.5 研究创新点

1.5.1 学术思想创新

应用数字经济思维探索新型农业经营模式创新，可成功推动“数字经济+现代农业”的发展。以数字经济等为代表的新兴技术为依托，构建大规模机械化、生态循环绿色农业、电商参与融资和智慧订单四个方面的农业经营创新模式，探索多元化创新模式运作机制，为企业、行业发展新型农业经营模式提供理论依据。

1.5.2 方法应用创新

关于新型农业经营模式创新的研究还处于初步阶段，相关理论有待完善，因此采用案例研究法较为适合。基于我国现代农业情境创新提出的四类新型农业经营模式，分别选择相对应的实际案例，通过一手数据和二手数据收集，剖析四类新型农业经营模式的应用情况及其运作机制。

1.6 本章小结

本章首先阐明数字经济的发展背景，指出各个区域新型农业经营功能定位，从探寻新型农业经营模式创新动因、创新多种新型农业经营模式的研究目的入手，探讨以数字经济为代表的现代信息技术对创新多元化的新型农业经营模式的重要理论价值与现实意义。分别对新型农业经营模式、数字经济与农业经营关系、农业经营模式创新以及农业经营模式运作机制进行梳理与总结，介绍所用研究方法即文献研究方法、社会调查方法和案例分析方法，最后点明研究创新点，即应用数字经济思维探索新型农业经营模式创新与采用案例研究法。

第 2 章　不同区域新型农业经营模式分析

2.1　新型农业经营主体的概念及类型

2.1.1　概念的提出

2012 年中央农村工作会议明确提出“新型农业经营主体”一词，而之前只是在一些文献资料中有所涉及。新型农业经营主体的提出也为解决“三农”问题开辟了有效的途径，意味着培育好农业经营主体成为当前推进农村经济工作的重要任务。但是对于新型农业经营主体的具体概念，相关领域内的学者尚未得出具体的统一观点。根据张照新和赵海（2013）的观点，新型农业经营主体应当具有一定的规模、先进的工具设备以及生产管理经验，具有较高的资源利用率、劳动生产效率以及农地的生产率，是一种以商品化生产为主要目标的农业经营组织。新型农业经营主体与一般的普通农户相比，更侧重于现代化的机械化生产，而不仅仅是满足农户基本的生活需要。根据现代农业市场的现实需求，运用科学的农业经营理念和生产技术，采用现代化的农业生产手段和规模化的生产方式经营农地，以形成更高效的链条化生产，对农产品进行一条线的包装加工，增加产品的附加价值，使农户获得可观的经营收入，提高农户的生活水平。因此，一般来说，新型农业经营主体是指以农户家庭为基本农业生产组织单位，主要目的是获得较高收入，通过规范合理的农地流转机制获得一定规模的农地，以成熟的现代农业经营理念为基础，具备较为完善的基础设施条件以及具有较为先进的农业生产设备，从事包括农业的前期生产经营、中期农产品加工及后期销售三个阶段的规模组织化的生产经营组织。在当前的新形势下，要不断驱动传统经营方式向先进生产方式的转型。

2.1.2　新型农业经营主体的主要类型

当前，学术界对新型农业经营主体类型的研究探讨较多，很多学者提出了不同的观点。王素琴和汪婧（2017）将新型农业经营主体分为六种类型，即职业农民、合作社、家庭农场、现代农业科技产业园区、农业龙头企业和专业大户；张照新和赵海（2013）将新型农业经营主体分成了四种类型，即专业种养大户、家庭农场、农民专业合作社和农业龙头企业。本书选取张照新和赵海的观点，将新型农业经营主体分为四大类，但是这四种类型的新型农业经营主体的分工以及发挥的主要作用是不同的。

2.1.3 专业种养大户

近几年来，农业生产经营结构不断转型，专业种养大户脱离传统农户，向一种新型的生产经营主体转变。一方面，专业种养大户的生产经营规模要超过传统农户。但是由于不同的地区具有不同的自然、经济条件，以及种植、养殖的规模标准，所以并没有具体的统一规定。例如，根据农业农村部数据，山东省对种养大户的规定是粮食种植面积在 300 亩①及以上，而黑龙江省的标准则为耕地面积达到 1 000 亩以上，且单块连片耕地面积在 500 亩以上。另一方面，专业种养大户的经营管理能力也要强于传统农户，相对于传统农户更加专业化，生产率相对比较高，能给农户带来更大的经济效益。培育专业种养大户是农户提高收入、改善生活水平的有效途径之一。大多数农户没有足够的资金和成熟的经营理念开办大工厂，因此专业种养大户通过农地经营权的流转，吸收零散化、细碎化的农地，促使农户进行规模化生产经营，生产出具有商品化、专业化、现代化的高附加价值的农产品，逐渐推进现代农业的发展。专业种养大户的生产力一般较为超前，他们是一种具有企业精神的农民，加大对其培育力度能够优化农业产业结构，对推动农业现代化进程具有重要的作用。

2.1.4 家庭农场

2013 年的中央一号文件首次提到了“家庭农场”一词，之后逐渐成为新型农业经营主体的重要组成部分，并成为实现农业现代化发展的主要形式。通常来说，家庭农场主要以家庭户为经营主体，主要以经营农场的收入为经济来源，以社会化生产、适度规模化生产以及集约化生产为主要特征，以提高社会生产效率以及提高家庭农户的收入水平为目的，同时家庭农场拥有先进的农地经营管理理念和先进的科学技术。家庭农场和专业种养大户这两类经营主体具有很大的相似性，两者都是在农地经营权流转的前提下进行农业规模化生产的经营形式，他们充分利用闲置农地产生经济效益，将农地进行重新配置，调动农民的生产积极性。但是家庭农场一般为了获得国家的相关政策补贴，规定以自愿的原则在工商部门注

① 1 亩≈666.67 平方米。

册登记，而专业种养大户则没有这项规定，因此可以将家庭农场看作是专业种养大户的规范化形式。家庭农场主通常在农忙时雇用短工，且雇用的工人数不超过家庭人数，而专业种养大户通常雇用长期务农的工人。家庭农场的农地规模是固定的，承包一定规模的农地后不易改变，而专业种养大户的农地规模没有具体的标准。家庭农场实行的是集约化、规模化、商品化的生产经营模式，机械化水平较高，具有较高的产品生产率，且其较强的市场竞争力也带动了农业经营模式的转变，加快了现代农业的发展进程。

2.1.5 农民专业合作社

农民专业合作社是另一种典型的新型农业经营形式。主要依靠家庭承包经营，采用自愿、民主的原则，由村委会成员带头从事农作物的生产，并为社员提供生产经营服务，以实现合作社成员的共同需求，是一种合作互助的经营组织形式。主要目的是增加合作社成员的收入，涉及资金、技术、生产、加工、销售等生产经营活动，合作社可以为社员提供优良的生产资料和先进的生产技术来提高生产率，并为社员提供农产品的销售渠道等服务。农民专业合作社这种独特的经营模式使得传统农户与产品市场完美地对接起来，既能维护传统农户的合法权益，又能增强农户经营的规模化经营效应。

2006 年颁发的《中华人民共和国农民专业合作社法》（以下简称《农民专业合作社法》）使得合作社更加规范，保障了社员的合法权益，合作社也由此开始步入快速发展的阶段。根据《全国供销合作社系统 2020 年基本情况统计公报》，2020 年末，全系统组织农民兴办的各类专业合作社 192 460 个，比 2019 年增加 12 648 个；入社农户 1 515.7 万人。其中，农民专业合作社联合社 9 865 个[①]。2020 年中央一号文件提出重点培育家庭农场、农民合作社等新型农业经营主体。由此可见，农民专业合作社是传统农户生产经营模式的一种突破式发展形式，为培育发展新型农户经营主体提供了发展空间。截至 2020 年 11 月，合作社数量达到 224.1 万家，社员数量超过 1 亿。显然，农民专业合作社已成为农村经济发展的重要主体，推动着农业的持续发展。

2.1.6 农业龙头企业

农业龙头企业与传统的农户之间具有利益联结机制，涉及农产品的生产、加工和销售等生产经营环节，农业产业的规模化、统一性的生产经营模式使得农产

① 全国供销合作社系统 2020 年基本情况统计公报[EB/OL].（2021-05-07）[2025-03-25]. https://www.chinacoop.gov.cn/news.html?aid=1708771.

品的各个环节能够科学、合理地结合为统一体。在某一区域内，具有相当规模且能够带动其他农业企业生产经营的企业即为农业龙头企业。农业龙头企业以追求企业的最大利益为目的，其现代化的生产技术以及先进的管理经验提高了农产品的附加价值。

目前，随着生活水平逐步提高，人们对产品的质量要求也越来越高。传统农户将生产的农产品直接销售给消费者，农产品的附加价值很低，而农业龙头企业对农产品进行深加工、包装，增加了农产品的附加值，更大程度上迎合了不同市场消费者的要求。传统农户生产经营规模小，难以适应现代多元化市场的现状，难以独自应对风险，缺乏竞争力，而农业龙头企业的规模较大，通过对农产品进行集约化生产，风险较小，能够及时适应市场的变化。此外，传统农户缺乏专业的培训，没有科学的种养方式，农产品的成本较高，销售渠道有限，一般仅限于村庄周边地区，而农业龙头企业的出现解决了传统农户的疑难问题，将分散的农户集中在一起，引导农户利用科学的技术生产、种养，极大地提高了农产品的生产量，同时农产品的销售渠道也大大拓宽，解决了农产品滞销的难题，推动了农村种植业、养殖业的快速发展，且能形成具有特色的区域发展链条。因此农业龙头企业在经济发展的进程中有着不可替代的地位。

2.2 我国农业区域划分

根据《全国农业可持续发展规划（2015—2030 年）》，我国农业划分为优化发展区、适度发展区和保护发展区。按照因地制宜、梯次推进、分类施策的原则，确定不同区域的农业可持续发展方向和重点。其中，优化发展区包括东北区、黄淮海区、长江中下游区和华南区；适度发展区包括西北及长城沿线区和西南区；保护发展区包括青藏区和海洋渔业区。各农业区域目前仍在持续稳步发展中。

2.2.1 优化发展区

优化发展区包括东北区、黄淮海区、长江中下游区和华南区，这四个区域的农业发展水平较高、规模较大，是我国大宗农产品的主产区，其农业生产条件好、潜力大，拥有较好的资源条件和市场环境。但同时也存在一些负面因素影响着农业的健康发展。例如，水土资源过度消耗、环境污染、农业投入品过量使用、资源循环利用程度低等。因此，优化发展区要坚持生产优先、兼顾生态、种养结合，在确保粮食等主要农产品综合生产能力稳步提高的前提下，保护好农业资源和生态环境，实现生产稳定发展、资源永续利用、生态环境友好。

1. 东北区

东北区以保护黑土地、综合利用水资源、推进农牧结合为重点，建设资源永续利用、种养产业融合、生态系统良性循环的现代粮畜产品生产基地。在典型黑土带，综合治理水土流失，实施保护性耕作，增施有机肥，推行粮豆轮作。根据统计数据，截至2020年，东北区耕地面积合计超过4 500万亩，并且仍在增长。东北区作为全球仅有的三块黑土地区域之一，有着得天独厚的资源优势，是东北发展现代农业的根本倚仗。黑龙江省作为东北区农业发展的主要力量，截至2024年，其粮食总产量连续15年位居全国第一，整个东北区的粮食安全保证在全国都起着引领作用。目前，整个东北区土壤有机质恢复提升，土壤保水保肥能力显著提高。三江平原等水稻主产区的渠灌比例也在显著提高。根据《全国农业可持续发展规划（2015—2030年）》，东北区到2030年实现以渠灌为主。在农牧交错地带，积极推广农牧结合、粮草兼顾、生态循环的种养模式，种植青贮玉米和苜蓿，大力发展优质高产奶业和肉牛产业，推动适度规模化畜禽养殖，加大动物疫病区域化管理力度，推进“免疫无疫区”建设。在大小兴安岭等地区，加大森林草原保护建设力度，发挥其生态安全屏障作用，保护和改善农田生态系统。

2. 黄淮海区

在过去，黄淮海区域一直存在地下水严重超采以及资源循环利用不足的问题。如今根据区域内不同地方情况调整了种植结构，实行灌溉定额制度，积极推行农艺节水和保护性耕作等。截至2020年底，地下水超采问题已经得到了有效缓解。配方施肥、绿色防控等技术在淮河流域等面源污染较重地区已经得到了大力推广。资源循环利用水平整体得到显著提高，畜禽粪污处理，秸秆肥料化、饲料化得到大规模的应用。除此之外，区域基础设施及高标准农田建设全面升级，全面加强区域高标准农田建设，改造中低产田和盐碱地，配套完善农田林网。

3. 长江中下游区

长江中下游区是我国的重要“粮仓”、经济支柱和生态支撑。该区高度重视粮食生产，扩大了双季稻面积，并减缓了鱼、虾等养殖规模，保障了水稻种植面积，优化了种植结构。利用现代“数字化”农业相关先进技术，极大地提高了水、肥等各种资源的利用效率，推动了区域农业的绿色发展。除此之外，部分区域的重污染企业已逐步转型，减少了对生态环境的污染。数字化、智能化技术已大量融入农田基本建设，为未来现代农业的发展奠定了基础。截至 2020 年底，长江中下游区各省市的农村广泛开展了“植树造林、绿化村庄”等活动，建设了农田防护林，实现了农林复合。但目前还存在耕地退化、环境污染、生态系统衰退等问题，仍需继续推进农业的绿色发展。

4. 华南区

该区地形以丘陵、三角洲平原和台地平原为主，是我国主要的农业生产区。目前华南区土地产出率处于较高水平，第一产业总产值稍微领先于全国，农作物经营规模也在不断扩大。由于华南区为酸性土壤，受温度和气候的影响，华南区的稻谷、花生、芝麻、甘蔗、柑橘、香蕉等农作物的产量位居全国前列。总体来看，与我国其他地区相比，华南区农业总产值较高。华南区充足的河流流域面积、较高的相对湿度以及完善的水利设施为农业的灌溉及农作物的生长提供了充分的条件。但是，华南区农业发展目前也存在着一些问题，其主要省份如广东省、广西壮族自治区、福建省等地农作物播种面积与其他地区相比较小，污染物等对土壤和农作物的损害较严重。2020 年广东省的氨氮排放量位居全国第一。因此，华南区应加强对土地资源的规划，科学使用农肥，减少环境污染，并采用可持续发展的农业技术，维持农业生产体系，大力发展农业科技，助推华南区现代农业发展。

2.2.2　适度发展区

适度发展区包括西北及长城沿线区、西南区。适度发展区的农业生产特色鲜明，但生态脆弱，水土配置错位，资源性和工程性缺水严重，资源环境承载力有限，农业基础设施相对薄弱，主要包括黄土高原、西南山区等。这些区域应该坚持保护与发展并重，立足资源环境禀赋，发挥优势、扬长避短，适度挖掘潜力、集约节约、有序利用，提高资源利用率。

1. 西北及长城沿线区

该区依托独特的自然资源，形成了一批具有特色优势的主导产业，如内蒙古的羊肉和牛奶、甘肃的马铃薯、青海的牦牛和藏羊、宁夏的枸杞等特色农产品，部分特色农产品产量在全国占有极大比例，在农产品生产和畜牧业发展方面具有不可替代的重要地位。由于地形条件复杂，该区也形成了多样化的土地利用模式，以及复杂多样的土地资源类型。但是，受干旱少雨的气候条件影响，该区土壤盐碱化现象严重，严重影响了其耕地资源。目前虽已建设了节水高效的现代灌溉农业，并重点推进了水利工程的建设，但仍需不断改进以减少恶劣气候条件等带来的影响。应大力发展基于增效的现代旱地农业，对水资源进行非常规应用，建立基于湿地处理、调蓄净化等方式的再生水灌溉应用模式。要强化耕地质量检测网络体系建设，提高化肥养分利用率。将小麦、玉米、棉花、油料作物等向适合种植的省份进行倾斜，优化农业种植结构和模式。

2. 西南区

西南区包括云南、贵州、四川、重庆等省份。该区地理环境复杂多样，有高山、丘陵、盆地等地形，这种多样性导致了不同地区的农业类型和特点各异。因气候条件适宜，有许多独特的农产品，如云南的普洱茶、贵州的茶叶和烟叶、四川的竹笋等特色农产品，并在国内外市场上有一定的知名度和影响力。此外，西南区是中国重要的水稻主产区之一，尤其是四川、云南等地，气候湿润、水资源丰富，适宜水稻的种植，因此水稻是该地区的重要粮食作物之一。随着经济发展和城市化进程，目前西南区的农业产业结构正在发生转型，传统的粮食作物种植逐渐向特色农产品和经济作物转变，同时农业产业链不断延伸，涉及加工、流通等多个环节。西南区拥有丰富的生态资源，但也面临着生态环境保护与农业发展之间的平衡问题。在推动农业现代化的同时，政府和社会各界也在努力保护当地的生态环境，防止过度开发和资源损耗。为促进农村经济发展，西南区正积极推动农村产业融合发展，鼓励农民从事农业产业链的各个环节，如农产品加工、农村旅游等，以提高农民收入和农村经济发展水平。

2.2.3 保护发展区

保护发展区包括青藏区和海洋渔业区。该区在生态维护与建设方面有着极其重要的战略地位。青藏区不仅是众多大江大河的发源地，还是国家重要的生态保护区，尽管这里拥有独特的农业资源，生态环境却极其敏感和脆弱。同时，虽然我国的海洋渔业发展迅速，但面临着资源枯竭和环境污染等严峻挑战。因此，需要坚持保护优先、限制开发，适度发展生态产业和特色产业，以确保草原和海洋资源能够得到有效恢复和可持续利用，促进生态系统良性循环。

1. 青藏区

青藏区是生态敏感区和重要的水源涵养区，拥有种类繁多的野生植物和动物资源。因其独特的生态地位和脆弱的环境特征，保护青藏区内的自然资源，对于维持区域乃至全球的生态安全至关重要。青藏高原的农牧业具有鲜明的地域特色和重要的经济价值，如藏系牦牛、青稞等，不仅是当地居民重要的粮食和经济来源，也具有较高的营养价值和市场需求。但是由于该区独特的地理条件，包括高海拔、低气温和脆弱的生态环境等，限制了农业生产的种类和规模。应引进耐寒抗旱品种，开展耐低温、耐旱、短生育期作物的选育和引进，提高作物的适应性和产量。采用地膜覆盖、秸秆回填等保护性耕作技术，减少水土流失，提高土壤水分和温度，促进作物生长。采取轮牧、禁牧、恢复草地等措施，避免过度放牧，保护草原生态，同时提高畜牧业的生产效率。

2. 海洋渔业区

海洋渔业是现代农业和海洋经济的重要组成部分。截至 2020 年，海洋渔业领域已经实现了显著的基础设施优化和物资装备提升，同时科技支持力度也有了明显增强。海洋养殖更注重生态健康与效率，而渔船的数量和捕捞能力已与海洋资源的自我恢复能力保持了基本的平衡。此外，海产品的供应种类更加丰富，产品质量与安全性也得到了保障。海洋环境得到了明显改善，渔民的生产与生活条件也得到了显著的提高。

本书主要研究优化发展区新型经营模式运作机制，包括东北区、黄淮海区、长江中下游区和华南区。

2.3 我国新型农业经营主体的分布及发展分析

新型农业经营主体是推进农业农村现代化和乡村振兴的有生力量，农业龙头企业肩负着组织农业产业化经营、引领农业现代化生产、组织小农进入现代化轨道的重要使命。2018 年中央经济工作会议明确提出，“要重视培育家庭农场、农民合作社等新型经营主体”①。2019 年中央一号文件提出，“落实扶持小农户和现代农业发展有机衔接的政策，完善‘农户+合作社’、‘农户+公司’利益联结机制”。推动新型农业经营主体高质量发展，对培育农业农村发展新动能、充分释放各类资源要素活力具有积极作用。从一定层面上说，扶持新型农业经营主体发展壮大，是推动农业供给侧结构性改革和实现乡村振兴战略的应有之义。2020 年中央一号文件指出：“重点培育家庭农场、农民合作社等新型农业经营主体，培育农业产业化联合体，通过订单农业、入股分红、托管服务等方式，将小农户融入农业产业链。”

① 中央经济工作会议在北京举行 习近平李克强作重要讲话[EB/OL].（2018-12-21）[2025-03-25]. https://www.gov.cn/xinwen/2018-12/21/content_5350934.htm.

2.3.1 产业分布

近年来，中国农业产业化企业经历了显著的规模化扩张，这些企业通过提高市场竞争力，不仅增强了自身的实力，还促进了所在地区的经济发展。2012 年 3 月，《国务院关于支持农业产业化龙头企业发展的意见》（国发〔2012〕10 号），明确了农业产业化发展的总体思路、基本原则和主要目标，并提出了促进农业产业化龙头企业（以下简称“龙头企业”）发展的具体政策措施。根据该文件，龙头企业是指在农业产业链中发挥主导作用的企业，它们通过整合上下游资源，提高农业生产效率和农产品附加值。该文件明确了支持龙头企业发展的政策措施，包括在基础设施建设、规模化生产、标准化管理等方面提供财政和金融支持。该文件还特别强调了为龙头企业的融资和信贷需求提供便利。值得注意的是，该文件所指的龙头企业不仅包括已经上市的农业企业，还包括计划上市的企业，以及一些在地区或细分行业中具有领导地位的企业。这些企业积极响应政策号召，通过升级产品结构、加强质量管理、创建知名品牌等手段，加快了企业的发展步伐。

1. 龙头企业产业分布

根据中国农业产业化龙头企业协会公布的 2020 年农业产业化龙头企业 100 强，在乡村产业发展过程中，我国涌现了一批经营规模大、发展水平高、带农能力强的龙头企业。龙头企业是引领带动乡村全面振兴和农业农村现代化的生力军，是打造农业全产业链、构建现代乡村产业体系的中坚力量，是带动农民就业增收的重要主体，在加快推进乡村全面振兴中具有不可替代的重要作用。截至 2020 年底，全国有县级以上龙头企业 9 万家，包括国家重点龙头企业 1 547 家，省级以上近 1.8 万家，市级以上近 6 万家。2020 年入选的龙头企业百强有以下特点：规模大，主营业务收入占比大，占国家重点龙头企业主营业务收入的 68%；聘用农民工 80 多万人，带动了整体经济发展和社会进步；地域分布广，东部地区 49 个、中部 23 个、西部 22 个、东北 6 个。[①]

根据《农业农村部关于公布第九次监测合格农业产业化国家重点龙头企业名单的通知》，监测合格的龙头企业数量最多的省份是山东，有 78 家，遥遥领先于其他省份，其次是江苏省和四川省，分别有 59 家、58 家。[②]

① 2020 年农业产业化龙头企业 100 强和专项 10 强名单发布[EB/OL].（2021-04-25）[2025-03-25]. http://www.moa.gov.cn/xw/zwdt/202104/t20210425_6366584.htm.

② 农业农村部关于公布第九次监测合格农业产业化国家重点龙头企业名单的通知[EB/OL].（2021-02-01）[2025-03-25]. http://www.moa.gov.cn/nybgb/2020/202012/202102/t20210201_6360855.htm.

从区域分布情况来看，我国东部地区农业龙头企业主要为现代化集约式农业企业，同时拓展农产品加工、经营和服务等业务，农业投入成本较高，相应获得的效益也较大，其中外向型农业企业数量较多。东部地区农业龙头企业在高技术水平、高附加值的基础上，还不断适应经济全球化时代发展，满足国际农产品市场要求，提高农产品出口创汇能力，进一步提升农业现代化水平。中部地区农业龙头企业的功能定位是保障农产品供给，确保粮食生产供应稳定。西部地区农业龙头企业则突出生态农业和特色农业的发展优势，抓住发展机遇，转变生产经营模式，利用独特的地理位置生产特色水果、开展特色种养。同时还大力发展观光农业，通过挖掘农业旅游资源和乡村民俗风情，创新虚拟现实全景技术，建立集观光、休闲、度假于一体的农业旅游形式。不同地区农业龙头企业的规模布局、管理能力、科技水平不尽相同，但都积极寻求企业技术和业态模式创新，驱动现代农业产业整体发展。

政府根据各区域资源禀赋和地理特色，因地制宜制定农业产业发展战略规划，保障区域性农业龙头企业布局合理，推进农业产业结构优化。准确来说，现在要重点支持的是具有特色农产品和优势产区的农业企业，要以点带面，突出重点，发挥优势，率先选择国内市场需求大而容易受到冲击的进口产品、国际市场前景好而急需扩大出口的产品给予大力扶持。按照资源优势划分，在具有耕地资源优势的区域重点发展以粮食生产为主的农业企业，形成粮食主产区产业集群；具有草场、沿海、山地特色资源的农业企业则重点生产比粮食价值更高、生态效益更好的畜产品、水产品以及林果等产品，形成不同的特种农产品龙头生产基地；在信息技术发达、资金实力雄厚、交通物流便捷的大中城市郊区，重点发展科技水平更高的农业企业，生产经营附加值更高，经济效益、社会效益、生态效益更好的经济作物和农产品，建立现代农业高科技产业区。此外，大中城市郊区也可以依托优美的农业自然环境优势，展现农、林、牧、渔业的生产劳作过程，形成观光农业等新型农业发展模式，吸引游客进行参观、玩乐和消费。我国要提高农产品的国际竞争力，必须尽快按照“特色化、区域化、品牌化”的要求，推动生产布局的革命性变革，支持农业龙头企业发展，建立全国统一的农产品大市场。另外，要从全球化角度合理研判各地农业企业的相对优势，调整国内产品结构和农业生产布局，打造富有区域特色的农业企业发展模式，促进优质农产品向优势产区集中，形成优势农业产业规模。

2. 专业种养大户产业分布

专业大户包括种养大户、农机大户等。专业种养大户指的是以种养业和家庭劳动力为主，在自有责任地基础上凭借租赁其他农户家庭的土地，扩大种养规模的新型农业经营主体。专业种养大户的特征是规模经营和专业化程度高、市场化特征明显。就当前而言，国家并未出台专业大户的评定标准，各领域的专业大户评定标准也不大相同。一般通过规模与专业化来作为区分种养大户和一般农户的标准。

例如，广东省畜禽养殖专业户标准如下：生猪年出栏 50～499 头或存栏 30～299 头；肉鸡年出栏 2 000～9 999 只或存栏 1 000～4 999 只；蛋鸡存栏 500～1 999 只；奶牛存栏 5～99 头；肉牛年出栏 10～49 头或存栏 20～99 头；肉羊年出栏 30～99 只或存栏 30～99 只；肉鸭年出栏 2 000～9 999 只或存栏 1 000～4 999 只；肉鹅年出栏 1 000～4 999 只或存栏 500～2 499 只；肉鸽年出栏 10 000～49 999 只或存栏 2 000～9 999 只；肉兔年出栏 500～1 999 只或存栏 250～999 只；蜜蜂养殖 100～199 群①。近几年，农业农村部进行供给侧结构性改革，将粮改饲作为试点，借助优良的饲草料完成农业补贴，刺激农业市场经营主体的热情，进而提升种养大户经营结构的调整改革强度。2021 年，重点关注畜牧业发达省份、粮食和蔬菜等主要生产区域及生态保护等关键区域，优先在长江经济带、黄河流域、东北黑土地等关键区域实施，并且选择北京、天津、上海和云南这四个省份进行试点，同时选择江西、湖北、湖南、广东等 13 个省份的部分地区开展试点。其他省份对工作基础好、积极性高的粮食大县或经济作物优势县，开展整县推进。相关省份要积极创新支持机制，切实加大指导和投入力度。中央财政对试点县的补贴支持每年不低于 1 000 万元。

3. 家庭农场产业分布

根据农业农村部统计数据，家庭农场呈现良好发展势头。一是整体数量快速增长。截至 2024 年 10 月底，纳入全国家庭农场名录系统的家庭农场近 400 万个，与 2020 年相比，增长了近 4 倍。二是适度规模经营稳步发展。在推进家庭农场发展过程中，各地引导家庭农场根据产业特点和自身经营管理能力，实现最佳规模效益，杜绝片面追求土地等生产资料过度集中，防止“垒大户”。三是经营水平不断提升。家庭农场的经营范围日趋多元，由传统种养业向农产品加工、服务业延伸，许多家庭农场从单一农产品生产走向粮经结合、种养结合、种养加一体化、一二三产业融合。

---

① 广东省农业农村厅种畜禽生产经营许可证发放和畜禽养殖备案办法[EB/OL].（2019-12-04）[2025-03-26]. http://dara.gd.gov.cn/gkmlpt/content/2/2710/post_2710498.html#1602.

4. 农民专业合作社产业分布

根据农业农村部对农村经营管理基本情况的统计，截至 2020 年 11 月，全国 30 个省（自治区、直辖市）（不含西藏）中有 224.1 万个农民专业合作社[①]。2020 年，合作社实际的入社农户达到 1 515.7 万人。各类专业合作社中，农产品类 165 156 个，农资类 6 327 个，综合服务类 6 797 个，其他类 14 180 个[②]。具体占比情况见图 2-1。

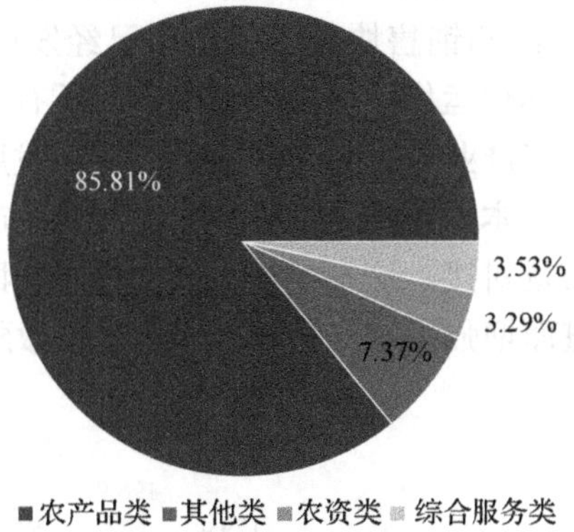

图 2-1　各类农民专业合作社数量占比情况

如表 2-1 所示，2020 年，在农产品类专业合作社中，棉花专业合作社 1 321 个，与上年同期相比增长了 1.1%；干鲜果蔬专业合作社 54 123 个，较上年同期增长了 6.0%；粮油作物专业合作社 22 888 个，与上年同期相比增长了 8.7%；茶叶专业合作社 5 531 个，较上年同期增长了 6.5%；中药材专业合作社 8 252 个，较上年同期增长了 11.4%；畜禽专业合作社 38 525 个，较上年同期增加了 2.1%；其他专业合作社 28 482 个，较上年同期增加了 9.3%。[③]

表 2-1　农产品类专业合作社情况

类型	棉花	干鲜果蔬	粮油作物	茶叶	中药材	畜禽	其他
数量/个	1 321	54 123	22 888	5 531	8 252	38 525	28 482
年增长率/%	1.1	6.0	8.7	6.5	11.4	2.1	9.3

① 农业农村部新闻办公室．农民合作社实现整体发展质量稳步提升 四级联创示范社达 15.7 万家[EB/OL].（2020-12-28）[2025-03-26]. http://www.moa.gov.cn/xw/zwdt/202012/t20201228_6358978.htm.

② 全国供销合作社系统 2020 年基本情况统计公报[EB/OL].（2021-05-07）[2025-03-26]. https://www.chinacoop.gov.cn/news.html?aid=1708771.

③ 同②.

（1）农民合作社的调查数据

2018 年是我国农村改革开放 40 周年，农民合作社的情况是每个领域所重视的要点。目前，我国农民合作社处在历史上卓越的发展阶段。合作社数量保持上升趋势。如图 2-2 所示，截至 2018 年底，全国依法登记的农民合作社达 217.3 万家，是 2012 年的 3.15 倍[①]。农民合作社带动能力不断增强。实有入社农户超过 1 亿户，占全国农户总数的 49.1%。截至 2020 年，全国依法登记的农民合作社达 222.5 万家。随着社会的飞速进步，合作社经历了显著的扩张和增长。最初，这些合作社仅仅聚焦于小规模的生产和销售协作，但现在已经发展成为涵盖生产、加工、流通至销售的全产业链一体化运作，包括农业生产的所有阶段。进一步地，合作社致力于对农村的一、二、三产业进行整合与提升。这一发展策略有效地减少了小规模农户在生产和销售上的成本，同时通过整合农产品从生产到销售各环节，确保小农户可以顺利与广阔的市场对接。这不仅极大地增强了农民的营收能力，也提高了农业运营的整体效率，进而增强了农户和农产品在竞争激烈的市场中的竞争力。

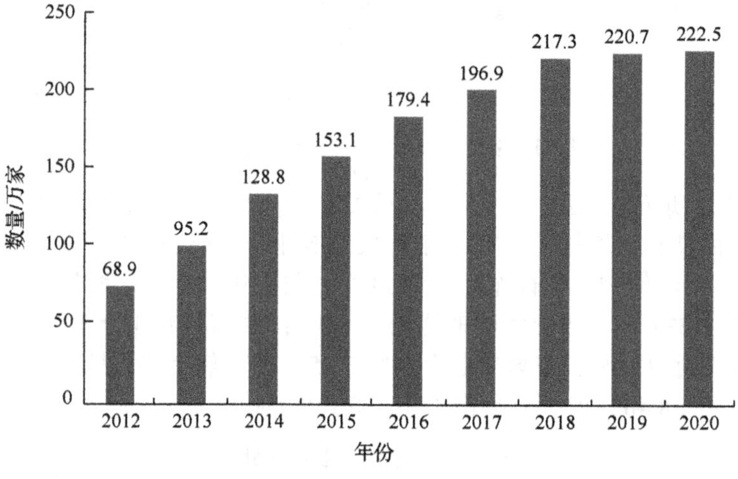

图 2-2　全国依法登记的农民合作社数量

（2）主要指标

当前国际形势复杂，我国农业领域也遭遇众多挑战，包括但不限于资源配置的低效率、高品质农产品的供应不足、农产品质量与安全保障困难，以及国际市场上的激烈竞争。针对这些问题，农民合作社已成为推动我国农业供给侧结构性

① 农业农村部关于印发《新型农业经营主体和服务主体高质量发展规划（2020—2022 年）》的通知[EB/OL].（2020-03-03）[2025-03-28]. https://www.gov.cn/zhengce/zhengceku/2020-03/24/content_5494794.htm.

改革的核心力量。通过适应市场的发展趋势，农民合作社正在创造以服务为导向的新型农业模式，这不仅有助于增加农民的收入，而且对促进农业以及农村发展起到了积极作用。

农民合作社资产、营收已经达到相当规模。根据农民日报社三农发展研究中心调查合作社的数据，在 555 家有效样本中，2017 年合作社社均营业收入约为 2 329.07 万元，社均可分配盈余达到 338.48 万元，社均盈余返还额为 213.91 万元，社均期末贷款余额为 138.33 万元，合作社社均农民（出资、入股）成员数约 263 个，社均服务农户数约 2 618 户[①]，如表 2-2 所示。

表 2-2　合作社基本情况

指标	数额
社均营业收入/万元	2 329.07
社均可分配盈余/万元	338.48
社均盈余返还额/万元	213.91
社均期末贷款余额/万元	138.33
社均农民（出资、入股）成员数/个	262.89
社均服务农户数/户	2 618.40

（3）经营类型和经营区域

农民合作社表现出较强的带农增收能力。在接受调查的合作社当中，能够带动入社农户户均增收 2 000～4 000 元的合作社达到 40.2%，2 000 元以下的为 21.8%，6 000 元以上的达到 19.4%，4 000～6 000 元的达到 18.6%。[②]

在当前阶段，合作社正通过创新业务模式、扩展产业覆盖范围、增强服务功能，迅速发展并不断变革。这种多元化的发展策略不仅为农业注入了新的活力，而且显著提升了农业的收益效率和农民的收入水平。合作社通过整合不同生产资源和要素来增强农民的经济收益，并在产业发展上不断探索新路。例如，尝试将传统的农业模式与旅游休闲、生态绿色农业等新兴领域结合，推动农业产业的多元化。此外，在服务功能方面，合作社利用强大的社会服务体系，确保农产品供求之间的精准匹配，有效推动了一、二、三产业的高效整合。这些举措共同促进了农业和农村社区的全面发展。

从合作社经营活动类别上看，根据固定观察点体系合作社调查，在 682 个有

① 2019 中国新型农业经营主体发展分析报告（二）——基于农民合作社的调查和数据[EB/OL].（2019-02-15）[2025-05-26]. http://dysj.youth.cn/yqzk/201902/t20190225_11878677.htm.

② 2018 中国新型农业经营主体发展分析报告 • 专业合作社[EB/OL].（2018-02-23）[2025-05-26]. https://www.chinacoop.gov.cn/HTML/2018/02/23/131212.html.

效样本中，77.1%的合作社从事种植业，34.9%的合作社从事养殖业，从事农畜产品加工、营销的合作社占比分别为12.8%、18.9%，还有14.4%的合作社从事农资经销，从事休闲观光农业的合作社占比为18.3%，从事农机农技等服务与从事农副产品加工利用的合作社占比相当，分别为19.1%和19.4%，而从事乡村旅游服务、电子商务运营平台及其他经营活动的合作社比例较低（表2-3）。① 从事两种或两种以上经营活动的合作社占比为60.7%。

表2-3　合作社主要经营活动

经营活动	占比/%
种植业	77.1
养殖业	34.9
农畜产品加工	12.8
农畜产品营销	18.9
农资经销	14.4
休闲观光农业	18.3
乡村旅游服务	6.9
农机农技等服务	19.1
农副产品加工利用	19.4
电子商务运营平台	7.9
其他	3.4

从合作社为社员提供的服务看，主要有农资的购买，农产品的销售、加工、运输及储藏，以及与农业生产经营有关的技术、保险等，如表2-4所示。② 合作社提供农产品销售服务占比最多，合作社能够保障农业技术培训、良种引进和推广服务，然而在购买农业保险、农产品加工服务、农产品运输及储藏服务方面存在不足，需要加强管理，改善这一情况。

表2-4　合作社为成员提供的服务

服务类型	占比/%
农资购买服务	73.5
农产品销售服务	80.6
农产品加工服务	46.0
农产品运输及储藏服务	48.2
良种引进和推广服务	73.6

① 2019中国新型农业经营主体发展分析报告（二）——基于农民合作社的调查和数据[EB/OL].（2019-02-15）[2025-03-26]. http://dysj.youth.cn/yqzk/201902/t20190225_11878677.htm.

② 同①.

续表

服务类型	占比/%
农业技术培训	78.9
购买农业保险	23.0
其他	9.4
未提供过任何服务项目	1.3

农民合作社持续创新技术，就合作社开展的新业态情况而言，开展生态农业的占比最大，达到了 49.0%；开展循环农业、休闲观光农业的比例次之，分别是 37.0%和 30.2%；开展会展农业的占比最少。此外，有将近半数的合作社开展了多种新业态，也有 19.8%的合作社未开展新业态。具体情况如表 2-5 所示。①

表 2-5　农民合作社开展新业态情况

开展的新业态	占比/%
籽种农业	11.1
休闲观光农业	30.2
会展农业	5.1
生态农业	49.0
循环农业	37.0
其他	9.8
无	19.8

在信息化进程方面，农业专业合作社通过互联网购入农资、农产品和售卖农资、农产品的行为都超过设想比例，有超过 50%的专业合作社曾通过网络信息手段进行农资和农产品交易。在现实市场中，不管是通过网络手段购入农资和农产品，还是通过网络手段售卖农资和农产品的合作社数量，都多于不在网络上进行农产品、农资交易的合作社数量。在信息化使用上，通过网络信息售卖农资和农产品的合作社数量低于 11.9%。

信息技术不断发展，农民专业合作社也逐渐改变了单一的生产经营模式，向提供多种经营服务的综合模式转型。例如，“滴滴农机”利用“互联网+农业”手段，提供农资选择、农产品销售和农户融资等一系列服务。一些专业合作社帮助农户化解融资渠道不畅、时间长、利息高等融资困境，合理开拓内部信用服务，为农户减轻融资压力。一些专业合作社还拓展“龙头企业+合作社”“合作社+农户”等担保渠道，坚持互保共利、风险共担的原则，为农户提供信贷担保服务，减小合作社内农户的还款偿贷风险。

① 2019 中国新型农业经营主体发展分析报告（二）——基于农民合作社的调查和数据[EB/OL].（2019-02-15）[2025-03-26]. http://dysj.youth.cn/yqzk/201902/t20190225_11878677.htm.

（4）品牌建设

品牌是高质量发展的重要象征，加强品牌建设是满足人民美好生活需要的重要途径，近年来，我国品牌建设取得积极进展，品牌影响力稳步提升，对供需结构升级的推动引领作用显著增强。同时也要看到，新一轮科技革命和产业变革深入发展，品牌发展理念和实践深刻变革，我国品牌发展水平与全面建设社会主义现代化国家的要求相比仍有差距。[①] 据农业部统计，全国农产品质量安全例行监测合格率连续 5 年稳定在 96%以上，绿色农产品、有机产品和地理标志农产品数量达到 3.6 万个。[②] 为了更好地应对市场，要高质量推进品牌建设工作，全面提升我国品牌发展总体水平，逐步完成农产品质量认证。

农民日报社综合考虑规范化经营、惠农带农、规模经营、诚信经营等四类指标，最终评价推出 2022 年中国 500 强农民合作社。从示范社等级看，500 强农民合作社中有 212 个国家级示范社、218 个省级示范社。如表 2-6 所示，在 212 个国家级示范社中，东部地区 88 个，占比为 41.5%；中部地区 48 个，占比为 22.6%；西部地区 76 个，占比为 35.7%。在 218 个省级示范社中，东部地区 113 个，占比为 51.8%；中部地区 45 个，占比为 20.6%；西部地区 60 个，占比为 27.5%。[③]

表 2-6 国家级和省级示范社分布情况

级别	地区	数量/个	占比/%
国家级	东部	88	41.5
	中部	48	22.6
	西部	76	35.7
省级	东部	113	51.8
	中部	45	20.6
	西部	60	27.5

为贯彻落实中央农村工作会议和中央一号文件精神，从 2021 年开始，启动实施农业生产“三品一标”（品种培优、品质提升、品牌打造和标准化生产）提升行动，更高层次、更深领域推进农业绿色发展，到 2025 年，育种创新取得重要进展，农产品品质明显提升，农业品牌建设取得较大突破，农业质量效益和竞争力持续提高。培育一批有自主知识产权的核心种源和节水高抗新品种，建设绿色标准化农

① 国家发展改革委等部门关于新时代推进品牌建设的指导意见[EB/OL].（2022-07-29）[2025-03-26]. https://www.gov.cn/zhengce/zhengceku/2022-08/25/content_5706856.htm.

② 数据显示，我国主要农产品监测合格率连续 5 年稳定在 96%以上——舌尖上的安全更靠谱了[EB/OL].（2018-01-17）[2025-03-26]. https://www.gov.cn/xinwen/2018-01/17/content_5257323.

③ 2022 中国新型农业经营主体发展分析报告——中国农民合作社[EB/OL].（2023-01-06）[2025-04-14]. https://www.sohu.com/a/625145179_120948977.

产品生产基地 800 个、畜禽养殖标准化示范场 500 个，打造国家级农产品区域公用品牌 300 个、企业品牌 500 个、农产品品牌 1 000 个，绿色食品、有机农产品、地理标志农产品数量达到 6 万个以上。①

2021 年，500 强农民合作社中共有 52.8%的农民合作社获得了绿色、有机认证，其中，58.1%的种植类农民合作社获得了绿色、有机等认证，45.8%的养殖类农民合作社获得了绿色、有机等认证。分地区看，中部地区获得绿色、有机等认证的农民合作社占比最高，达到了 63.0%，西部地区次之，为 55.9%，东部地区占比为 46.3%（表 2-7）。②

表 2-7　2021 年 500 强农民合作社获得绿色、有机认证情况

分类		占比/%
种植/养殖	种植类	58.1
	养殖类	45.8
地区	中部地区	63.0
	西部地区	55.9
	东部地区	46.3

（5）社会责任

一方面，农民合作社规范化水平持续提升，合作社大多勇于主动承担社会责任，农民合作社是农业生产服务的有力支撑，既要领导农业发展与保障农民增收，又要参与农村社区建设和保护农村资源环境；另一方面，农民合作社农产品的供给方，要保证农产品质量与城乡居民食品的双重安全。综上所述，与一般经营主体不同的是，农民合作社在农业农村经济社会发展中，所承担的社会责任更多，也更重。

在农产品质量安全上，农民合作社开创了相应的质量安全控制方式。2018 年，仅有 3.5%的合作社未做过任何农业标准化工作。在做过农业标准化工作的合作社中，规范使用农产品投入的比例为 68.3%、建立农产品生产记录的比例为 67.9%、宣传培训标准化生产的比例为 65.5%、检测农产品质量安全状况的比例为 65.0%、完善产品标准体系的比例为 53.7%、农产品追溯体系的比例为 40.0%、其他标准化工作的比例为 6.0%。由此可以得出增强农产品追溯体系、质量安全监控迫在眉

① 农业农村部办公厅关于印发《农业生产“三品一标”提升行动实施方案》的通知[EB/OL].（2021-03-15）[2025-03-26]. https://www.gov.cn/zhengce/zhengceku/2021-03/18/content_5593709.htm.

② 2022 中国新型农业经营主体发展分析报告——中国农民合作社[EB/OL].（2023-01-06）[2025-04-14]. https://www.sohu.com/a/625145179_120948977.

睫，这也是政策支持的大势所趋。农业标准化工作情况具体见表 2-8。①

表 2-8　农业标准化工作情况

农业标准化工作类别	占比/%
完善产品标准体系	53.7
宣传培训标准化生产	65.5
规范使用农产品投入	68.3
检测农产品质量安全状况	65.0
建立农产品生产记录	67.9
农产品追溯体系	40.0
其他	6.0
未做过任何农业标准化工作	3.5

在提供农村社区公共服务上，合作社努力参加基础设施建设、文化建设和扶难济困。在参与调查的合作社中，提供过农村社区基础设施建设的合作社占比为 53.5%，参与农村社区文化建设的占比为 28.9%，向社区内的困难群众提供帮助的合作社占比为 66.3%，然而，也有 6.3%的合作社在农村社区公共服务未做出贡献（表 2-9）。②

表 2-9　提供过的农村社区公共服务情况

提供过的社区公共服务	占比/%
基础设施建设	53.5
文化建设	28.9
贫困救助	66.3
其他	19.9
未提供过任何公共服务	6.3

综合看来，在乡村振兴的道路上，农民合作社应该充当农村经济的核心主体，为经济发展持续注入新动力，在实现小农户与农业现代化发展有机衔接、构建现代农业生产体系、经营体系、产业体系等方面，必将承担更多的功能，发挥主力军的作用。

（6）综合分析

农民合作社在促进农业农村经济发展、带动农民增收致富方面已经发挥了重要作用，成为乡村振兴的重要力量。我国已初步形成了合作社支持政策体系，在金融支持、产业项目、法律建设、税收优惠等方面提供了制度保障，也为未来合

① 2019 中国新型农业经营主体发展分析报告（二）：基于农民合作社的调查和数据[EB/OL].(2019-02-25)[2025-05-28]. http://dysj.youth.cn/yqzk/201902/t20190225_11878677.htm.

② 同①.

作社发展打下了坚实基础。2017 年 5 月，中共中央办公厅、国务院办公厅印发了《关于加快构建政策体系培育新型农业经营主体的意见》，提出从财政税收政策、基础设施建设、金融信贷服务、保险支持范围、拓展市场营销、人才培养引进六个方面，建立健全支持新型农业经营主体发展政策体系。2018 年 7 月 1 日，修订后的《农民专业合作社法》正式实施，这部法律明确规定，国家通过财政支持、税收优惠和金融、科技、人才的扶持以及产业政策引导等措施，促进农民专业合作社的发展，其中包括：中央和地方财政分别安排资金，支持农民专业合作社开展信息、培训、农产品标准与认证、农业生产基础设施建设、市场营销和技术推广等服务；国家政策性金融机构和商业性金融机构采取多种形式，为农民专业合作社提供多渠道的资金支持和金融保险服务。同时明确，农民专业合作社享受国家规定的对农业生产、加工、流通、服务和其他涉农经济活动相应的税收优惠，从事农产品初加工用电执行农业生产用电价格。① 2021 年一号文件提出，“推进农民合作社质量提升，加大对运行规范的农民合作社扶持力度，发展壮大农业专业化社会化服务组织，将先进适用的品种、投入品、技术、装备导入小农户”②。国家将以全面提升农民合作社发展质量为核心，提高农民合作社整体素质。国家还会制定促进农民合作社规范发展的指导意见，进一步加强对合作社的规范管理。

2.3.2　农业机械化区域发展分析

1．农业机械化区域的划分

第 1 类区域：包括黑龙江农垦及新疆生产建设兵团，这两个地区耕地资源相对丰富，地势较为平坦开阔，土地肥沃，十分有利于实现农业机械化。两地的农业机械化发展程度相当，但是新疆地区实际农业效益及结构发展情况稍低一些。影响新疆地区实现农业机械化水平提升的主要因素是农业效益水平，此外也包括农业产业结构的整体水平。

第 2 类区域：主要包括京津沪、内蒙古及江苏地区，这五个区域中不同省份之间产生的差异性集中表现在农村产业结构整体水平上，此外也包括农业效益情况。

第 3 类区域：主要包括山东、河南、河北、辽宁和安徽等地区，这些地区产

① 《农民专业合作社法》修订主要内容[EB/OL].（2018-01-10）[2025-03-26]. https://www.chinacoop.gov.cn/HTML/2018/01/10/129023.html.

② 中共中央 国务院关于全面推进乡村振兴 加快农业农村现代化的意见[EB/OL].（2021-01-04）[2025-03-26]. https://www.gov.cn/gongbao/content/2021/content_5591401.htm.

生差异的主要因素是农业效益以及产业结构发展水平。

第 4 类区域：包括山西、江西、湖北、广东、宁夏、福建、西藏、湖南、陕西、甘肃和青海 11 个省（自治区），它们之间的差异主要在于农村产业结构水平，其次农机作业水平和农业效益水平相差也很大。

第 5 类区域：包括重庆、四川、海南、广西、云南和贵州 6 个省（自治区、直辖市），它们之间的差异主要在于农机作业水平和农业效益水平，农村产业结构水平的差异不大。

2. 区域间农业机械化发展水平比较

对五类不同区域的农业机械化发展水平进行比较可知：第 1 类、第 2 类农业机械化情况比较接近，差异主要表现在农村产业结构方面；第 1 类与第 4 类、第 5 类之间的差距较大，主要表现在农机作业程度与发展水平方面，实际效益也存在较大差异。这表明我国区域农业机械化发展程度的影响因素集中体现在区域自然环境上。

2.4 新型农业经营模式分类

2.4.1 机械化农业经营模式

1. 定义

机械化农业经营模式是指运用先进适用的农业机械装备农业，改善农业生产经营条件，最大限度地提高劳动生产率、生产技术水平和经济效益、生态效益，促进农业和农村经济快速发展的经营模式，如图 2-3 所示。

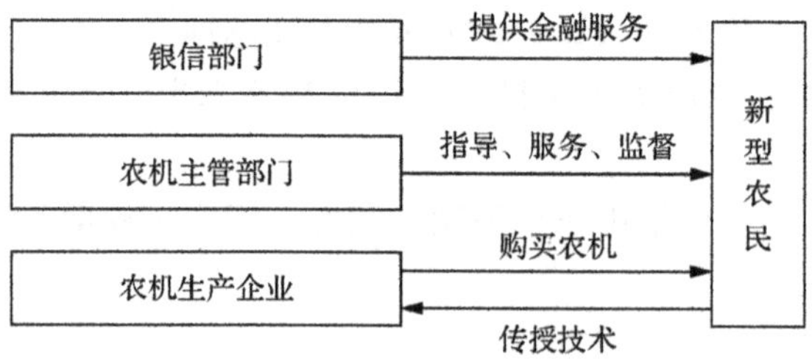

图 2-3 机械化农业经营模式

2. 经营主体

以涉农企业及个体为主体的大规模机械化农业确定了农业机械化的基本发展方向，农机主管部门根据国家的政策法规指导、服务和监督农业机械化过程，银信部门提供相应的金融服务，促进涉农企业及个体有意愿、有能力购买、使用农业机械，进而加快农机生产企业技术和服务升级。机械化农业经营模式涉及的经营主体如下。

（1）新型农民

发展大规模机械化农业需要高职业素质农民。传统分散经营型农户的小田块农业机械作业率不高，农技农艺是农民自己的经验总结，农民缺乏专业知识，收入低。当前我国农业和农村经济进入快速发展时期，农民收入持续增长，客观上提高了农民农机的购买力，且农民更加注重生活质量的提高，迫切需要机械来替代人工，减轻劳动强度，提高农业劳动生产率。大规模机械化农业的发展促进了农民职业化进程，现代化涉农企业及个体注重知识更新，愿意主动学习农业机械、农业种植专业知识，机械使用率的提高降低了生产成本，改变了传统的依靠经验与自然的工作模式。通过各种渠道掌握农机技术、农艺知识、管理技术的新型农民是发展现代化农业的支柱。

（2）农机主管部门

农机主管部门是推进农业生产向更高层次的标准化、专业化、规模化发展，为机械化农业、现代化农业生产创造更好条件的主体。大规模机械化农业过程涉及土地流转、财政补贴、农业机械作业质量标准等政策，应确保涉农企业及个体有能力、有意愿参与新型农业经营模式创新。为转变农业发展方式、提高农村生产效率和实施乡村振兴战略，需要配备足够的农业机械和农机装备。农业农村现代化离不开农业机械化，农机主管部门应正确认识农业机械化的重要性，积极引导涉农企业及个体参与大规模机械化农业，推广新型农业经营模式。对小型合作社、农户而言，由于农业利润较低，对技术的要求不高，在多数情况下，农业高新技术创新在初期均需要政府的补贴支撑，农机主管部门要宣传新型经营模式的优点，使多数涉农企业及个体愿意购买、使用更高效的农业机器设备。

（3）农机生产企业

农机生产企业的发展是农机社会化服务水平的基础。过去我国的农业生产企业数量较少，产业结构不合理，布局相对分散、规模较小、生产集中度低、创新能力较弱，以致产品科技含量低，产品竞争力不高，一定程度上不能满足我国农业机械化技术创新和市场的需求。新型农业模式重视农机生产企业发挥的作用，支持引入先进的农业机械制造和装备技术，生产集中化程度高和产品科技含量高的机械。随着市场经济的发展，国内外农机产品先后涌入我国市场，农机生产企业根据我国国情和农业需求适当调整产品和技术，不断创新，将技术传授给新型农民。目前市场上的农机生产企业较多，有的企业拥有多项技术专利，有的企业业务涵盖广，包括设备、技术进出口，设备调剂，技术培训，对外维修等服务。农机生产企业发展水平、对农机需求的把握、技术创新等对发展大规模机械化农业有着重要影响。

（4）银信部门

资金受限是发展大规模农业的主要问题之一。我国农民经济能力有限，多数农民没有购买农业机械的经济实力，而银信部门的资金支持则让有需求的涉农企业及个体有能力购买。例如，农业银行黑龙江分行为满足农民专业合作社统一生产的周转性、季节性、临时性资金需求，发布了《农民专业合作社贷款管理办法》，为合作社提供专属金融服务。为做好新形势下的农民生产经营融资支持服务，该行还先后推出“垦区 e 贷”“国地 e 贷”“农地 e 贷”等多款互联网农户贷款产品，构建了针对不同区域、不同主体、不同模式的线上农户贷款融资场景链，共同组成了数字农户贷款产品体系，为客户提供差异化、专业化、本地化的贷款服务，极大地丰富了广大新型农业经济体的金融服务产品选择。

3. 运作流程

机械化农业经营模式运作流程如下：①农机主管部门结合当地情况实施农业政策；②涉农企业及个体申请贷款、补贴；③银信部门发放贷款、补贴；④涉农企业及个体购机；⑤农机主管部门开展农机教育培训；⑥农机生产企业宜机化改造；⑦农机主管部门监管农机生产企业生产。

2.4.2 绿色农业经营模式

1. 定义

绿色农业经营模式是指以生产并加工销售绿色食品为重心的农业生产经营方式。以“绿色环境”“绿色技术”“绿色产品”为主题，促使过分依赖化肥、农药的化学农业向主要依靠生物内在机制的生态农业转变。绿色农业是广义的“大农业”，包括绿色动植物农业、白色农业、蓝色农业、黑色农业、菌类农业、设施农业、园艺农业、观光农业、环保农业、信息农业等。在具体应用上一般将“三品”，即无公害农产品、绿色食品和有机食品，合称为绿色农业。绿色农业不是传统农业的回归，也不是对生态农业、有机农业、自然农业等各种类型农业的否定，而是避免各类农业弊端的一种新型农业，如图 2-4 所示。

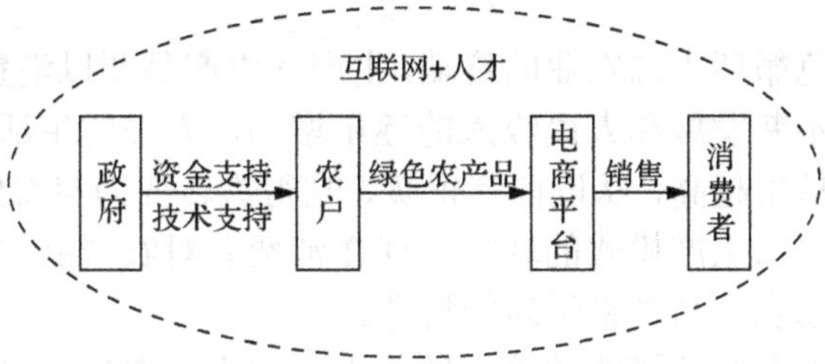

图 2-4 绿色农业经营模式

2. 经营主体及运作情况

绿色农业经营模式主要是以地方政府为主导，对以村庄为单位的农户给予资金以及技术上的支持，同时积极响应党中央的号召，加快互联网背景下的农业发展，把绿色健康的农产品送到消费者的手中。

（1）政府

对于政府而言，应加快资金和技术的支持，加快应用精准农业信息系统，健全测土配方施肥信息查询和专家咨询系统、耕地质量和土壤墒情监测管理系统、病虫害在线监测系统，提高农机管理服务系统应用水平。例如，黑龙江省农业电子商务快速发展，构建以黑龙江农业电子商务平台、北大荒购物网等省内知名电子商务品牌为核心，以地方特色专业平台和企业电子商务平台为基础的电子商务集群；质量追溯系统广泛覆盖，建设完善省级农产品质量安全追溯公共服务平台，形成“生产有记录、流向可追踪、质量可追溯、责任可界定”的农产品质量追溯体系。

（2）农村互联网人才

对于农户而言，在政府的宣传扶持下，应积极响应号召，加强绿色农业意识。在耕作过程中努力实现耕地数量稳定、耕地质量提升、地下水不超采，全面推进农业“三减”，即减少化肥、农药和除草剂使用量，农作物秸秆、畜禽粪污、农膜基本回收利用，农业面源污染得到有效控制。要发展壮大农村互联网人才队伍，完善“互联网+农业”的人才培养机制、激励机制和竞争机制。

（3）电商平台

在互联网背景下，农产品根据自身绿色健康的优势在互联网平台进行销售，电商平台打破了传统的时空和地域限制，扩大了生产范围与效率；使市场信息更加透明化，减少了农户因没有销售渠道而带来的滞销。农产品电商交易额逐年增加，农产品电商平台得到进一步的发展。

（4）消费者

消费者是绿色循环生态农业的终端，生产的农产品要以消费者的偏好为引导。随着我国经济的不断发展和人民收入的逐年增加，人民的生活水平越来越好，对生活质量的要求越来越高，从以前穿得暖、吃得饱转变为穿得好、吃得有机健康。消费方式的转变要求生产模式的转变，现在消费者对农产品的消费更偏向于绿色有机，这就给绿色农产品带来了新的机遇。

综上，绿色农业经营模式的基本结构为：政府—农户—电商平台—最终消费者。其中，农户是整个经营系统的源头，包括农产品生产资料供应商和绿色生产基地，主要负责实施绿色生产（包括种植和培育），提供优质的绿色农产品货源。

2.4.3 传统融资下的农业经营模式

1. 定义

传统融资下的农业经营模式是指商业银行基于农户与农产品销售商之间的产品交易以及对农户的生产管理水平以及信用情况的把握，对农户进行信用审查，灵活运用金融产品为农户提供融资服务，如图 2-5 所示。

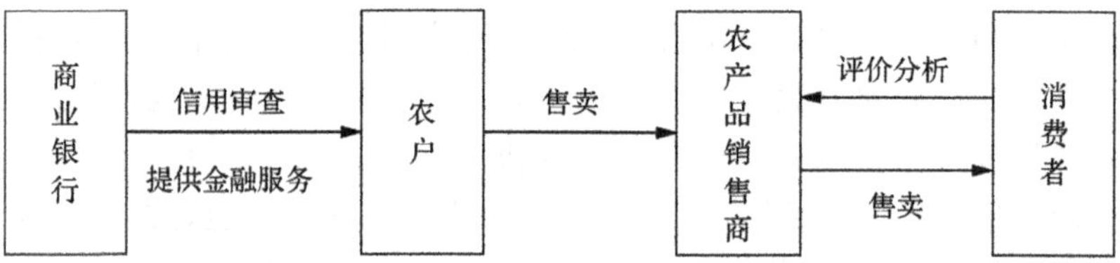

图 2-5　传统融资下的农业经营模式

2. 农业经营主体

（1）商业银行

在银行参与农产品供应链融资时，为了保障银行在农户销售期末可以顺利收回贷款，防范农户的道德风险，在农户递交贷款申请后，银行需要从农户的基本情况、偿债能力、经营状况、宏观环境与信息真实性五个方面进行信用资质审核。确定农户的信用资质合格后贷款给农户。在农产品供应链中，农户的农产品同质化较为严重，生产规模较小，没有完善的管理制度，导致农户的信用较低，银行在参与农产品供应链融资时面临的风险较大，且较难控制，因此银行对为农户提供融资服务较为抵触。

（2）农产品销售企业

农产品销售企业在银行融资模式下负责农产品的收购与销售，对农产品供应链线上销售的正常开展具有重要作用。农产品销售企业按照与农户约定好的批发价格进行农产品的收购，并进行农产品的销售。

（3）农户

在农产品供应链中，农户是农产品的供应商，其主要职能是生产高质量的农产品。由于农户存在生产规模较小，农产品生产周期较长以及产量不确定等特性，在农产品生产前期缺少资金。在银行融资模式下，农户可以选择向银行申请贷款，但农户在向银行申请贷款时需要提供借款抵押担保。

（4）消费者

在农产品供应链中，消费者的需求分为四个不同阶段。首先是需求识别阶段，消费者产生需求动机并决定购入某种农产品；其次是信息搜集阶段，消费者识别自身需求后，便会根据自身需求寻找对应的农产品；再次是评价分析阶段，消费者根据自身现有的知识结构对所收集到的信息进行处理，然后对处理的结果进行综合评价；最后是购买决策阶段，农产品的体验往往与购买行为存在一段时间差，所以购后阶段也是影响消费者再次购买意愿的重要因素。

3. 运作流程

农业经营主体大多数为小规模的农户，由于生产周期较长，农户生产规模较小，在农产品生产前期资金受到约束。在传统的农业经营模式中，农户通常会选择银行进行融资。以建设银行为例，为解决甘肃省农户的融资难题，2011 年，建设银行甘肃分行与政府部门、特色农牧产业龙头企业以及关联农户紧密合作，开拓性地设立了“农耕文明”涉农个人贷款品牌，把涉农贷款工作与新农村建设、甘肃特色农牧产业发展、农村产业结构调整等结合起来，以“龙头企业+农户”“农村合作社+农户”“特色农牧产业基地+农户”等多种贷款模式，重点扶持农业龙头企业带动适合农民从事的特色产业、优势产业项目，也解决了农户的生产资金、技术支持、市场销售等难题。

2.4.4 订单农业经营模式

1. 定义

所谓订单农业，又称合同农业或契约农业，是指农民在农业生产经营过程中，根据与顾客（农产品购买者）签订的合同组织生产的农业生产和销售方式。订单农业以合同的形式紧密联系双方的利益，确定双方的权利和义务，并按照合同的规定完成生产和销售活动的全过程。这种约定可以是书面的，即产销合同，也可以是口头的。订单农业经营模式如图 2-6 所示。

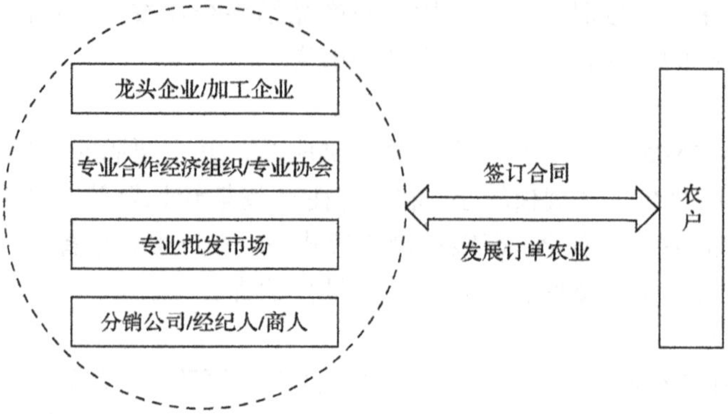

图 2-6　订单农业经营模式

2. 经营主体及运作情况

① 农户、农场与科研单位和种子生产单位签订农作物种子生产合同，有序发展农业。

② 农户、农场与龙头企业或加工企业签订农产品购销合同，依靠龙头企业或加工企业发展订单农业。

③ 农户、农场与专业合作经济组织、专业协会签订合同，发展订单农业。

④ 农户、农场与专业批发市场签订合同，依托大市场发展订单农业。

⑤ 农户、农场通过分销公司、经纪人、商人签订合同，依靠中介流通组织发展订单农业。

2.4.5　订单契约型经营模式

订单契约型经营模式主要是合作双方通过签订合同契约，围绕单一产品生产、加工、运输等多个环节开展活动，如图 2-7 所示。契约签订的一方是农产品的生产者，主要包括家庭农户、专业大户、家庭农场和农民专业合作社等主体；另一方则是覆盖加工和运输、仓储等领域的功能性主体，主要包括合作社、联合社以及龙头企业。双方形成的利益分配机制使农产品生产者获得了相对较少的利益分成，但由于产品生产后省去了很多中间环节，降低了销售成本，产品生产的目的性强，通过早期的协议提前确定好了交易价格，规避了市场价格波动带来的风险，同时产品的销售者可以为生产者提供更多的技术指导、更好的社会化服务。该模式的弊端主要是利益分配不均衡。销售者在产业终端获得了更大的利润空间，但由于生产者一般管理不规范、市场地位低、谈判能力弱，在价格确定上无法占据有利位置。

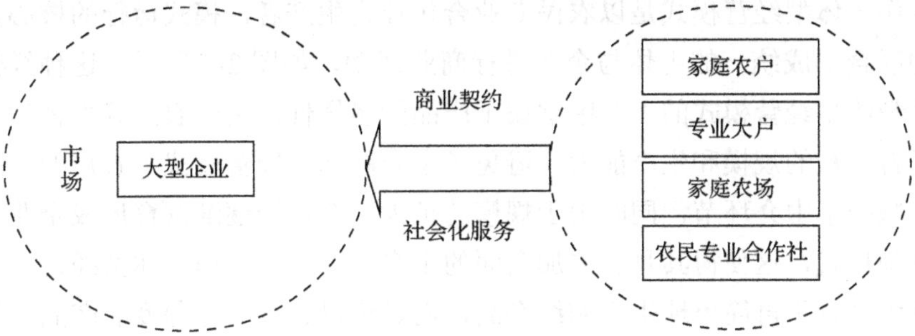

图 2-7　订单契约型经营模式

2.4.6　中介联通型经营模式

中介联通型经营模式是指农产品的生产者组织结构松散，需要高效的中介机构形成纽带，联合不同的生产者与产品的下游企业形成对接，完成市场交易，如图 2-8 所示。中介组织具有社会服务功能，能有效完成产品生产的产前、产后社会性服务工作。在该模式下，产品生产者由于交易成本问题或者能力问题，无法直接与企业进行谈判，生产管理较为松散，一般包括分散经营的家庭农户、家庭农场和专业大户；中介组织具有双重委托的身份，同时维护着两个交易终端及自身的经济利益，主要包括各类服务型企业、社团、合作社以及供销社；加工、销售的下游主要是龙头企业、大型联合社。该模式的弊端主要是最终加工者和销售者面对的是分散的产品生产者，每笔交易产生额外的费用，同时加工者给出的产品价格相对统一，即使生产者提供不同的产品，也会使交易双方形成一定的损失。

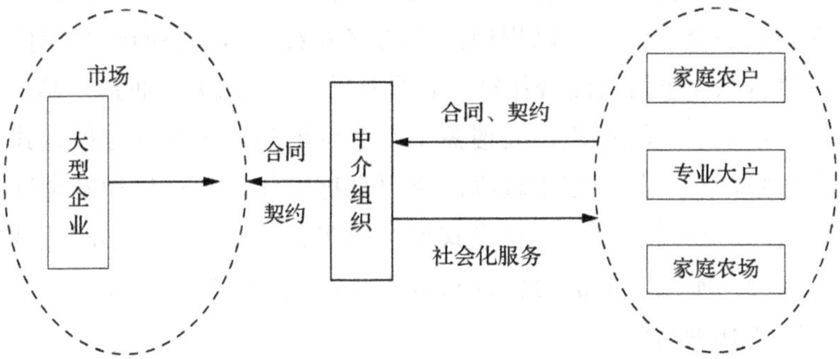

图 2-8　中介联通型经营模式

2.4.7 合作一体型经营模式

合作一体型经营模式是以农民专业合作社为生产者，模式运行的核心是通过农户的联合形成统一的主体与企业进行商业活动，如图 2-9 所示。这种经营模式与订单契约型经营模式的主要区别在于产品的多样性，由于农户等主体的加入，扩大了合作社的规模和生产能力，避免了中介联通型经营模式中农户的分散交易方式，减少了中介环节，同时由于规模的扩大，合作社逐渐发育形成企业式经营或股份制形式，这使得其具有更加全面的生产能力。在合作一体型经营模式中，农产品生产者不再简单地生产初级产品，而是可以进行一定程度的产品初加工甚至深加工。股份合作社的公司制管理可以保证后期利益分配的公平性，它借鉴了现代企业制度，实行劳动与资本的联合。

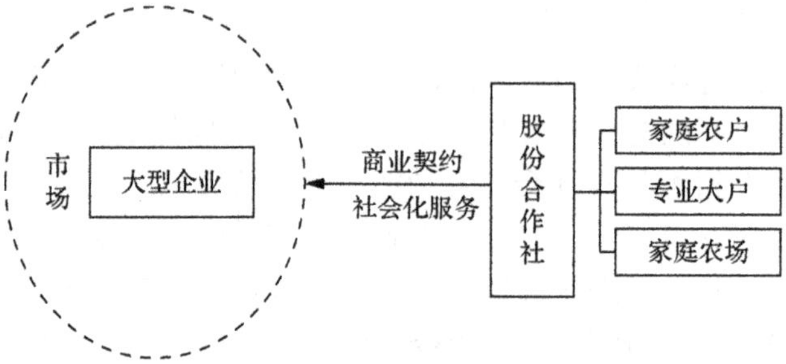

图 2-9 合作一体型经营模式

2.4.8 农业产业联合体经营模式

这种经营模式整合了产业链上实力较强的多种经营主体，产业链覆盖从农业生产到销售的几乎全部环节，以规模经营的家庭农场为最小的生产单位，通过各类中间服务性组织（包括农民合作社、联合社等），与龙头企业紧密结合。它体现了专业化分工带来的经济增值，又覆盖了产业链的各项内容。这种模式由于实施主体的能力较强，对产品的期望较高，有更高标准化、科技化和安全性要求，同时也具有较高的产品附加值。这种模式也有很多延伸模式，如不同领域的龙头企业间的纵向联合，不同功能的合作社与合作社之间的纵向联合以及大型联合社间的联合，如图 2-10 所示。

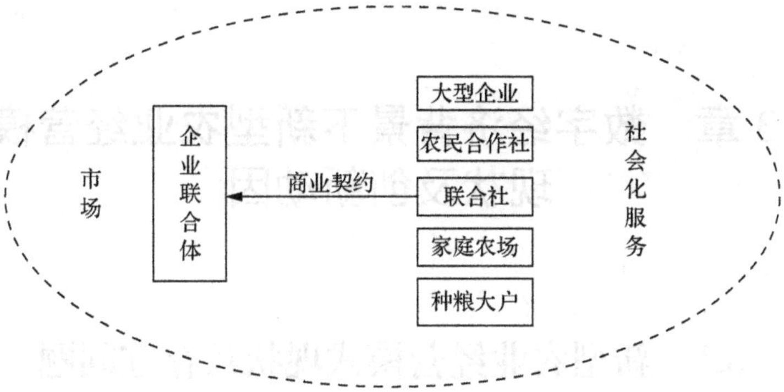

图 2-10　农业产业联合体经营模式

2.5　本章小结

本章主要介绍我国新型农业经营主体的概念及类型，分析在新型农业经营主体的发展过程中新型农业经营主体的主要类型、分类以及各自的功能定位。通过经营主体在产业链条上的联合与协作，形成机械化农业经营模式、绿色农业经营模式、传统融资下的农业经营模式、订单农业经营模式、订单契约型经营模式、中介联通型经营模式、合作一体型经营模式、农业产业联合体经营模式等新型农业经营模式。

第3章　数字经济背景下新型农业经营模式现状及创新动因

3.1　新型农业经营模式现状及存在问题

3.1.1　机械化农业经营模式

1. 现状分析

随着农业机械化水平的快速提高，农业机械化的需求结构和政策环境正不断发生变化。“农机直通车·全国农机化生产信息服务平台”及手机App全面推广、农机购置补贴力度不断加大等促进了机械化农业的发展。

近年来，随着生产技术的提升及农业自动化的发展，我国农机企业不断增加。据中国政府网数据，至2020年我国规模以上农机企业为1 615家。据农机网数据，全国规模以上农机企业2020年主营业务收入达到2 533亿元，同比增长了7.8%，全国农作物耕种收综合机械化率由2003年的33.48%提高到2020年的71.25%，如图3-1所示。2020年，主要农作物全程机械化发展保持了平稳的势头，主要农作物综合机械化率超过71%，基本实现机械化。马铃薯、棉花、油菜、花生、大豆的耕种收综合机械化率的增速较快，甘蔗生产耕种收综合机械化率稳步提升，丘陵山区农作物耕种收综合机械化率超过48%，比2019年提高1个百分点以上。2020年，全国农机服务组织19.46万个，其中农机合作社7.89万个，占比超过40%；农机户4 008万个，其中农机作业服务专业户423.2万个；农机作业服务收入达到3 540亿元，较2003年增长80%。① 我国的农机产品主要以稻麦联合收割机、玉米联合收割机、大豆收获机等产品为主，见图3-2。近年来由于禁止秸秆露天焚烧，压捆机的需求量大大提升。

① 农业农村部 财政部就2021—2023年农机购置补贴政策实施工作答记者问[EB/OL].（2021-04-07）[2025-04-14]. https://www.gov.cn/zhengce/2021-04/07/content_5598135.htm?ivk_sa=1023197a.

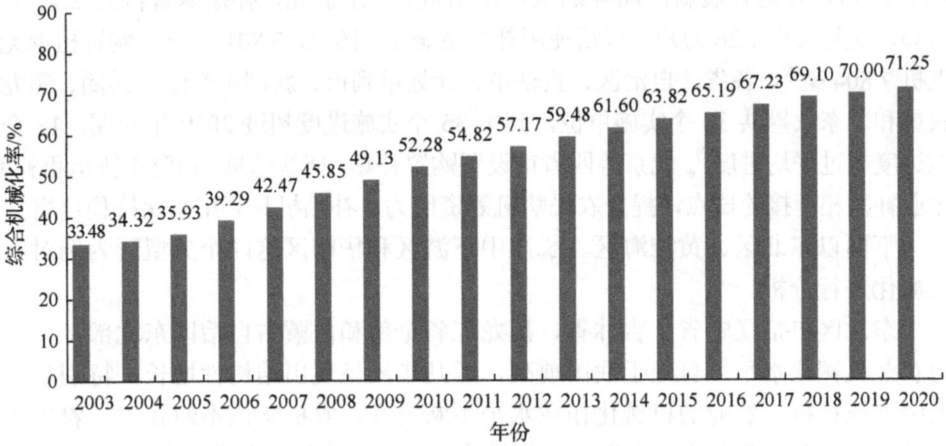

图 3-1　2003—2020 年全国农作物耕种收综合机械化率

资料来源：中国农业机械网。

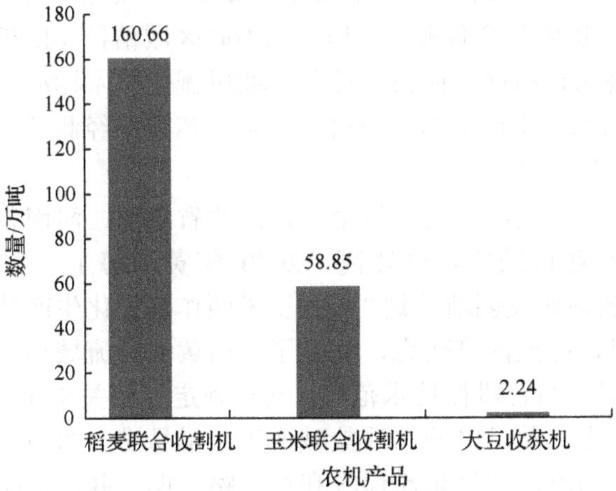

图 3-2　2020 年中国各类农机产品数量统计

资料来源：中国农机流通网。

据中国政府网数据，农机购置补贴政策自 2004 年出台以来，截至 2018 年 12 月中央财政累计投入资金 2 000 多亿元，直接惠及农户 3 300 多万户①。截至 2020 年

① 中央累计投入农机购置补贴 2 000 多亿[EB/OL].（2018-12-20）[2025-03-26]. https://www.gov.cn/zhengce/2018-12/20/content_5350399.htm.

8月31日，各地开展新产品补贴试点使用资金4.7亿元，补贴购置机具2.97万台（套），受益农户1.26万户，包括使用补贴资金1.3亿元，3 801户农户购置植保无人飞机7 804架①。各省、自治区、直辖市、计划单列市、新疆生产建设兵团、黑龙江农垦和广东农垦共38个实施单位，其中35个实施进度超过2019年同期，18个实施进度超过平均进度②。北京等四省市设置购置补贴、贷款贴息、融资租赁承租补助、作业补贴相衔接的试点，提升农民购机筹资能力，补贴机具利用率保持稳定增长。

下面以东北区、黄淮海区、长江中下游区和华南区这四个典型区为例对农业机械化进行分析。

东北区包括辽宁省、吉林省、黑龙江省全部和内蒙古自治区东北部。东北区的农业机械化水平一直处于我国前列，近几年还呈现出结构性增长，特别是一些大中型拖拉机。农业的机械化作业水平不断上升，农机队伍不断壮大，农机服务体系不断完善。政府比较重视农业机械化，如农业农村部印发《"十四五"全国农业机械化发展规划》，黑龙江省发布《水稻钵育移栽全程机械化技术规程》（DB23/T 2783—2021）和《三江平原水稻智能机械化生产技术规程》（DB23/T 2784—2021）两项农机作业地方标准。据《农民日报》数据，2020年黑龙江省田间作业综合机械化率稳定在97%。黑龙江省不断推广和示范不同区域秸秆还田模式下玉米、水稻、大豆三大作物整地和播种（插秧）环节农业机械化技术标准。吉林长春综合农业机械化率达到91%，建设了100个机艺结合示范点，经测算，高产田平均增产15%，中产田平均增产7%。

黄淮海区包括北京、天津、山东省全部，河北省东部、河南省东部、安徽省北部。黄淮海区的农业机械化程度较高，2020年黄淮海主产省小麦机收率达99.2%。山东省农机装备研发创新计划"小麦玉米两作规模化生产技术装备配置优化研究与验证"项目，经过深度研究，建立了适用黄淮海流域小麦玉米生产的少（免）耕技术范式与周期组合耕作技术范式，同时制定了相关作业技术规范。黄淮海区改造淮北砂姜黑土、黄泛区的风沙盐碱地等易旱易涝区的中低产田，加大农田排灌系统基础投入力度，开创旱涝保收和林、路、渠、井、电配套的高标准农田。持续增加农机补贴，扩大大中型农机的规模，加大深翻深松农机的示范宣传，保证农作全程机械化。2020年4月天津市财政局拨付农机购置补贴资金7 519万元，补贴机具种类达到15大类33个小类82个品目，包括耕、播、收、田间管理、植保每个流程；极大满足深松整地、免耕播种、秸秆还田离田、设施农业、残膜

① 2020年农机购置补贴政策实施情况（8月31日）[EB/OL].（2020-09-03）[2025-04-23]. http://www.njhs.moa.gov.cn/zcjd1/202009/t20200903_6351450.htm.

② 同①.

回收、畜禽粪污资源化利用等支持农业绿色发展的需要；大力支持大马力拖拉机、高性能青饲料收获机、大型免耕播种机、大型联合收割机等核心品目，确保农业春耕生产成功完成。

长江中下游区包括河南省南部及安徽、湖北、湖南省大部，上海、江苏、浙江、江西省全部，福建、广西、广东省北部。长江中下游区不断推进单季移栽稻全程机械化生产技术模式、冬油菜区油菜全程机械化生产模式、长江中下游稻麦两熟区小麦全程机械化生产模式、秸秆机械化全量还田技术、水稻育插秧机械化技术、农机购置补贴政策等，推进主要农作物生产全程机械化和秸秆综合利用。农业农村部主推的高产技术之一——油菜机械化移栽技术在长江中下游区有了很好的应用。建设环太湖及长江沿线高端农机装备产业、徐连大型农机装备和新型耕作机械、苏中小型智能农机和零部件、淮扬现代渔业机械等一批区域特色鲜明的“专、精、特、新”农机装备产业集群，推进农机装备产业创新。江苏省建设“全程机械化+综合农事”服务中心，使得农机合作组织作业服务面积占比超过65%。2020 年 6 月 8 日，湖北省农业农村厅、财政厅、商务厅共同制定出台《湖北省农业机械报废更新补贴实施方案》，实施农机报废更新补贴政策，对报废老旧农机给予适当补助，种类为拖拉机、联合收割机、水稻插秧机、机动喷雾（粉）机、机动脱粒机、饲料（草）粉碎机和铡草机等七类机具。2020 年河南省小麦面积继续保持在 8 550 万亩以上，三夏期间投入超过 410 万台农机，确保小麦机收率稳定在 98%以上。虽然长江中下游区的平原地区机械化程度较高，但丘陵山区机械化程度很低甚至无机可用，如何提高丘陵地区农业机械化是长江中下游区的一个难题。

华南区包括海南省全部、广东省与福建省中南部、广西壮族自治区与云南省中南部。华南区正不断推进水稻种植机械化技术，鼓励农机创新，华南农业大学研制的 2BDXH-10（25）型水稻旱穴直播机实测生产作业效率达每小时 20 亩左右。在广西、云南等地加强农机农艺融合，对提高机收生产作业水平的良法推广进行补助，推进甘蔗机械化加快发展。

2020 年我国农业机械化保持了稳定的发展态势，农机装备数量持续提升，农机作业水平保持正向增长的趋势，农机社会化服务稳定推进，农业机械化向全程全面发展，向高质高效转型升级。经济作物、畜禽水产养殖、果茶菜、设施农业、农产品初加工等领域的机械化快速发展。高性能、大功率、智能化的作业机械和其他各领域新型机具快速增长。作物之间、环节之间、区域之间和装备结构不平衡、不协调、不充分的状况在逐步改善；绿色环保机械、智能高效机械在加快发展。随着国家一系列政策方针的出台和农机购置补贴力度的不断加大，农业机械化行业发展空间正逐步扩大，农机装备正向高质量、多功能、低能耗和低成本的方向发展，自动化、信息化、智能化技术也逐渐融入。

2. 存在问题

（1）实现农村土地规模经营的前提条件不充分

农村土地市场，尤其是土地金融市场不健全，土地承包经营权抵押贷款困难，缺少发展资金，成为专业大户、家庭农场、农民合作社扩大经营规模的瓶颈。目前农村土地规模经营的重大阻碍是资金，资金匮乏导致无法租地、购买大型的农业机械来拓展生产规模，缺少资金也会导致无法进行生产技术投入。即使目前国家越来越重视农机补贴，但对农业机械的投资资金相对而言是较少的。东北区农业机械的投入不平衡，一些大型农机具无法有效地得到推广与应用，部分辅助性的配套设施无法和农机具的发展协调适用，新型的农机具更新缓慢。辽宁地区的主要产业是重工业，农业的发展相对较弱；吉林是农业的主要生产地区，但农机工业也出现了下滑的现象；黑龙江地区的农机行业发展得不是很好，虽在尝试发展多元化农业，但受市场经济的限制比较大。制约农村土地规模经营的另一限制因素是耕地质量。东北区部分耕地存在盐渍化、潜育化、障碍层次、瘠薄、酸化等障碍因素，并伴有风蚀和水蚀危害。黄淮海区部分耕地有轻度盐渍化、土层浅薄、灌溉设施缺乏、酸化等问题。长江中下游区部分耕地立地条件较差，地形起伏较大，土壤养分贫瘠，基础地力较低，水利设施条件落后，灌溉条件不足、盐碱等，特别是丘陵山区，田块比较细碎，机耕道路缺乏，种植经营分散，导致农机“下田难”“作业难”，存在“有机难用”的问题。华南区部分耕地存在酸化、盐渍化、瘠薄、潜育化等障碍因素，部分耕地基础地力相对较差，农田基础设施缺乏，华南区生产障碍耕地治理尤为重要。

（2）实现农村土地规模经营的政府服务水平不到位

农民合作社发展受到用地的制约，经营场所没有建设用地计划指标，缺少大型农机具的存放场所、农产品的晾晒场所和农产品储存的库房用地，农机库棚用地难以落实，农机具停放库棚设施缺乏，农机“存放难”和“保养难”问题比较突出。调研中发现，部分大型机械因为缺少储存场地，不得不存放在田间地头，相应的保养得不到保证，机械的使用年限必定会减少。刚收获的农产品，因为水分较多，达不到收购商收购标准，然而因为缺少相应的晾晒场所，部分农户只能将农产品低价销售给专业从事农产品烘干的公司，导致农民收入降低。个别农产品，如土豆应存放在较大的场地，如果在耕地中挖储存窖是法律不允许的，这就迫使农户把大量土豆在短时间内以较低的价格卖出，而这些问题的根源就是农业生产没有相应配套设施的建设用地指标。虽然近年来政府对农业机械化越来越重视，但很多政府部门的工作重心依然是招商引资。农机部门在社会中的宣传力度不够，知名度低。农机部门自身的体制存在问题，很多地区的农机编制常常被换用，部分调到农机岗位的人员对农机了解不深刻。

（3）农业机械化和农机装备产业发展不平衡不充分

农机企业研发创新能力不足，产品质量、性能和制造水平与发达国家相比，还存在一定的差距，可靠性、适宜性、安全性和智能化水平有待进一步提升。基础研究薄弱，机艺结合不紧密，原创性科技成果少，关键技术自给率较低，一些基础理论和关键共性技术研究尚处于工业化发展初期，受制于人的局面没有根本改变，还有很多短板和薄弱环节亟待突破，高端产品有效供给不足、主要依赖进口，中低端产品产能过剩，核心共性技术研究基础薄弱，关键零部件受制于人，产品同质化、低水平重复制造现象比较突出；企业技术创新能力弱，主体地位没有真正确立，产学研推用结合不够紧密，研发和成果转化效率不高；科技信用体系与权益保护机制作用发挥不够，科技人员的积极性和创造性还没有得到充分发挥；农机产品创制重设计制造、轻试验检测，质量标准体系不配套，工程化验证缺乏。部分农机装备有效供给不足，农机产能过剩与缺门断档并存，中高端产品不多，机具适应性、可靠性有待提高，环保压力大。在一些产业领域和一些生产环节还存在无机可用、无好机用的问题，这也是一些薄弱环节、薄弱产业和薄弱区域机械化水平仍然不高的主要原因。“供不适需”矛盾开始显现，传统、大宗农机产品产能过剩、需求下滑；新兴、空白领域产品创制“供不足需”。农机工业结构重构，增速下降，不同地区、作业环节、农作物的机械化水平略有不同，有不平衡不充分的症结，存在农机设施装备整体水平低、机械化水平不高、生产成本过高、废弃物处理利用难等难题。农机农艺无法深度结合，农产品在品种选育、栽培制度、种养方式、产后加工等方面与机械化生产的适应性有待加强。

3.1.2　绿色农业经营模式

1．现状分析

《2020 年农业农村绿色发展工作要点》指出，要加强农业绿色发展基础性工作，继续以国家农业绿色发展先行区为重点，开展农业资源台账建设，完善农业绿色发展研究体系。[①]

《中国农业绿色发展报告 2020》系统展现了 2019—2020 年我国农业绿色发展

① 农业农村部办公厅关于印发《2020 年农业农村绿色发展工作要点》的通知[EB/OL].(2020-03-04)[2025-03-26]. http://www.ghs.moa.gov.cn/tzgg/202003/t20200304_6338161.htm.

的总体水平、重大行动和重要进展。报告显示，我国农业绿色发展水平稳步提升，2012—2019 年，全国农业绿色发展指数从 73.46 提升至 77.14，提高了约 5.01%。一是农业生产绿色化稳步推进。截至 2020 年底，现行有效农业行业标准 5 479 项。2019 年全国绿色食品产地环境监测面积达到 2.08 亿亩，比上年增加 32.4%。二是农业资源用养结合协调发展。2019 年全国耕地质量平均等级为 4.76 等，较 2014 年提升了 0.35 个等级；全国农田灌溉水有效利用系数达到 0.559，比 2012 年提升了 0.043。三是农业产地环境保护成效明显。2020 年全国三大粮食作物化肥利用率和农药利用率分别达到 40.2%、40.6%。2020 年我国有机肥行业产量达到了 1 560 万吨，较 2019 年的 1 455 万吨增长了 7.2%，近几年我国有机肥行业产量情况如图 3-3 所示；全国秸秆综合利用率达到 86.72%，畜禽粪污综合利用率达到 75%以上，重点地区“白色污染”得到有效防控。四是农村人居环境明显改善，全国农村卫生厕所普及率超过 65%，农村生活垃圾收运处置体系已覆盖全国 90%以上行政村，农村生活污水治理率已达 25.5%。五是农业绿色发展试验示范深入开展。①

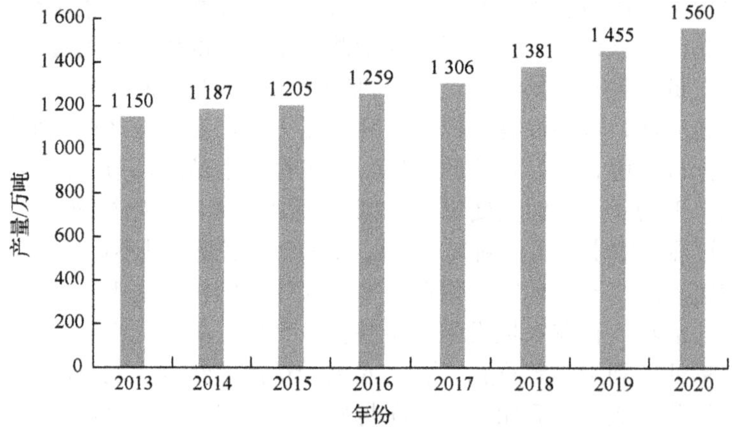

图 3-3 2013—2020 年我国有机肥行业产量情况

资料来源：中商产业研究院。

《农业绿色发展先行先试支撑体系建设管理办法（试行）》提出，要分生态区域类型开展技术创新集成，按照东北、黄淮海、长江中下游、华南、西北及长城沿线、西南、青藏等区域特征，因地制宜创新区域性农业绿色发展关键技术和模式。

东北区总耕地面积 4.49 亿亩，平均等级为 3.59 等。耕地质量等级分布如图 3-4

① 《中国农业绿色发展报告 2020》[EB/OL].（2020-08-12）[2025-03-26]. https://cagdrs.caas.cn/nylsfzbg/bgfb/3db26439b6b0421fa8a540b52ad0f777.htm.

所示。东北区对绿色农业十分重视，启动了东北黑土地保护性耕作行动计划，加强对黑土地的保护利用，推进耕地质量提升。强化农业生态环境治理，大力推进畜禽粪污资源化利用，深入推进化肥农药减量增效，加快形成农业绿色生产方式。强化农业绿色发展体制机制创新，开展先行先试支撑体系建设。推广秸秆覆盖还田、免（少）耕播种等关键技术，稳步推进耕地轮作休耕试点，将农药防治转变为生物防治，有机肥结合化肥使用等。东北地区玉米秸秆整体凭借协同创新联盟进入第一批国家农业科技创新联盟，以秸秆资源化利用的技术难题为中心，循序渐进地破解秸秆还田、秸秆清洁供暖、秸秆循环利用等瓶颈。东北区陆续出现了一些以绿色农业为主的企业，如中央红集团就是一家以生态农业为核心、深耕有机生态农业、链接绿色食品深加工的企业，从种植、养殖、加工到售卖，深入供应链各个环节，真正实现绿色食品品质把控。各种新型技术也逐渐被研发和应用，如胜利农场整理得出的新型数字化高效施肥技术，即测土配方施肥与测深施肥融合技术，与常规施肥相比每亩可节约施肥 3～4 千克，平均增产 25～40 千克/亩。截至 2020 年底，东北区有八个农业绿色发展先行先试支撑体系建设试点县。

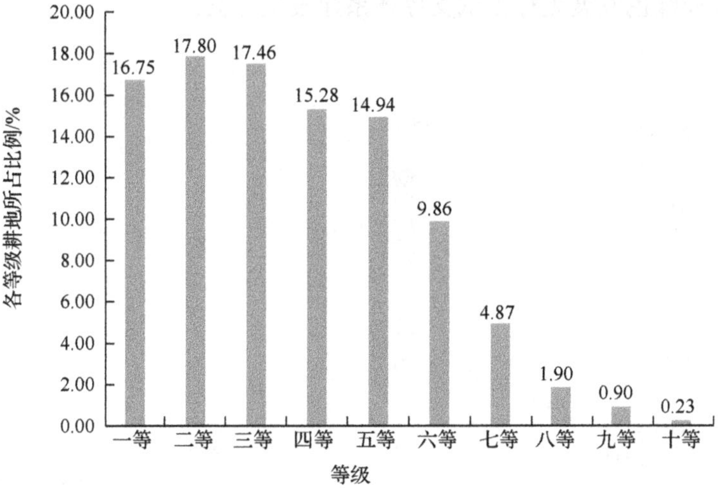

图 3-4　东北区耕地质量等级分布

资料来源：农业农村部。

黄淮海区总耕地面积 3.21 亿亩，平均等级为 4.2 等。耕地质量等级分布如图 3-5 所示。黄淮海区正不断推进耕地轮作休耕制度试点；养殖抗赤霉病的小麦品种，借助综合防治方式降低小麦赤霉病的危害；种植耐旱耐涝、脱水速度快、适用于机械化粒收的玉米新品种且开展宣传应用；拓展吨粮田种植区域，保障黄淮南片与国家粮食安全；持续发展化肥农药减施，扩大环境友好型的绿色生物肥料制剂等应用，加强秸秆还田和生物资源等循环高效利用；大力推广膜下滴灌水肥一体化、集雨补灌软体集雨窖、全膜覆盖、半膜覆盖等农业旱作节水技术，提高天然降水和灌溉用水利用效率。规范喷药时机、方法和用量，避免重喷、漏喷和发生药害，提高除草效果，减少农药的使用。黄淮海区的小麦秸秆还田地块以1/3氮肥和全部钾肥、微肥随播种侧深施，2/3氮肥于小喇叭口期前后机械侧深施（10 厘米左右）或采用种、肥异位同播，选用高质量专用控释肥一次底深施，合理规划化肥的使用量，达到减量增效的目的。黄淮海区倡导生物、物理防治先行，绿色病虫防治，如频振灯、色板、性诱剂、食诱剂、糖醋液等诱控技术、天敌保护利用、蓖麻等诱集植物捕杀等措施。农业农村部发布的《2020 年农业农村绿色发展工作要点》提出，要优化种养业结构，在长江流域和黄淮海地区发展大豆、油菜及花生等油料作物，促进地力培肥和种养循环发展。截至 2020 年底，黄淮海区有七个农业绿色发展先行先试支撑体系建设试点县。

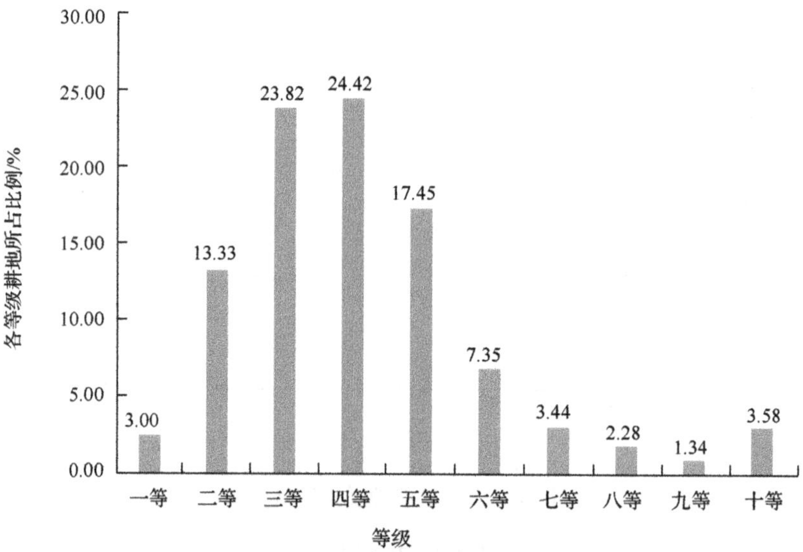

图 3-5　黄淮海区耕地质量等级分布

资料来源：农业农村部。

长江中下游区总耕地面积 3.81 亿亩，平均等级为 4.72 等。耕地质量等级分布如图 3-6 所示。长江中下游区面临农业污染、畜禽粪污资源化、水产养殖尾水处理等问题。目前，长江中下游区正不断调整轮作休耕试点，扩大轮作、减少休耕，轮作以种植粮食作物为主。长江中下游实行为期十年的常年禁捕，引导退捕渔民转产。稻虾综合种养是一种绿色生态的农渔发展模式，长江中下游区采用稻虾综合种养模式，组织稻虾综合种养科研和技术力量，积极推广绿色健康种养模式，创建稻渔综合种养示范区和健康养殖示范场等。积极推进畜禽粪污资源化利用、秸秆综合利用、废旧农膜回收、农药化肥包装废弃物回收处理、病死畜禽无害化处理、废弃渔网具回收再利用等，不断加大对收储运和处理体系、还田管网设施、准用渔具等方面的投入力度。例如，湖南省不断推进绿色产品、有机农产品、地理标志产品的质量标准体系建设，农产品质量安全监测合格率保持在 97%以上。长江中下游区在重点县实施果菜茶有机肥替代化肥试点，试点作物向其他节肥潜力大的园艺作物和优质大田作物拓展。集成推广堆肥还田、商品有机肥施用、沼渣沼液还田等技术模式，配套完善设施设备，与畜禽粪污资源化利用紧密结合，减少化肥投入、增加有机肥投入。截至 2020 年底，长江中下游区有 29 个农业绿色发展先行先试支撑体系建设试点县。

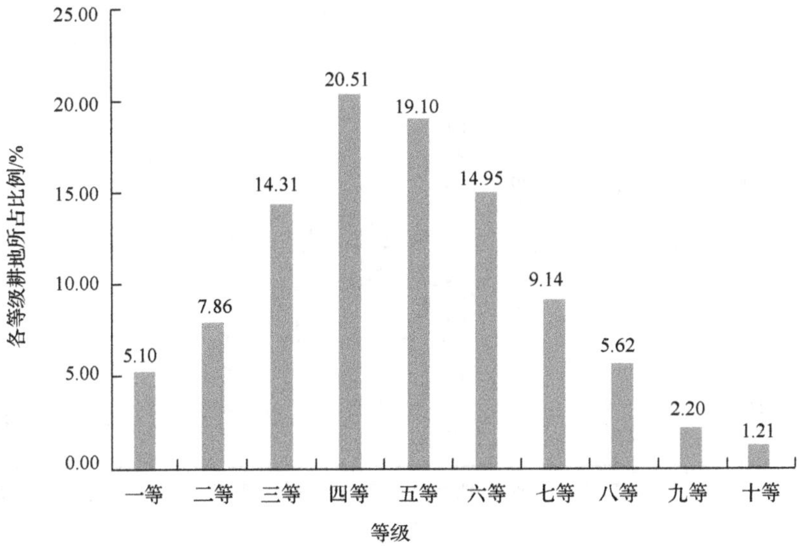

图 3-6　长江中下游区耕地质量等级分布

资料来源：农业农村部。

华南区总耕地面积 1.23 亿亩，平均等级为 5.36 等。耕地质量等级分布如图 3-7 所示。华南区建设了一批绿色高质高效生产示范片，集成组装耕种管收全过程绿色高质高效新技术，示范推广优质高产、多抗耐逆新品种，集中打造优良食味稻米、优质专用小麦、高油高蛋白大豆、双低双高油菜、高品质棉花、高产高糖甘蔗、优质果菜茶、中药材等生产基地，带动大面积区域性均衡发展，促进种植业稳产高产、节本增效和提质增效。华南区针对不同耕地生产障碍程度，结合作物品种、耕作习惯等，因地制宜采取品种替代、水肥调控、叶面阻控、农业废弃物回收利用等环境友好型农业生产技术，克服农产品产地环境障碍，提升农产品质量安全水平。2019 年 11 月至 2020 年 1 月，华南区冬季玉米种植区持续监测到草地贪夜蛾发生危害，根据草地贪夜蛾的发生发展规律，结合预测预报，因地制宜采取了理化诱控、生物生态控制、应急化学防治等综合措施，强化统防统治和联防联控，及时控制害虫扩散危害，减少农药用量，促进农业绿色发展。不断促进环境友好型绿色农药替代传统农药，减少农药残留，确保农产品质量安全。广西、云南等地推广应用甘蔗健康种苗，促进主产区甘蔗品种创新，提高糖料甘蔗产量与含糖率。截至 2020 年，华南区有四个农业绿色发展先行先试支撑体系建设试点县。

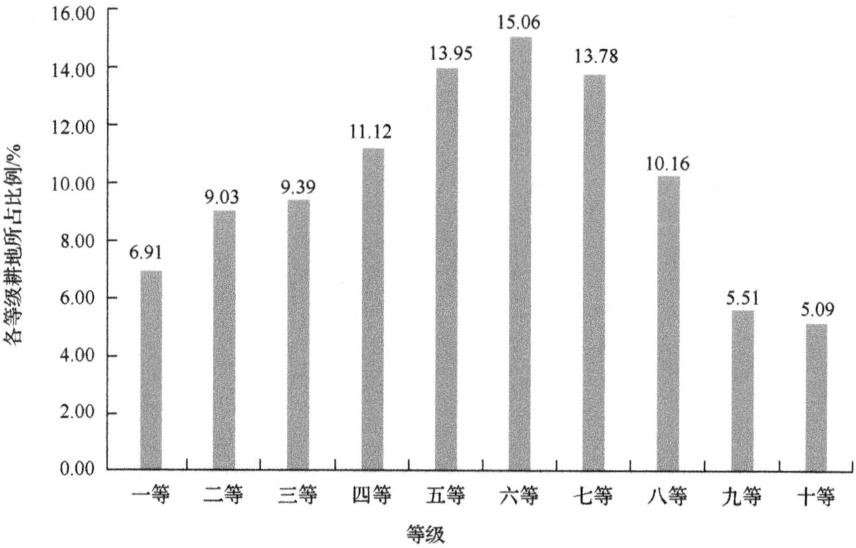

图 3-7 华南区耕地质量等级分布

资料来源：农业农村部。

2. 存在问题

绿色农业发展过程中仍存在农户绿色生产意识不能与时俱进、后继动力不足、带头作用不明显、农业从业者不能满足绿色农业发展要求、绿色农业标准化体系建设不完善、绿色农产品监督检测体系不完善、绿色农业的投入不足、绿色农产品市场建设不完善、绿色农业法律法规体系缺位等问题，对我国绿色农业的综合发展水平造成严重阻碍。

东北区绿色农业发展存在的问题：一是在一个模式中采取单一物种与主物种相结合的方式，没有形成物种的合理竞争，不能充分利用单位空间的各种能源；二是在空间分配上没有适度应用物种的搭配形式、密度、空间，且缩短了时间的利用长度；三是在生产结构上没有按照能量转化和物质循环规律进行，模式的能量转化和物质循环的效率较低。

黄淮海区绿色农业发展存在的问题：一是资金制约绿色农业发展，导致发展进度慢、发展规模小、产业化经营落后，财政涉农资金来源和使用的碎片化现象比较突出，财政资金对社会资金的撬动作用发挥不够；二是绿色农业生产效益相对较低，附加价值体系还未成型，地方农业扶持发展资金不足；三是绿色农业发展不均衡，有些地区对绿色农业认识不足，绿色农业发展程度不一。

长江中下游区绿色农业发展存在的问题：一是农业面源污染形势依然严峻，化学投入品减量基础还不牢，农药数据的标准化还不够；二是农业废弃物资源化利用的手段还不多，如畜禽粪污污染、秸秆处理等问题，没有找到适合当地资源化利用的出路，畜禽粪污污染防治主要依靠禁养区划定和搬迁，强制性管理也会造成养殖户失业、污染转移等现象的发生；三是各部门密集出台了很多政策文件，但一定程度上还存在部门分割、政策分散的问题，地方思想转变的节奏跟不上中央要求，如有些地方忽视当地粪污消纳要求或水资源约束条款过度拓展养殖规模。

华南区绿色农业发展中遇到的难点：一是一些地方绿色农业基础建设不足，绿色农业发展方式相对粗放，土地政策与用地矛盾凸显；二是绿色农业技术发展不完善，一些绿色防控技术（如利用生物防治虫害等、水肥一体化等、节水节肥节药农技等）没有得到完全推广；三是基层农业技术人员匮乏，测土配方施肥等缺少专业农业技术指导，液态肥、水溶性肥料等生产能力不足，部分一次性使用的地管设备在使用后没有回收渠道，农膜回收率低，造成了新的面源污染。

3.1.3 传统融资模式下的农业经营模式

1. 现状分析

《国务院办公厅关于完善支持政策促进农民持续增收的若干意见》提出，加大对“三农”金融服务的政策支持，重点支持发展农户小额贷款、新型农业经营主体贷款、种养业贷款、粮食市场化收购贷款、农业产业链贷款、大宗农产品保险、林权抵押贷款等。我国农业面临着融资难的情况，农业企业如何成功融资是迫切需要解决的问题。传统的农业融资模式主要有以下五种。

（1）P2P 网络信贷农业融资模式

P2P 网络信贷农业融资模式是指农业经营主体借由 P2P 网贷平台等融资中介，按照一定的竞标原则获得融资服务。根据中国人民银行发布的数据，2020 年网贷行业专项整治进入深水区。截至 2020 年 3 月底，P2P 网贷平台数量为 139 家（图 3-8）。2020 年中国 P2P 借贷行业市场规模约为 22 485 亿元，较上年增加 2 796 亿元，同比增长 14.2%。[①] 2020 年普惠金融定向降准，对“三农”等普惠金融领域贷款达到一定标准的银行执行优惠 1.5%存款准备金率政策，截至 2020 年全国涉农贷款余额 38.95 万亿元，同比增长 10.7%，全年增加 3.94 万亿元，同比多增 1.26 万元。[②] P2P 网络信贷农业融资行为分为三个环节：第一个环节，普通农户、专业大户和家庭农场、农民合作社、龙头企业等农业经营主体遵守 P2P 网络信贷平台所规定的融资原则，平台检查营业执照、线上资格、信用、还款能力等详细信息，列出合格的借款项目；第二个环节，出资人通过网络信贷平台上推出的融资项目单完成挑选；第三个环节，借贷双方完成借贷匹配和对 P2P 平台的贷款风险评估。就 P2P 平台而言，如果不涉及抵押担保，它的收费标准不会太高，利润一般来自服务费用，大概是成交额的 2%～5%，而别的业务多半是不收取费用的，但就投资人而言风险还是存在的。

① 黄文玉．中国 P2P 信贷行业深度分析及行业现状分析 2022[EB/OL].（2022-12-05）[2025-03-26]. https://www.chinairn.com/news/20221205/101108866.shtml.

② 2020 年我国涉农贷款余额同比增长 10.7%[EB/OL].（2021-02-17）[2025-03-26]. https://www.gov.cn/xinwen/2021-02/17/content_5587373.htm.

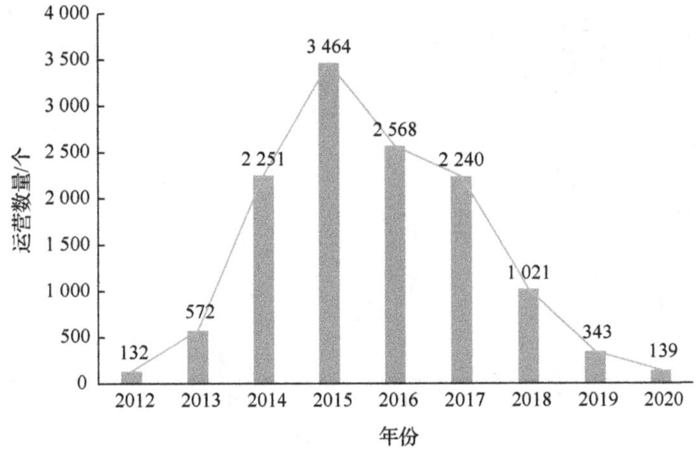

图 3-8　2012—2020 年网贷平台运营数量

资料来源：前瞻产业研究院。

（2）农业众筹融资模式

农业众筹融资是指农业经营主体将自身创设的新项目通过互联网社交平台或众筹平台直接向公众进行筹资的融资行为。《数字农业农村发展规划（2019—2025 年）》提出鼓励发展众筹农业等基于互联网的新业态。从在运营中的平台数量走势来看，众筹平台数量从 2017 年（294 家）开始下降，截至 2020 年 4 月底，在运营中的众筹平台仅有 59 家（图 3-9）。众筹平台不断被整改和淘汰，且越来越规范，众筹风险也在下降。农业众筹项目成功率较高、投资人次较多。农业众筹融资模式主要有三个环节：第一个环节，农业经营主体把融资需求发布在众筹融资平台，众筹融资平台组织相应专业机构完成审查；第二个环节，在项目得到审批后，农业经营主体可以自主在该平台上传融资项目信息，投资者对项目信息完成系统解析后思考投资意愿和投资的具体金额，农业经营主体得到融资，并且众筹融资平台监控其融资资金；第三个环节，在项目结项后，农业经营主体以一定的公司股份、现金、农业产品等一种或多种形式兑现对投资者的承诺。虽然目前农业众筹平台不是很多，成功的农业项目也不多，但我国农业众筹规模正在逐步扩大，参与农业众筹项目中的人数也有了一定程度上的增加，农业众筹融资模式发展前景可期。

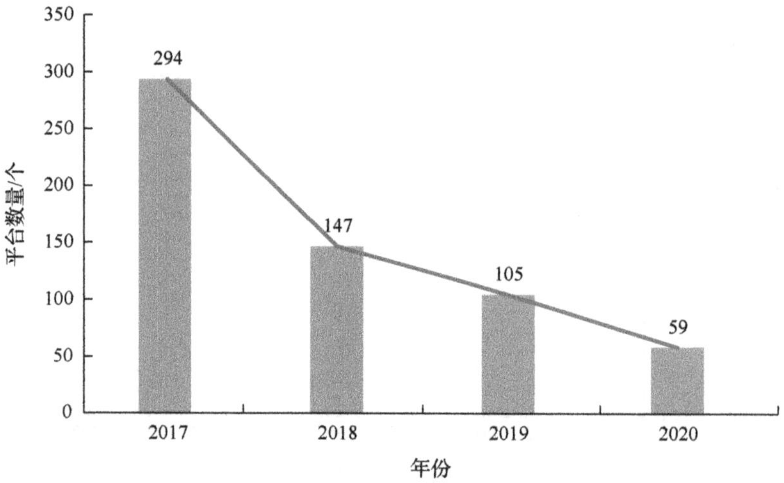

图 3-9 2017—2020 年运营中的众筹平台数量

资料来源：众筹家。

（3）农业产业链融资模式

农业产业链融资是指与金融机构合作的产业链核心企业利用其与协同伙伴——农业经营主体的业务往来数据，向金融机构提供信息和技术支持，并为农业经营主体提供信用担保的一种融资行为。农业产业链融资模式的运行流程如下：第一个环节，在农业经营主体和核心企业由于多次交易合作而达成产业链联盟农业经营主体的基础上向银行等金融机构递交贷款请求和所需材料；第二个环节，产业链重点企业在大数据下信用裁定的基础上向银行等金融机构提供信用担保，保证在农业经营主体无法如期还款付息时替代其还款；第三个环节，金融机构自动向符合条件的农业经营主体发放贷款，并实施贷后风险监控。该模式一般适用于农户分化所形成的专业大户，或是采取农业生产集约化的经营管理模式且业务吞吐量较大的农业经营主体。截至 2020 年，有多家金融实体针对新型农业经营主体推出不少涉农贷款产品，但受银行贷款投放流程管理和风险控制要求影响，额度一般不超过 500 万元，难以有效满足新型农业经营主体的融资需求。以大北农为例，其通过猪管网信息平台覆盖 600 万头猪的养殖信息；通过搭建涉农电商平台——农信商城，发展农资交易及生猪交易服务；在对养殖户经营情况实时掌控和经销商长期了解的基础上，搭建农信网作为大北农的资信管理平台，并建立以信用为核心的涉农互联网金融服务体系，农信网先后嫁接了农富贷、农银贷、农富宝、扶持金四个服务板块，满足农业产业链上的支付、融资和投资理财等多元金融需求，仅 2014 年发放贷款就超过 11 亿元。大北农通过猪联网、农信商城、农信网三大平台，已形成一个完整的农业产业链互联网金融生态圈。农业银行的农业产业链金融服务模式主要有：农业银行+政府增信机制+“三农”客户；农业银行+特定融资主体+涉农项目；农业银行+特色产业骨干企业+上下游客户；农业银行+专业市场+市场商户+上下游企业（农户）；农业银行+龙头企业（农民专业合作社、基地）+农户等。农业产业链融资在积极进行创新，如“物联网金融+”就是现代农业产业链融资的一条新路径。

（4）小额信贷的农业融资模式

基于大数据小额信贷的农业融资通常是指由农业经营主体从依赖电子商务平台建立的小额贷款公司或合作银行获得融资的模式，其中小额贷款公司等机构可利用电子商务平台等发达成熟的电子网络系统留下的大数据改善融资服务。这些年，银行在持续加大信贷投放的同时，推进建立智能化小微风控体系，实现小微企业不良贷款余额和不良贷款率的“双降”。基于大数据小额信贷的农业融资模式的流程如下：第一个环节，农业经营主体向小额贷款公司提交贷款请求，小额贷款公司利用电子商务平台得到历史经营、财务等信用信息，通过信贷数据风控模型交叉检验的方法完成信用估算，思考放贷与否；第二个环节，小额贷款公司在放贷以后，继续借助电子商务平台完成对农业经营主体现金流和经营情况的全程监督，以控制贷款风险并使资源得到最佳配置。小额贷款银行等金融机构重点对制造业和科创型等领域的小微企业进行信贷投放，对农业企业贷款较低。

（5）传统金融机构农业融资模式

传统金融机构农业融资一般是指银行业通过采取传统电子渠道和新型互联网金融业态“双线”创新模式推进互联网金融服务“三农”。主要流程如下：第一个环节，银行业开展数字化线上服务，大部分是通过互联网与手机端完成支付；第二个环节，自建电商平台与农村生态相融合，再和农业专业市场完成衔接，为龙头企业发展电商提供综合服务，同时也为农村商户提供服务。由于中小企业融资具有时间紧、频率高、金额小的特点，相对成熟的大型企业，银行服务中小企业要付出更多的成本，承担更高的风险。同时，农业行业本身的回报周期长、受自然影响大等不利因素更让农业企业融资雪上加霜。传统金融机构农业融资模式也在积极进行创新，与新型互联网金融业态相结合是一种不错的方式。

农业融资模式还有很多，如“互联网+返乡创业+信贷”等农村贷款融资模式。金融机构针对权属清晰的大型农机装备进行抵押贷款，对购买大型农机装备贷款进行贴息；加大对农机企业和新型农机服务组织的信贷投放，灵活开发各类信贷产品并提供个性化融资方案；在合规审慎的前提下，按规定程序开展面向家庭农场、农民合作社、农业企业等新型农业经营主体的农机融资租赁业务和信贷担保服务；发展农机保险等。农机融资租赁业务按规定适用增值税优惠政策，允许租赁农机等设备的实际使用人按规定享受农机购置补贴；农业机械耕作业务按规定适用增值税免征政策等。

2. 存在问题

（1）农产品生产周期较长

农业生产，包括种植、养殖等产业在内，有明显的周期性。农业是弱质产业，生产极易受天气、自然灾害等因素的影响，产出量不确定，存在信息不对称问题。金融服务中资金周转和回笼的周期较为固定，并且周期较长。因此，相比其他领域，做农业供应链金融需要更多的耐心。

（2）征信数据缺失

针对农户这类小规模农业经营主体，农户征信数据缺失、风险控制难度大是银行面临的主要问题。目前我国尚未建立完善的农户评价体系，无法有效消除农户信用风险。

（3）道德风险控制难度大

除了担心农户的还款能力与还款意愿，银行业非常关心农产品交易的真实性，这也是后期农户是否能够完成还款的重要依据。在农产品交易过程中，交易信息由核心企业的 ERP（enterprise resource planning，企业资源计划）系统记录，此时存在核心企业与农户勾结修改信息的可能，由此造成道德风险，银行需要投入很大的精力去验证并防范。

（4）对融资机构不信任

农户居住地具有高度的分散性，导致其信息相对闭塞，加之教育水平落后，金融知识储备相对不足，参与互联网融资的农业经营主体偏少，表现为难以在较短时间内接受网络借贷等互联网融资模式。同时，互联网融资作为新兴的融资模式，发展尚处于初级阶段，相关法律条件有待完善与健全。农户对其信任程度不高，这也与互联网融资模式自身存在的特定风险相关。

（5）融资模式发展不完善

P2P 行业通常金融杠杆小，贷款年交易额一般也只在 10 亿元左右。平台本身收益较低，通常只有 5%的毛利率，除去 2%的风险准备金或担保费用，再除去较高的运营成本（系统建设费用、人员费用、租金成本等），导致从现金流角度来看大多数 P2P 公司都是亏损的。农业众筹融资模式在我国起步较晚，发展增速不稳定，存在农业众筹平台自身发展参差不齐、众筹平台选择困难、大众对农业众筹平台信任不够、新旧农人合作渠道尚未打通、缺乏信息披露机制、平台缺乏核心竞争力等问题。尽管农业中的重点企业逐渐增多，但是能够称得上产业链中的重点企业的数量仍然不足。且一些比较成功的产业链融资模式，由于具有一定的地域特殊性而无法被广泛借鉴。此外，现阶段我国的农业产业链存在链条短、窄的特点，各环节直接衔接也不够紧密。就传统银行“触网”模式而言，其主要劣势是在环境和使用体验上与互联网企业还有一定差距，并缺乏适用于农户的附加值高、个性化的金融产品。

3.1.4　订单农业经营模式

1. 现状分析

《农业农村部 财政部关于公布 2020 年优势特色产业集群建设名单的通知》提出支持农民合作社发展订单农业。订单农业近年来得到了长足的发展，如东北三省、河南、安徽、广东等粮食主产省的农户和涉农企业在订单农业的探索和实践过程中取得了丰硕的成果。依托广东农产品“保供稳价安心”数字平台，丰泫农业通过与多个社区团购平台合作，采取预订式下订单，销售冰鲜虾 1 万多千克。[①] 2019 年，安徽优质小麦订单农业种植面积达 2 298 万亩，占小麦播种面积的 53.4%，较上年提高 14.4 个百分点。[②] 2019 年涞水县推广种植红薯、南瓜、萝卜等订单农业 2 800 亩。[③] 目前我国订单农业发展规模呈现扩大趋势，品种逐渐增多，发展模式呈现多样化。

2. 存在问题

（1）订单合同的签订存在缺陷

一份好的合同能协调农户和企业之间的利益关系，解决可能出现的问题。但是，现实情况却不尽如人意。以对黑龙江省订单农业发展的调查为例，有相当一部分加工农产品的企业在与农户约定收购时仅仅只是口头约定，没有书面合同。即使有一些签订了书面合同，但也存在一系列问题，如合同主体不明确，内容不详细，程序不完善，对价格、双方权利与义务、违约责任等缺少明确规定，或规

① 广东大力推动农业高质量发展，集中推进一批重大项目建设[EB/OL].（2020-06-10）[2025-04-26]. https://baijiahao.baidu.com/s?id=1669094759797660150&wfr=spider&for=pc.

② 安徽省 2019—2020 年度优质专用小麦生产分布图[EB/OL].（2020-01-19）[2025-04-26]. http://www.c-seed.cn/contents/867/6506.html.

③ 北京市房山区建“订单式”产业扶贫新模式帮扶涞水县[EB/OL].（2019-11-07）[2025-04-26].https://www.moa.gov.cn/xw/qg/201911/t20191107_6331479.htm.

定不合理等。这些存在的隐患一旦变成纠纷，将很难得到有效解决，在寻求仲裁或法律帮助时也会碰壁。

（2）订单的违约率较高

虽然订单的签约数量较多，但是订单的违约率相当高。订单农业基本上有“企业+基地+农户”“企业+政府+农户”“中介机构+农户”等三种模式。在这三种模式中，“企业+基地+农户”与“企业+政府+农户”这两种模式的违约率较低，企业与农户之间有较为固定的合作关系；而“中介机构+农户”模式在三种模式中所占比重较大，是最常见的模式，违约问题也较为严重。影响农户签约率的因素主要有合同价格、价格的波动幅度、种植规模、利益分配等。究其原因，既有农户方面的问题，也有中介机构方面的问题。中介机构和农户签订合同后，到履约时如果订单约定价格低于市场价格，农户由于自身法律意识薄弱，对签订的合同没有给予足够的重视，就可能不履行订单，而是把产品卖给市场上其他买方，由于双方签订的合同大多并不规范，农户不需付出代价或付出少许代价即可违约，进而赚取利润，合同难以约束农户行为；如果订单约定价格高于市场价格，中介机构从自身利益出发以资金不足为由拖延或拒收订单农产品，放弃农户而直接从市场购入所需产品从而发生违约。也存在农户生产的产品由于天气、自然灾害等原因达不到合同履约数量的情况。

（3）价格制定机制不完善

农产品是特殊商品，因为生产周期过长，在生产过程中存在一些不好把控的因素，可能会产生巨大风险，导致价格有所波动。企业通过农产品异质特性和价格差异性质完成大规模收购，然后将优劣产品“中和”后以市场价格在批发市场上规模化统一销售，在价格折中过程中赚取差价。相较于欧美一些发达国家，现今部分地区的期货市场发展相对较晚，价格体系发展不够完善，导致很大一部分农产品订单在定价时找不到合适的参照系统。最终农产品收购时订单价格和实际的市场价格相差较大，要么是农户不满意，要么是企业不满意，两者之间没有办法达成统一的意见。这就造成了许多农业订单因为种种原因被撕毁，产生了大量的无效订单，阻碍了订单农业的健康发展。

（4）信息不对称

农户不了解企业的现实利润状况或农户相对于企业来说存在信息劣势，导致农户和企业之间存在信息不对称问题。生产者对订单农业不了解，签下一些不切实际的虚假单、模糊单，给了农户错误的市场导向，造成农户不应有的损失。有的企业喊着高价收购的口号，但收购时不见踪影，或以品质等问题恶意压价甚至拒收。

3.2　数字经济相关内涵

3.2.1　数字经济的概念

在信息时代，尤其是网络技术和数字技术的持续更迭，使数字化和人类社会及生产生活结合得更紧密。数字化技术与经济领域的深度融合催生出数字经济的理念。数字经济是人们进入信息化社会之后，将信息数字化应用在生产生活各个方面形成的新的生产要素，能够在很大程度上提高社会生产力。目前对数字经济有较为清晰的界定。数字经济指的是以使用数字化的知识和信息为关键要素，以信息网络及相关技术为关键载体，以信息通信技术为提高效率和优化经济结构的推动力，而形成的一系列经济活动。数字经济的出发点和目的都是追求更高的效率、更优化的程序、更科学的方式，以实现更高的经济效益。

就数字经济的发展历程和深刻内涵来看，数字经济是一种不同于传统物质结构和经济特征的新的形态。从数字经济及数字相关技术的发展历程来看，不断形成的软件工程技术、网络通信技术及大数据人工智能，甚至计算机科学技术等行业，都属于数字化的范畴。将这些技术与经济领域相结合，就形成了数字经济的发展新模式。总体来讲，数字经济是各个产业进步变革的具体过程，体现在与现代产业的结合方面，同时通过有效运用信息化技术和数字技术，也能够发挥数字经济对三大产业及其他各个行业领域的推动促进作用。

3.2.2　数字经济在农业领域的应用

1. 推进农业生产智能化

一是加快物联网、大数据、智能装备等现代信息技术和装备在农业生产全过程的广泛应用，探索信息化技术应用模式及推进路径。二是及时打造一批现代农业智慧园，开创一批省级现代农业智慧园示范工程。三是积极引导规模经营的新型经营主体开展试点，建设一批农业物联网应用示范点。

2. 拓展农产品网络营销新模式

一是大力发展农村电子商务。引导新型农业经营主体与电商企业全面对接，推动名特优农产品网络营销。二是推进农产品批发市场、农贸市场等的信息化改造。依托互联网开展农超对接、农校对接、农批对接，鼓励发展定制配送、直供直销等新模式。三是加快农产品电商省级地方标准制定和推广应用。积极推进"一品一码"、二维码贴标销售，扶持"一村一品""三品一标""可追溯产品"的认证。四是加快发展与电商配套的冷链物流体系、智能仓储设施、城乡配送网点，建设特色农产品产地集配中心。五是促进电子商务助力乡村振兴。大力推动经济困难地区电子商务发展，不断提升乡村利用电商创业、就业的能力。

3. 加强农业信息化服务管理能力建设

完善农业生产、经营和质量安全三个服务系统，建立"三农"综合信息服务平台。加强农业信息化服务管理能力建设。在数字经济时代下，网络是信息资源存在的物质基础，建立完善的农业信息网络，可以缩短农业高新技术的推广周期，促进农业科技成果的转化，加速农业生产发展和现代化进程，加强与巩固现有的以农业部门为主体的农业信息主渠道，为决策者、生产者、消费者提供翔实、准确的农业信息。

4. 实施信息进村入户工程

一是完善12316三农综合信息服务平台。建设省级12316服务调度中心（农业农村信息服务中心），支持市、县（区）12316文明窗口可视化建设。二是加快益农信息社规范化建设。加快推进益农信息社建设，引导益农信息社与农村电商服务点等融合发展，共享服务网络和设施。

3.2.3 数字经济在农业领域的实践模式

《数字经济及其核心产业统计分类（2021）》从"数字产业化"和"产业数字化"两个方面，确定了数字经济产业的范围，将其分为数字产品制造业、数字产品服务业、数字技术应用业、数字要素驱动业、数字化效率提升业等五大类。2019年中共中央办公厅、国务院办公厅印发的《数字乡村发展战略纲要》明确提出"着力发挥信息技术创新的扩散效应、信息和知识的溢出效应、数字技术释放的普惠效应，加快推进农业农村现代化"①。数字经济和农业农村经济深度结合发展的实践模式大致可以归纳为以下四种。

1. 以数字金融服务"三农"的创新模式

我国"三农"的发展长期以来受到农村金融供给不足的制约，我国的金融体

① 数字乡村发展战略纲要[EB/OL].（2019-05-17）[2025-03-26]. http://finance.people.com.cn/n1/2019/0517/c1004-31089705.html.

系是以银行为主，银行是传统金融部门中最先迈入“三农”融资市场的，但受其运营模式的成本约束，以及农村金融需求主体较为分散等问题的影响，传统银行业在农村地区很难提供物美价廉的金融服务，并且由于信息不对称产生的逆向选择，也会增加价格和违约风险。

所以，传统的金融机构应和数字经济深度融合，利用数字金融发展的“信息流”打破地域的局限性，减少数据的收集与生产成本，利用去中心化与多元化的服务模式持续打通信息链，进而减少所产生的成本与不确定性风险。

数字金融服务“三农”的模式能让传统银行业和互联网公司在节约自身运营成本的基础上进一步扩大自身的信贷覆盖面、形成多元化的金融服务体系，这种模式能够实现快速批量、自动化授信，有利于丰富和完善新型农业社会化服务体系。由于数字金融服务“三农”的创新模式本身运营的边际成本较低，信贷风险控制模式较为全面，所以通过利用数字化技术，能增强农民的信贷支持可获得性，促进传统金融机构加快改革步伐，对目前农村金融服务发展中存在的短板是一个有益补充，不仅能有效降低金融机构服务“三农”领域的交易成本，缓解因“精英俘获”带来的农村内部经济不平等问题，还能实现以较少的资源满足用户较多需求的目标，并且促进经济增长的结构调整，推动社会的包容性发展，进一步推动农村地区借贷双方公平有效的供需匹配和资金交换，让农户有机会改变初始禀赋的约束，进行更多的投资，为其未来实现规模化、现代化的农业经营打下较好的基础。

2. 基于现代信息技术的农业保险决策管理模式

物联网技术能通过网络连接使信息的传递更加快捷便利，并且能通过可视化技术让数据创造出更大的价值。基于保险利益、最大诚信原则、近因原则、损失补偿原则等，现代信息技术的应用能为农产品保险价格的制定和实施，以及风险的研判和补偿机制奠定良好的基础，能够更好地优化投入要素配置。长期以来，农业生产面临自然和市场双重风险，传统农业保险定损定险方式需花费较高的人力成本，这不仅有碍于保险公司的商业可持续性发展，而且不利于农业增效和农民增收。为了较为全面地统计保险标的物的种植面积、地块形态、产品种类、市场价格、损失程度、风险系数等相关数据，在提高农产品投保、理赔信息精准度的基础上降低保险的门槛，各地区积极探索并初步形成农业农村保险领域的应用实践模式。例如，四川省崇州市基于现代信息技术的农业保险模式，以农民为主体，以产业发展为导向，依托信息遥感技术和卫星监测等现代信息技术，通过探索建立农业保险大数据库，利用互联网、信息遥感技术、卫星监测等现代信息技术手段，建立“大数据+”的新型保险模式，提高了农民遭受自然灾害后产量受损的保障水平，并实现了较人工定险方式更加高效、公正的理赔流程，极大地惠及了水稻种植大户的利益。基于现代信息技术的农业保险决策管理模式的价值主要在于：一是能建立由多方联合探索形成的信息全面透明的新型农业经营主体信用评价系统，有利于提高新型农业经营主体的信用意识，降低投保人的道德风险；二是通过建立农户相关数据共享对接机制，让大多数农民获得实质利益的保护，提高其获得感、幸福感和安全感；三是该模式下的保险决策能提高理赔信息的精确度，降低农业生产中由于自然风险带来的损失，有效地保障了农业生产率，较好地维护了农产品宏观经济价格的稳定，实现从“被迫接受风险”到“主动管理风险”的转变。因此，利用现代信息技术助力农村保险改革发展，既能节约信息调查采集的烦琐人力劳动，又能及时发布预警信息，降低农户遭遇自然灾害时所产生的损失，进一步推动保险业的供给侧结构性改革。

3. 以“互联网+”为平台的农业全产业链模式

近些年，中国正处于供给侧结构性改革时期，这是探索中国特色农业产业链“点线面”整合完善模式的关键节点。政府在“三农”领域数字经济基础设施建设、财政资金和人才建设等方面大力投入，以既包容又谨慎的监管原则，减少企业进入市场的前期成本，营造公平竞争的氛围，为实现数字经济和农业农村经济的融合发展奠定了良好的基础。

基于“梅特卡夫定律”和“长尾理论”，通过网络平台能极大地降低销售成本。例如，江苏省常州市武进区利用“互联网+农村电子商务”模式，通过标准化生产翠冠梨，不仅节省了冷冻成本费用，而且改善了以往中间商赚取差价的情况，能够让农民获得80%以上的利润。四川省成都市的“农贷通”通过简便快捷的流程，对于供给方的商家入驻而言，只需通过互联网完成“提交材料申请—平台审核—签订协议—上线产品—销售产品—交易结算”步骤，对于需求方进行产品代购也只需经过“平台选购—下单付款—服务网点领货—确认付款”四个快捷流程，就能实现便捷的“互联网+农产品平台信息共享”销售模式。实践证明，利用开放、对等、共享的互联网平台信息共享合作方式，能让农业供产销各环节的衔接在市场环境中变得更有活力和效率，同时也能更好地解决信息不对称、控制契约执行的问题，带动农业全产业链的增值。

总之，以“互联网+”为平台的农业产业链模式，有助于打破农产品产供销环节以往面临的时间和空间限制，能够让集中化与分散化的农业发展模式并存，还有可能打破“刘易斯拐点”的推论。具体而言，一方面，该模式能进一步夯实推进农村产业数字化转型升级，能更好地按照市场供求规律来进行资源的优化配置，有效实现“共享经济”。另一方面，农民通过数字平台与外部主体接触互动，也提高了自身的参与度、主观能动性、数字素质和金融素养，而农民数字金融素养水平的提高，又有利于充分激活农村土地、资本和劳动力的要素市场，从而带动要素市场和农民金融素养双向良性互动发展，进一步形成更加丰富和多元的农业社会化服务体系，最终通过优势互补、劳动分工的商业模式提高交易环节的效率，通过网络空间的虚实结合带来数字经济产生的技术经济价值。

4. 以云计算为依托的多位一体智慧农业模式

在土地作为刚性生产要素的约束条件下，人民群众对需求的不断变化使得传统规模化大生产模式面临一系列瓶颈，而数字经济对农业经济效率的提升，能够惠及农村社会网络中的绝大多数人，更好地实现规模经济，智慧农业因此应运而生。智慧农业是农业中的智慧经济，是农业生产的高级阶段，智慧农业利用云计算等现代信息技术不仅能提升农业的生产管理水平，而且也能为中国农业的转型升级带来新的有效解决方案。

例如，河南省光山县的青龙河农业机械化专业合作社的“政、产、学、研、推”多位一体智慧农业模式，具有以下特点：一是借助光山县科研院所设计的数字化农业云平台、可视化农田监控设备与可实现全过程追溯设备，创造了“一田两用、一稻两虾”的稻渔综合种养模式，并通过云计算等数字化技术完善农业管理系统，达到了“一水两用、一田双收及稳粮增收”的效果；二是给予返乡下乡农业人才一站式服务，促进周边农户进行综合种养，在当地起到了较好的示范辐射作用；三是将农业生产过程中产生的数据上传给科研院所，不仅为深入研究提供了一手资料，而且专家库的反馈诊断还能进一步优化农业生产经营。高校和科研院所的研究成果在农业实际生产过程的应用创造出了价值叠加的力量，新媒体的报道宣传能提高信息传播效率，进一步吸引社会资本的投入。这种发展模式可以形成有效的螺旋式上升循环转型，更加适应社会主义市场经济的发展，促进小农户与现代农业发展的有机衔接，增强农民的内生动力和自我“造血”功能，发挥农业的多功能性。

基于云计算的多位一体智慧农业模式，展示了云计算技术平台通过实时信息交流可以实现数据的实时共享、信息流的高效传递，促使“靠天吃饭”的传统农业向“高产优质”的现代产业转变，进一步通过“润物细无声”的模式完善农村人力资本，促进可持续发展，实现“粮食增产+效益提升+生态维护”的多元化目标。其中，智慧生态监测不仅能更好地发挥食品溯源功能，保障农产品的优质生产，还能进一步推动形成市场化的品牌，带来有益的市场外部性；农田的智能化服务，能提高土地的集约利用效率，依托人工智能的精密计算，更好地保障农业生产环境在可持续发展的承受范围内。多位一体的智慧农业发展模式用集约化、现代化、专业化、组织化的方式，通过资源要素的合理运用，能有效推动高校研究所“学以致用”的科学研究，培育新型农业经营主体和农民企业家，促进现代农业生产经营体系的构建，有利于践行“绿水青山就是金山银山”理念和实现“既授之以鱼又授之以渔”的目标，有利于综合解决“三农”面临的多种发展矛盾，进一步实现多方共赢和可持续发展的目标。

3.2.4 数字化农业的特征

数字经济，是伴随着全球数字化浪潮，在新一轮科技革命和产业变革中孕育兴起的经济模式，它把实现信息通信技术当作增强效率与经济结构合理调整的原动力。数字经济的五个特征包括：①数据成为推动经济发展关键的生产要素；②数字基础设施成为新的基础设施；③供给和需求的界限日益模糊；④互联网变革了生产关系；⑤人工智能极大地提升了生产力。其中，农业数字化是信息技术在农业应用中的高级阶段，主要指在农业发展过程中进行农业要素、过程、管理的数字化。在利用数字化技术对农业的改造过程中要充分尊重农业自身规律对数字化技术的择优而用，如此方能充分利用现代信息技术提升农业生产力。

1. 农业数据获取

农业数据是农业数字化的基础，数据范围包括农业中的气候环境数据、生物信息（营养、水分、叶片、根系等）及农业社会信息数据。农业数据的获取主要指通过传感器技术、射频识别技术（radio frequency identification，RFID）、全球定位系统、遥感技术、地理信息系统、人工标注及网络抓取等方式获取数据，环境数据主要利用温度、湿度、光照等传感器进行监测，生物信息数据主要利用人工监测结合设备检测。随着计算机视觉技术的发展，进行作物形状、颜色、纹理等特征的非接触式监测将成为生物信息数据监测的方向。融合全球定位系统、遥感技术、地理信息系统、航空监测技术及物联网技术的天空地监测系统，将为获取更全面的农业数据提供牢固的技术支撑。

2. 农业数据通信

农业数据采集设备具有分散性特点，且往往因地形环境复杂，传统的有线网络传输在农业数据通信中难以普及，因此农业信息通信技术主要是基于无线模式。

无线传感器网络和移动通信网络是两种重要的信息传输形式，分别适用于近距离无线通信和远距离无线通信，相比数据采集和数据处理，数据传输技术更为成熟。无线传感器网络的近距离通信具体应用有蓝牙、Wi-Fi、ZigBee 等技术，具有低成本、高可靠、自组织的特点。

3. 农业数据处理

农业数据具有地域性、周期性、时效性、综合性等特点，非线性问题、不确定性问题在农业数据处理中显得尤为突出。利用数字化技术对农业数据的处理主要体现在数据挖掘、算法技术、视觉图像处理技术等方面。在获取农业目标数据的基础上，利用大数据及算法选取适当的数学模型和信息学模型，对研究对象未来发展的可能性进行推测和估计，或采用智能控制手段和方法对农业生产过程进行干预，其中视觉图像处理技术、智能算法、智能控制技术是重点。云计算能够实现数字农业所需的计算、存储等资源的按需获取，大数据为海量信息处理和利用提供支持。利用大数据、云计算等技术，由局部到整体、由经验型到机理型、由功能化到可视化，构建农作物决策与管理系统，辅助农业生产及管理的数字化。

3.3　数字经济对新型农业经营模式创新的驱动力

3.3.1　数字经济对新型农业经营模式创新的政策驱动

1. 国家政策驱动

政府始终在新型农业经营模式发展过程中扮演着指导、扶持和监督的角色。为了解决好“三农”问题，习近平总书记在党的十九大报告中首次明确提出实施乡村振兴战略，并提出构建现代农业产业体系、生产体系、经营体系，完善农业支持保护制度，发展形式适度规模经营，培育新型农业经营主体，健全农业社会化服务体系。自此，党中央围绕推进新型农业经营模式创新发展、实现乡村全面振兴出台了一系列政策举措。在 2020 年中央一号文件中，党中央提出要重点培育家庭农场、农民合作社等新型农业经营主体，培育农业产业化联合体。同时强调要继续加快物联网、大数据、区块链、人工智能、第五代移动通信网络、智慧气象等现代信息技术在农业领域的应用。可见，基于互联网技术打造新型农业经营模式得到了党中央的大力支持。《新型农业经营主体和服务主体高质量发展规划（2020—2022 年）》提出：鼓励返乡下乡人员领办创办新型农业经营主体和服务主体，鼓励支持各类人才到新型农业经营主体和服务主体工作；以数字技术与农业农村经济深度融合为主攻方向，加快农业农村生产经营、管理服务数字化改造，全面提升农业农村生产智能化、经营网络化、管理高效化、服务便捷化水平，用数字化驱动新型农业经营主体和服务主体高质量发展。

2. 全国典型农业区域政策驱动

以黑龙江、山东、江苏这三个典型的农业大省为例，分析这三个省份的新型农业区域政策驱动。2017 年《农业部 国家发展改革委 财政部 国土资源部 人民银行 税务总局关于促进农业产业化联合体发展的实施意见》提出，鼓励发展适合不同区域、不同产业、多种表现形式、各具特色的农业产业化联合体。2020 年《山东省人民政府办公厅关于切实加强高标准农田建设提升国家粮食安全保障能力的实施意见》提出，采取以奖代补、先建后补等方式，支持种粮大户、家庭农场、农民合作社等新型农业经营主体申报实施高标准农田建设，简化、规范项目建设程序，拓展项目建设内容，推动发展农业适度规模经营。2020 年江苏省《关于加快农业保险高质量发展的实施意见》提出，开发满足新型农业生产经营主体和小农户需求的保险产品，探索开展一揽子综合险，逐步将农业机械、农机大棚、农房仓库等农业生产设施设备纳入保障范围。无论是农业产业化联合体、高标准农田建设，还是农业保险高质量发展，都是在新型农业的基础上实施的。

3.3.2 农业数字化科技驱动

1. 数字化基础设施建设

目前全国大部分地区已经基本实现了光纤到户的互联网接入，气象服务系统、水文信息系统、土地信息系统等已经在各地逐步发展，智能化监控系统的问世大大促进了农业现代化的发展。中小城市基础网络的完善，县城和乡镇驻地城域传输网、IP 城域网节点设备、县城至乡镇和地市至县城之间光缆、通信杆路/管道、光传输设备的不断建设和扩容，网络安全保障体系的健全等，为农业现代化发展和创新提供了支持。物联网、云计算、大数据、5G 网络、人工智能、农业遥感、区块链等新一代技术推动了新型信息化基础设施建设。很多创新创业人员凭借大数据、互联网、物联网等数字化技术，创新 5G 视频农业、农村电商、直播直销、点对点直供等新领域新范式。

2. 农业机械化水平

农业机械化是名副其实的“金扁担”，农机智能化、作业精准化、操作少人化等体现了农机的创新研发能力和制造水平。截至 2018 年 12 月，全国已有 300 多个县（市、区）基本实现主要农作物生产全程机械化，农机专业户超过 500 万户，农机合作社等作业服务组织约有 20 万个，每年作业服务面积累计超过 40 亿亩。[①] 2020 年我国规模以上农机企业为 1 615 家。[②] 2021 年，陕西省机收机播机种总面积 7 543 千公顷，主要农作物耕种收综合机械化率达 68%，小麦生产基本实现全程机械化，玉米耕种收综合机械化率达 80.6%。[③] 通过充分调动新型农业经营主体购机用机积极性，着力补齐农业机械化短板，不断提升农业专业化水平和组织化程度，推动农业机械化转型升级，促进农机研发创新。

3. 试点示范引领

国家现代农业示范区的建设是以现代产业发展理念为指导，以新型农民为主体，以现代科学技术和物质装备为支撑，采用现代经营管理方式。目前国家现代农业示范区有 309 个，定州市是国家现代农业示范区和河北省首批现代农业示范园区，农业产业基础雄厚，基于首农集团、四方力欧集团等京企的示范作用，一批进行种植、养殖、加工、饲料生产的农业企业实现了聚集化发展，构建了集秸秆青储、奶牛养殖、粪污利用和乳品加工储运、物流一体化的生态循环农业全产业链。通过现代农业示范区等建设促进农业机械化创新、智能农机装备创新等新型农业的快速发展。深入开展农业现代化整县推进试点，发展壮大单体农民合作社、培育发展农民合作社联合社、提升县域指导扶持服务水平。持续开展示范社评定，建立示范社名录，推进国家、省、市、县级示范社四级联创。建设高端、先进、智能农机应用示范区，选定作物，开展智能、高端农业装备验证和示范推广，推进全程信息化和智慧农业技术在农业生产中的集成运用，打造全程全面、智能成套的农业装备应用模式典型示范园。通过化肥农药减量增效试点、农牧区全域无垃圾试点、草地生态畜牧业试验区试点、稻田养殖的示范试点、农机购置

---

① “宜机化”将纳入高标准农田建设指标[EB/OL].（2018-12-20）[2025-04-26]. https://www.gov.cn/guowuyuan/2018-12/20/content_5350392.htm.

② 农机再升级有了新动力[EB/OL].（2021-06-19）[2025-04-26]. https://www.toutiao.com/article/6975266789051597349/?upstream_biz=doubao&source=m_redirect&wid=1744792279284.

③ 全省农业农村经济发展取得历史性新成就[EB/OL].（2022-09-04）[2025-04-26]. https://www.shaanxi.gov.cn/xw/sxyw/202209/t20220904_2249744_wap.html.

补贴新产品试点、农机报废更新补贴试点、绿色农田建设示范试点、高标准农田建设示范区、农药废弃包装物回收处置试点等示范引领农业现代化。

4. 农业新设备/新技术研发应用

诸多涉农企业已广泛应用现代化农业设备和新技术，代表性的有天空地一体化的智能感知技术与装备、农业智能感知机器人、北斗导航小麦无人收割机、机动喷雾器和植保无人机作业、智能水肥一体化管理系统、智慧麦作技术、卫星遥感监测大田技术、智能养殖平台等。国家示范社管理信息系统的建立可以完善国家农民合作社示范社评定和监测指标，并对国家农民合作社示范社运行进行动态监测。现代化新技术、新理念的应用，对发展设施农业、休闲农业、智慧农业、电子商务等新产业、新业态具有积极的促进作用。植保无人机、农业物联网、专家在线会诊等“云端”种地新模式，给传统农业装上了高科技的“顺风耳”“千里眼”。通过研发高效、绿色、安全新技术，充分利用现代科技成果，开发新技术新产品，催生新产业新业态，以创新引领创业。2019 年北大荒集团与华为签订战略合作框架协议，携手深耕“数字田”，在智慧农业、企业云建设、人才培养、平安垦区、设备采购、农产品专供等领域深入合作，共同探索推进农业发展新模式。新技术、新设备的研发应用为新型农业经营发展添砖加瓦。新技术新装备的推广要围绕地方特色优势作物机械化发展，努力增加农机推广鉴定大纲供给能力，应制尽制、补齐短板，促进农业现代化全程全面发展。2021 年，京东正式落地“农产品大流通战略”，在商品集采、数字化改造、仓配网络、渠道的基础上提升能力，通过培养新农人、建立数字农场和农业现代化产业园以及完善农批市场数字化、智能化仓配网络、大数据精准营销等多种途径，整体增强农产品生产、流通和营销的数字化程度。

5. 数字经济+现代农业

“数字经济+农业”是涉农企业及个体充分运用移动互联网、大数据、智慧运营等信息科学技术，实现农业产业链一体化、互联网创新现代农业的模式。“数字经济+农业”的有效结合，促进了农业专业化、多元化的发展，智能农业、精准农业、高效农业、有机农业、绿色农业的出现，促进了传统农业向农业数字化的转换。建设数字农业工厂，大力推进“数字经济+”现代农业，促进数字技术与农业加速融合，在生产环境调控、生产过程管理、产品流通营销、质量安全管控、生态环境保护和多媒体数字化展示等方面，加快数字化技术应用，推进农业高质量、现代化、绿色化发展。抓住数字经济机遇，大力发展现代化农业，实现“线上线下”与数字经济互为促进，积极推进传统农业实现数字化转型、智能化升级和融合创新。随着农业信息化网络化的深入发展，促进农业媒体活跃于多个网络平台。

3.3.3　绿色农业生态发展驱动

1. 耕地保护与质量提升

我国非常重视保护耕地并采取相应的措施提高耕地质量。一是退耕休耕轮作。退耕还林还草还湿，集中连片应用土壤改良、地力培肥、治理修复综合技术模式，提升耕地质量等级，强化耕地增产稳产能力。继续推进东北黑土地保护利用试点，集中展示一批黑土地保护利用综合治理模式。实施轮作休耕试点。轮作试点主要在东北冷凉区、北方农牧交错区、西北地区、黄淮海地区和长江流域，开展粮油等轮作模式，支持南方地区开展稻油轮作，恢复发展双季稻；休耕试点主要在河北、黑龙江、新疆地下水超采区。二是化肥减量增效。选择节肥潜力大的重点县开展化肥减量增效示范，支持农户和新型农业经营主体应用化肥减量增效新技术新产品。开展肥料包装废弃物回收处理工作试点，做好取土化验、田间肥效试验、肥料配方制定发布、测土配方施肥数据成果开发应用。三是生产障碍耕地治理。在西南、华南等地区，针对不同耕地生产障碍程度，结合作物品种、耕作习惯等，因地制宜采取品种替代、水肥调控、叶面阻控、农业废弃物回收利用等环境友好型农业生产技术，克服农产品产地环境障碍，提升农产品质量安全水平。

2. 农业废弃物资源化利用

一是畜禽粪污资源化利用。畜牧大县粪污资源化利用整县治理全覆盖，非整县推进项目县生猪等主要畜种规模养殖场粪污治理。二是农作物秸秆综合利用。农作物秸秆综合利用整县集中推进，突出重点地区，激发秸秆还田、离田、加工利用等各环节市场主体活力，探索可推广、可持续的秸秆综合利用模式，建立秸秆综合利用稳定运行机制。三是地膜回收利用。建立并完善地膜使用和回收利用机制，废旧地膜回收加工体系，以及经营主体上交、专业化组织回收、加工企业回收、以旧换新等多种方式的回收利用机制，“谁生产、谁回收”的地膜生产者责任延伸制度等。

3. 绿色食品抽检合格率高

我国各省（自治区、直辖市）建立并完善了绿色食品监管长效机制、绿色食品标志“固定检查点”制度和“三品”质量追溯管理制度等。改善绿色食品执行环境有监控、操作有标准、生产有管理、产品有检查、上市有标识的全程标准化生产模式，利用技术服务、专业培训、基地建设、质量审核等手段，使标准的管理程序和技术手段落地，完成从产地环境、生产过程、投入品使用、产品质量全过程的有效监管，有效保障绿色食品产品质量安全水平。通过绿色食品、有机食品、地理标志农产品认证和品牌建设提升绿色化标准化生产能力。2020 年中国绿色食品发展中心公布有 154 家企业荣获“最美绿色食品企业”称号。“最美绿色食品企业”称号的评比加大了绿色食品宣传力度，培育了绿色食品市场，提高了绿色食品影响力和创新力。截至 2020 年底，全国绿色有机地标农产品获证产品超 5 万个，获证单位超过 2.3 万家①。绿色食品产品抽检合格率高，广东省绿色食品产品抽检合格率达到 98%以上，黑龙江省绿色产品抽检率已连续多年稳定在 97%以上。绿色食品产品抽检合格率高体现了绿色农业生产的高质量，绿色食品产品不断涌现也促进了绿色农业生态发展与创新。

3.3.4 新型农业经营主体融资需求驱动

1. 新型农业经营主体融资难

新型农业经营主体融资主要存在以下问题。

一是新型农业经营主体融资存在信息不对称现象。新型农业经营主体与银行等金融机构在融资贷款方面存在着信息不对称的现象，导致新型农业经营主体融资困难。新型农业经营主体向银行申请贷款，银行根据申请者提交的材料审核考虑是否放贷，双方在此过程中有主被动关系，新型农业经营主体和银行之间会形成一个动态博弈。

二是新型农业经营主体内部融资规模小。新型农业经营主体正处在刚兴起阶段，不论在发展初期还是在规模扩大期间，其融资主要还是靠自有资金，即内部融资。但专业大户、家庭农场经营主体成员少，出资有限；农业合作社、龙头企业规模相对来说较大，但自有资金并不能满足长久发展和规模持续扩大的需求。在生产经营过程中，一旦资金链断裂，经营效益会直线下降，严重时会导致破产。

三是新型农业经营主体外部融资结构不合理。从表面上来看，新型农业经营主体的外部融资渠道有政府财政资金、银行等金融机构和民间贷款，但在实际贷款中，这些机构提供的农业贷款有限。一些国有商业银行政策上对农业金融服务予以支持却并没有实质实施，新型农业经营主体的贷款除去自有资金大部分源于

① 丁乐坤．全国绿色有机地标农产品总数超 5 万个[EB/OL].（2021-05-25）[2025-03-26]. http://www.jsnc.gov.cn/xwzx/xwdt/2021/05/28171030122.html.

农信社的贷款，接下来依次是国有商业银行、邮储银行、农业发展银行、其他金融机构、城市商业银行和股份制商业银行。

2. 科技推动新型农业经营主体融资

随着科技迭代加速，当前我国金融业已进入银行 1.0（某些村镇银行只提供厅堂服务）、2.0（银行拥有离行式机具和网银）、3.0（依托智能手机普及，借助移动互联网，发展线上业务）甚至 4.0（通过开放与跨界，让银行服务嵌入生活的方方面面）共存的时代。无论是微众银行、网商银行、新网银行等互联网民营银行，还是京东金融这类非银行金融机构，它们都拥有非常强劲的科技能力。以前没有线上活动的新型农业经营主体，如今通过数字支付等与金融机构或非银机构建立起了某种联系。这使得针对新型农业经营主体的互联网线上大数据，包括其行为数据、信用记录等有了获取的渠道，相关信用评级也拥有了数据基础。这为新型农业经营主体的互联网线上授信提供了可能。这种多样性不仅符合我国地域广阔和人口多样的特点，也让探索和解决新型农业经营主体融资难问题有了非常好的解决条件。处于不同“时代”的金融机构，可以发挥各自聪明才智，利用各自优势大胆闯、大胆试，共同寻求破解新型农业经营主体融资难的“金钥匙”。

3. 政府政策支持农业融资

近年来，国家推出了各种金融政策来扶持我国农业稳定发展，如《财政部 农业部关于调整完善农业三项补贴政策的指导意见》《关于调整和完善农业综合开发扶持农业产业化发展相关政策的通知》《中共中央 国务院关于抓好“三农”领域重点工作确保如期实现全面小康的意见》等。《新型农业经营主体和服务主体高质量发展规划（2020—2022 年）》鼓励金融机构针对家庭农场开发专门信贷产品，开展家庭农场信用等级评价，对资信良好的发放信用贷款；鼓励地方搭建投融资担保平台，引导和动员各类社会力量参与新型农业经营主体和服务主体培育工作；鼓励地方建立针对新型农业经营主体和服务主体的特色优势农产品保险制度，发展农业互助保险。鼓励各地探索开展产量保险、气象指数保险、农产品价格和收入保险等保险责任广、保障水平高的农业保险品种，满足新型农业经营主体和服务主体多层次、多样化风险保障需求。新型农业经营主体是现代农业的核心主体，促进乡村振兴，全面推动其健康发展符合农业经济发展的必然趋势。金融是现代经济发展的核心内容，能够帮扶新型农业经营主体并促进现代农业和乡村全面振兴。

3.3.5 优质农产品消费结构持续升级驱动

1. 消费环境升级：消费者敢消费、愿消费

良好的消费环境会对消费者的购买决策产生深刻持续的影响，增强消费者购买欲望，提高居民生活品质，培育消费理性，推动行业发展。

一是政府优化政策环境。各种与消费有关的法律、规范纷纷出台，为营造良好消费环境提供了必要的硬约束。近几年，除修正后的《中华人民共和国消费者权益保护法》能够提供全面的法律保障之外，政府还出台了一系列促进消费的政策文件，如2018年发布的《完善促进消费体制机制实施方案（2018—2022年）》，从放宽服务消费领域市场准入、促进实物消费结构升级、健全消费领域信用体系等方面，为破解体制机制障碍、发挥消费对经济发展的基础性作用提供指导。2020年2月21日中共中央政治局召开的会议中提到，要积极扩大有效需求，促进消费回补和潜力释放。政府采取建制度强监管与定期约谈相结合的方式，解决电商经营中虚高标价、评价造假。杜绝虚假信息、优化竞争格局、完善定价机制、保障顾客权益等方面的效果逐渐显现。

二是新型农产品涌现，消费环境明显改善。在改善农产品消费环境、提升消费体验方面，实体企业也做出了诸多努力和创新，并运用大数据实现对消费需求的精准把握等，增加了对消费者的吸引力。随着经济和社会的发展进步，居民消费水平不断提高。一方面，新兴农业不断涌现，新型农业经营主体对农产品的生产环节逐渐熟练掌握，产品品质随着农业新科技的应用而持续完善，然而新型农业经营主体还无法全面洞察消费者的需求，对消费者需求和市场变化的敏感度不高。要想在新时代顺应消费者不断升级的农产品需求，必须通过深加工来开发具有特色的创新型农产品，更好满足消费者日趋多样的需要。另一方面，消费环境明显改善。商业网点布局设计趋于科学合理，对市场监管制度化，对消费者关注度最高的农产品安全问题实行产品档案跟踪制度，有效保障了消费者的根本利益。今后还需从落实经营者的主体责任、加强消费领域的诚信建设、开展形式多样的消费教育宣传引导工作、建立消费环境的测评体系等方面加强消费环境的建设，营造安全放心的消费环境。

2. 消费能力升级：不仅吃饱，还要吃好

可支配收入的增长优化了居民消费结构。根据消费理论，收入是消费的基础和前提。在消费结构优化升级和总体消费规模增长的背后，是不断增加的居民可支配收入，人均收入和人均消费都呈现逐年增长态势。收入的稳步增加使得消费

者在做出购买决策时，能够更多地考虑农产品品质等其他因素而非价格。因此消费者已由生存型消费向享受型、发展型消费优化。城市居民希望摆脱快节奏工作和生活的压力，对于休闲娱乐的关注度不断提高，更加羡慕和向往恬静舒适的田园生活，这又顺理成章地对新型农业经营主体拓展第三产业提出了要求。通过发展休闲采摘、农事体验、亲近自然等新型业态，让城市居民在乡村旅游中释放自我，新型农业经营主体的业务将越做越大，产业链条将越来越完善，发展道路也将越走越宽广。

3. 消费内容升级：对“质”的追求

随着经济的发展与居民收入水平的提升，物质消费和精神消费双重升级，消费者开始追求农产品的品牌、品质。品质消费不再是高收入者的特权。在农产品基本功能得到满足之后，消费者往往追求更高品质的农产品。尤其是随着人们生活水平的提高，消费高品质的农产品成为一种时尚的需求趋势。农产品的高品质一般体现在营养成分的含量、纯度、水分含量、口感等多个指标上。作为农产品经营者，应当随时关注农产品消费者对农产品品质需求的变化趋势，从种植生产到农产品采收、运输、储藏再到最终的销售等各个环节，注重农产品品质，不断满足农产品消费者对高品质农产品的需求。

3.4　新型农业经营模式创新目标

3.4.1　构建新型农业经营创新模式，实现国家发展基于互联网的新型农业产业模式目标

随着信息技术的发展，互联网企业渗透进各个领域，在各个领域均具有较为广泛的运用，当前农业领域也已经“触网”。近几年，从中介服务、农资销售到农业生产、农产品销售，互联网的力量已经渗透到农业的整个产业链当中。这种新模式因为有着独特的灵活性和优势，解决了传统农业模式无法完成的快速交易、迅速流通、信息广泛传播等问题，这为我国互联网+新型农业的发展提供了更多的发展途径。从农业经营模式来看，新型农业经营模式囊括兼业户、专业户、专业大户、家庭农场。具体来看，以农业经营包产到户模式为基础的兼业经营的内涵在于将剩余劳动力投入非农部门的选择过程，季节性与钟摆性兼业是主要表现；朝向分工明确、集约生产、规模集中的专业户经营模式是农业发展的重要趋势，专业户具有兼业经营不具备的精细分工协作、企业家精神以及市场适应能力；专业大户是专业户发展的重要方向，适度规模经营是专业大户的重要特点，其具有

规模大、科技含量高、农业业务素质强、市场意识好等特点，结合了家庭经营与规模经营的优势，通过土地流转以及要素集聚演化而来；家庭农场是农业经营形式的一大创新，家庭农场是家庭从事农业经济活动而衍生的内部分工结果，融入了现代化农业生产技术、适度规模经营以及企业化管理的重要因素，逐渐演变为家庭农场企业。新型农业经营模式的选择需要确立重要的参照标准：区域性资源禀赋与地区特点、生产关系与生产力发展的适应性要求、农业生产市场化及规模化的基本要求。构建新型农业经营创新模式，落实国家发展基于互联网的新型农业产业模式，有助于加快农产品产业链的打通，大幅提高各个农业生产环节的效率和农业生产相关人员的经济收入。加快互联网农业的发展有助于发展精准化生产方式，更好地培育多样化的网络农业服务行业，因此要推进农业互联网与新一代移动通信、大数据在农业发展方面的融合。

3.4.2 设计新型农业经营体系，实现传统农业与数字经济融合发展

新型农业经营主体规模持续扩大，既在数量上达到了前所未有的规模，同时在质量也有显著提升。加强农业经营体系建设，强化工作力量，鼓励各地采取安排专兼职人员、招收大学生村官、建立辅导员制度等多种途径，充实基层经营管理工作力量，保障必要工作条件，确保支持新型农业经营主体和服务主体发展的各项工作抓细抓实。要加强培训和继续教育，努力打造一支学习型、创新型农村经营管理干部队伍。要加强县级对乡镇农村经营管理工作的指导、督促和检查，明确目标任务，提高工作绩效。新型农业经营主体与传统农户相比，其资金及信贷需求较旺盛，并且要求低成本、快速、便捷的金融服务。我国金融机构基本实现了基础覆盖，但是也存在许多问题，如各种金融服务办理比较滞后，农业信贷投入相对不足，农村信用社、各个商业银行等金融机构使农村资金大量外流，导致农村经营主体信贷难度增大，不利于农村经济的发展。因此要鼓励各金融机构结合职能定位和业务范围，对新型农业经营主体和服务主体提供资金支持，鼓励地方搭建投融资担保平台，引导和动员各类社会力量参与新型农业经营主体和服务主体培育工作。推动农业信贷担保体系创新开发针对新型农业经营主体和服务主体的担保产品，加大担保服务力度，着力解决融资难、融资贵问题。鼓励发展新型农村合作金融，稳步开展农民合作社内部信用合作试点，推动建立健全农业保险体系，探索从覆盖直接物化成本逐步实现覆盖完全成本，推动开展中央财政对地方优势特色农产品保险奖补试点。地方建立针对新型农业经营主体和服务主体的特色优势农产品保险制度，发展农业互助保险。各地探索开展产量保险、气象指数保险、农产品价格和收入保险等保险责任广、保障水平高的农业保险品种，

满足新型农业经营主体和服务主体多层次、多样化风险保障需求。新型农业经营主体绝大多数为小规模企业，其抵抗风险的能力比较低，面对金融市场出现的新变化，其受到诸多因素的制约，资金难以满足自身的发展，难以抵抗市场的变化。数字经济与金融行业的创新融合有利于满足新型农业经营主体的需求，其方便快捷、融资门槛低等特点能够有效解决农业经营主体面临的信贷融资难等问题。

3.4.3　构建新型农业经营创新模式的运作机制，探索发展数字经济背景下新型农业经营的政策建议

积极推动落实设施农业用地政策，保障新型农业经营主体和服务主体合理用地需求。在国土空间规划批准实施前，须在符合土地利用总体规划的前提下，推动各地通过调整优化村庄用地布局、有效利用存量建设用地等支持新型农业经营主体和服务主体发展。各类新型农业经营主体和服务主体不断创新模式，辐射带动小农户，促进农业规模经营稳步发展，推动新品种新技术新装备加快应用成为乡村振兴的重要推动力量。创新金融保险服务，开发各类新型农业保险。金融机构结合职能定位和业务范围，对新型农业经营主体和服务主体提供资金支持。2020年《中共中央 国务院关于坚持农业农村优先发展做好“三农”工作的若干意见》指出：今明两年是全面建成小康社会的决胜期，“三农”领域有不少必须完成的硬任务；在经济下行压力加大、外部环境发生深刻变化的复杂形势下，做好“三农”工作具有特殊重要性，必须坚持把解决好“三农”问题作为全党工作重中之重①。

3.5　本 章 小 结

本章主要研究数字经济背景下新型农业经营模式的现状及创新动因，指出机械化农业、绿色农业、传统融资模式下的农业、订单农业的发展现状，并探讨其存在的问题。分别在新型农业经营模式政策驱动、农业现代化科技驱动、绿色农业生态发展驱动、新型农业经营主体融资需求驱动、优质农产品消费结构持续升级驱动等方面探讨新型农业经营模式创新动因，给出新型农业经营模式创新目标，即：构建新型农业经营创新模式，实现国家发展基于数字经济的新型农业产业模式目标；设计新型农业经营体系，实现传统农业与数字经济融合发展；构建新型农业经营创新模式的运作机制，探索发展数字经济背景下新型农业经营的政策建议。

① 中共中央 国务院关于坚持农业农村优先发展做好“三农”工作的若干意见[EB/OL].（2019-05-21）[2025-03-26]. http://www.zcggs.moa.gov.cn/zczc/201905/t20190521_6313354.htm.

第 4 章　数字经济背景下机械化农业经营模式创新

4.1　大规模机械化农业经营模式运作

2020 年中央发布的一号文件是 21 世纪以来第 17 个指导“三农”工作的中央一号文件。文件指出，加快补上全面小康“三农”领域突出短板。持续抓好农业稳产保供和农民增收，推进农业高质量发展。因此，为了更好发展富民乡村产业，需要加快农业现代化经营模式创新的步伐。农业机械化是指因地制宜地运用先进的农业机械装备，为农业人员改善生产经营条件，不断提高农业的生产水平、经济效益、生态效益以及社会效益的全过程。农业机械化水平是衡量农业发展状况、反映现代化农业水平的重要标志和不可逾越的发展阶段。

中国幅员辽阔，各地区自然地理条件和农业资源禀赋存在巨大差异，农业机械化水平在每个时期都呈现区域间的不平衡。总的来看，人均耕地面积大、土地相对平整、以种植粮食作物为主的东北部和新疆（包括新疆生产建设兵团）地区农业机械化水平始终领先全国，而人均耕地面积小、以种植经济作物为主的东南部和中部多地以及丘陵、山地占比高的西南地区农业机械化水平相对滞后。

1965 年，中国只有新疆综合机械化率超过 20%，绝大部分地区不超过 5%。到 1978 年，北京、上海、天津、黑龙江、新疆五地依托经济发展或自然禀赋优势，综合机械化率率先超过 30%，北方大多数地区也已超过 20%，南方的江苏、浙江、广东等沿海发达省份农业机械化水平也显著提高；但总体来看，依然处于较低水平，没有一个地区综合机械化率达到 50%。到 2000 年，各地区农业机械化水平均有显著提升，但南北差异进一步凸显，可以明显看出，长江以北的各省份均突破 20%，华北各地处于 40%～60%，其中黑龙江和新疆率先突破 60%，长江以南各地区的综合机械化水平则均未超过 20%（上海除外）。截至 2020 年，全国综合机械化率达到 71.25%，且基本实现粮食生产全程机械化。与此同时，其他地区尤其是南方多省的机械化水平都实现了大幅度提升，综合机械化水平低于 30%的只有云南、福建和贵州三地，北方大部分地区已经超过 60%。造成这种现象的可能原因是大规模的农机跨区服务成为我国多地实现农业机械化水平提升的重要推动力，造成农业机械化水平的空间溢出效应，从而在全国农业机械分布不平衡性未显著下降的情况下缩小了地区间农业机械化水平的差异。

4.1.1　大规模农业机械化的意义

农业机械化有助于加快农业生产结构调整。农业机械是代替人工劳动、减轻劳动强度的生产工具，农业机械降低成本、代替劳动力的程度越强，农民就越愿意使用，这直接影响着农民的意愿。部分农作物种植过程复杂、技术要求高，而专业农业机械发展相对滞后，机械化水平低，会间接导致作物种植规模越来越小。因此加快发展农业机械，能够推动农产品品种选育、农产品种植技术革新、农资质量提高，有利于推动种植结构和农业生产结构调整。

农业机械化有助于加快农业农村绿色发展。在传统的农业生产中，农药、化肥的使用不当会对土地、环境造成破坏，对人类健康形成威胁。相比之下，使用农业机械能够一定程度上减少病虫灾害，进而在保证效果的同时减少农药、化肥的使用量，促进农业生产绿色环保。另外，随着“精准农业”概念的提出，农业机械也越来越朝着精准的方向发展，如发展具有保护性耕作的少耕、免耕农机产品，解决老式农业机械对土壤原始形态产生的破坏问题，提高土地、水资源等自然资源的利用效率。

农业机械化是粮食生产减损降耗的有效手段。减少粮食损失就等于多打粮食。据统计，中国粮食生产后在脱粒、运输、烘干、贮存等环节的损失率较高，达 8%～15%。南方的“霉变粮”、东北的“地趴粮”等现象，主要就是烘干、机收等农业机械化技术应用不够所导致的，而农业机械化的大规模应用能够有效降低粮食损失。使用玉米籽粒收获机收获玉米，每公顷可减少粮食损失 400～500 千克；使用粮食烘干机，可快速降低粮食含水率，与自然干燥方式相比减少霉烂损失 4%以上，能够有效保证粮食品质和粮食储存安全。

农业机械化是稳定和提升粮食综合生产能力的重要支撑。国内粮食消费刚性递增、耕地面积刚性递减的总趋势在今后将长期存在，保障全社会对粮食的刚性需求，必须在确保不突破耕地红线的同时，稳定和提升粮食综合生产能力。使用农业机械可以实现更高效率的种植方式，实现深耕、深松等，提高土壤肥力，提高单位面积产量；也可以实现节水、节种、节肥，提高种植质量和效率，实现增产增收。

机械化提高了农业生产效率。1978 年开始实行家庭联产承包责任制，但大多数农民没有农业机械，农业机械属于集体所有。1979 年全国农业机械总动力共计 13 380 万千瓦，2020 年已达到 105 550 万千瓦，是 1979 年的 7.9 倍，如图 4-1 所示。图 4-2 为 1979—2020 年主要农业机械数量。1995 年后，中国的大中型农机跨区服务开始萌芽，由北方小麦主产区的机收服务扩散至水稻等其他粮食作物，并且深入跨区机耕、机播等农业生产环节。这种由农民自发兴起的农机跨区服务在一定程度上缓解了耕地细碎化对农业机械化的制约，属于在实践中探索出的一条具有中国特色的农业机械化发展道路。随着我国农村劳动力非农化进程加速，农业生产条件发生深刻变化。快速城镇化导致农村劳动力流失现象严重，并且呈现农村劳动力老龄化、女性化的趋势，同时用工成本上升。根据诱致性技术变迁理论，劳动力在农业生产中扮演的角色逐渐减弱，而农业机械成为愈发重要的投入要素，保证了快速城镇化进程中粮食产量稳中有升。

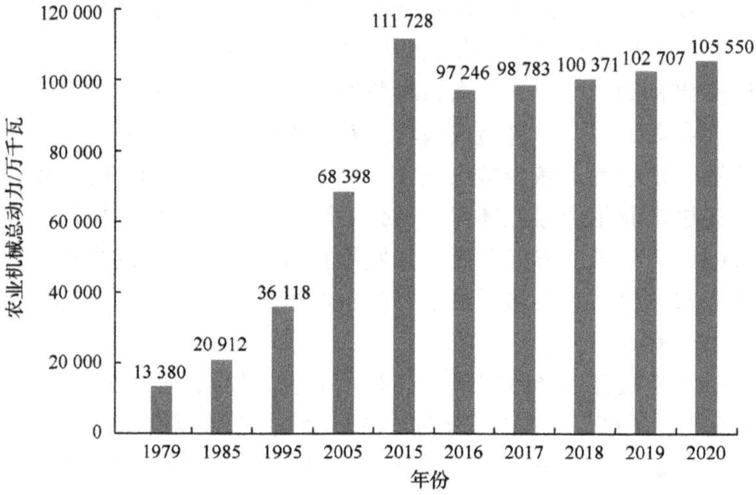

图 4-1　农业机械总动力

资料来源：农业农村部。

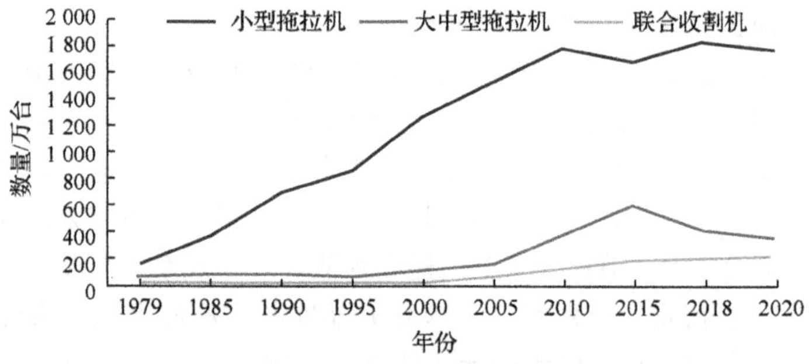

图 4-2　1979—2020 年主要农业机械数量

资料来源：农业农村部。

据国家统计局统计，2004—2020 年，我国粮食产量从 46 947 万吨增长到 66 949 万吨[①]，实现了多年的丰收，这段时期我国农业机械化同步快速发展。农业机械化与粮食增产有着密切的联系。农业机械化能够促进粮食播种面积的增加，也能提升粮食单产，提高粮食的总产量。农业机械化有利于实现人力、畜力无法达到的作业效率和作业质量，起到"抢农时、防灾害、促丰产"的效果。黄淮海小麦玉米一年两作地区，由于广大跨区作业的深入开展，机收机种同时进行，使两作接茬的收、种环节的作业时间缩短了 10～15 天，将"三夏"变为"两夏"，减少了套种，实现了平作，既简化农艺又节本增效。实践证明，没有农业机械化的快速发展，大范围的农业抢收抢种工作是难以完成的，也无法保障粮食生产。

农业机械化是粮食生产防灾减灾的基本措施。粮食生产中的抗旱排涝、抢收抢种、病虫草害防治等重要作业环节，越来越离不开农业机械化。国内水旱灾害频发，以粮食大省吉林省为例，年际产量因灾波动在 500 亿千克上下，水利机械化是最直接的防灾减灾、保产增产手段。实施大型农业机械深松整地，能大大提高土壤蓄水保墒能力，如同修建"土壤水库"，抗旱防涝效果显著，农作物增产幅度可达 10%左右。

实现农业现代化转型必然要走产业化发展道路。从全国区域来看，农业机械服务薄弱地区主要集中在西南、东南地区。2020 年底，黑龙江耕种收综合机械化水平达 98%[②]，吉林为 91%，辽宁为 80%[③]。2021 年，新疆全区农作物综合机械化水平达到 85.5%[④]；而南方的重庆则仅有 53.5%，远远落后于黑龙江等机械化发达地区。农业产业化发展要以农业生产分工协作为前提、农业规模化经营为依托，这就需要不断提升农业机械化水平，促进农业生产分工协作，推进农业适度规模经营，为农业产业化发展奠定坚实基础。从现实情况来看，当前农业生产面临土地、生产资料、劳动力等生产要素成本上升和市场价格下降的双重压力，收益能力下降，不利于提高农民收入，农业产业长远发展也受到制约。低成本、精细化的农业机械的使用，能够提高劳动生产率和土地产出率，降低单位农产品生产成本，有利于控制农产品质量，进而实现农业的产业化；同时，大规模、智能高效农业机械的使用，有利于提高农业生产的资金、技术投入能力，优化生产

① 国家统计局关于 2020 年粮食产量数据的公告[EB/OL].（2020-12-10）[2025-06-10]. https://www.stats.gov.cn/sj/zxfb/202302/t20230203_1900927.html.

② 【学习贯彻十九届六中全会精神——新思想引领新征程】凝聚奋进力量 建功伟大时代[EB/OL].（2021-12-11）[2025-03-27]. http://www.moa.gov.cn/ztzl/19jlzqh/mtbd/sp/202112/t20211213_6384603.htm.

③ 张佳宝：保卫黑土粮仓[EB/OL].（2023-01-12）[2025-03-27]. https://www.163.com/dy/article/HQS7G359051191KO.html.

④ 刘东莱．农业机械化 耕作的根本变革[EB/OL].（2022-10-19）[2025-03-27]. http://www.moa.gov.cn/xw/qg/202210/t20221019_6413557.htm.

要素配置。

大规模机械化农业模式对资金的要求很高，劳动力成本、土地成本连年增加，更多涉农企业及个体重视农业机械的使用和购买，使资金更为紧缺。例如，购买大中型机械、配套工具及联合收割机设备等，都需要大量的资金，而多数合作社、农户资金有限，难以承担巨额费用。2004 年对亿万农民来说是一个非常值得纪念的年份，中央政府为了保障国家粮食安全和主要农产品的有效供给，推进粮食等主要农产品生产过程全程机械化，实施农机补贴政策。农机补贴使农民得到了实际优惠。虽然 2004 年的农机补贴金额仅有 0.7 亿元，但这是政府重视农业发展的开端，并且对农业的补贴政策逐渐加大力度，让更多涉农企业及个体享受更多利民政策，2008 年补贴金额大幅增长到达 20 亿，2015 年和 2016 年补贴金额均高达 237.55 亿，而 2020 年补贴 170 亿元，如图 4-3 所示。

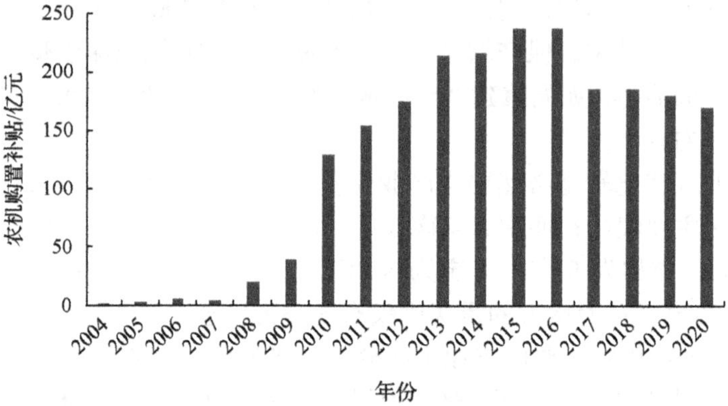

图 4-3　2004—2020 年农机购置补贴资金

资料来源：中央财政。

随着各项农机补贴政策的施行，政府财政在农业机械化投入中的占比逐年提高，由 2004 年的 10.4%快速增长至 2017 年的 33.4%，此后一直稳定在 33%左右。同时，各项金融信贷扶持政策也降低了农民个人购机的门槛，加速了农业机械化水平的提升。21 世纪以来，中央关于农业机械化的政策呈现大力支持大中型农业机械发展的倾向，这说明中国农业机械化由小型化向大型化转变的发展轨迹受到国家农业机械化政策的深刻影响。

4.1.2　大规模机械化农业经营模式的运作流程

大规模机械化农业经营模式的运作流程见图 4-4。

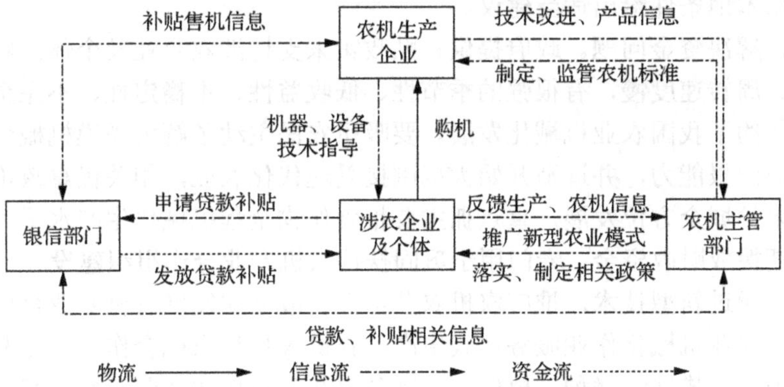

图 4-4　大规模机械化农业经营模式的运作流程

1. 农机主管部门结合当地情况实施农业政策

首先，大规模机械化农业面对的是土地问题。截至 2020 年底，中国经营规模在 50 亩以下的分散农户有近 2.2 亿户，占农户总数的 96%左右，户均耕地面积 5 亩左右；规模在 50 亩以上的新型农业经营主体超过 350 万个，耕地总面积超过 3.5 亿亩。由于大多数小农户、小型合作社的农业生产加工过程相对比较分散，废弃物也相对较为分散，多数小型农业生产经营者不关心生产带来的污染，即使意识到要保护生态环境，由于规模较小或是成本太高，也无法对废弃物进行处理。如果合作社可以进行大规模土地耕种、统一处理废弃物，则既可以利用大型机器作业，还可以降低生产成本。土地集约经营是高效农业的有效途径，可通过单位土地面积上所摊得的生产资料的价值衡量土地集约经营水平及经济效果指标。考虑到土地报酬递减规律，要遵循因地制宜、集约与分散相结合原则，条件允许的地区可以推广农场模式，逐步扩大农场规模，优化农场管理模式。近几年新型农业经营主体发展迅速，如家庭农场、农机合作社、种粮大户及企业公司等，土地的适度集约应与其同步发展。农机主管部门应根据国家制度施行适合当地的土地政策，同时对新型农业经营主体加以规范与约束，保证其良性发展。

通过扩大土地规模利用增加总收入或降低单位产品成本能获得更多收入和利润，但土地经营规模不是越大越好。生产经营单位为防止在规模扩大时出现内部或外部规模不经济，在生产实践中既要注意土地规模经营，更要注意农业适度规模经营。根据农业生产发展的客观要求、自然条件、经济条件等，合理确定取得最佳规模效益的土地经营规模，即注意土地适度规模经营所要求的土地面积不是固定的，而是相对的、动态的，会因时、因地、因实施主体而变化。当地主管部门应该根据本地条件给出适当建议。

其次，解决资金问题。政府提供补贴政策来支持涉农企业及个体。农业资金周转期长、周转速度慢，有很强的季节性、低收益性、不稳定性、不完全性等特点，严重制约了我国农业机械化发展。要吸引农民主动了解大规模机械化作业优势及其收益回报能力，并逐渐开始大范围接受现代化农业，相关优惠政策推广跨区作业、多领域全方位发展，重点抓主要粮食作物全程机械化生产水平。每年安排组织定期拨放财政资金，专门用于巩固扶持农机专业合作组织建设。

最后，通过新型技术，推广农机农艺结合。成立和发展农机专业合作社，促进大批新型农业机械化作业服务形式生产。农机大户和农机合作社多元发展，扩张服务范围，从耕地、播种、植保、施肥到收获等各作业环节，并向其他领域多元化发展。建立健全农机技术推广体系，制定、完善并及时利用互联网公示省、市级支持推广的农业机械产品目录，鼓励和支持更多涉农企业及个体购买先进适宜的农业机械，并围绕省特色农业产业和区域农业机械化特色，建立农机农艺结合示范园。

2. 涉农企业及个体申请贷款、补贴

各地贷款补贴政策不完全相同，涉农企业及个体可通过 App、电话或服务窗口等方式咨询本地相关贷款补贴政策，了解补贴的具体规则，准备材料向农机主管部门或银信部门申请补贴，主动遵守补贴规则，不违规套骗补贴。农民专业合作社通过申请农业综合开发土地治理项目、产业化经营项目、新一轮“菜篮子”工程项目等获得项目资金支持；支持龙头企业申报农业基础设施、农业污染物防治、废弃物综合利用和社会化服务体系等公益性项目建设补贴，以及新产品新技术推广应用、农产品精深加工等资金补贴；不同类型的家庭农场可申报不同的补贴项目。

3. 银信部门发放贷款、补贴

政府引导涉农企业及个体、机械化市场服务组织加大对农业机械的资金投入，提供金融支持政策，争取银信部门对农机行业的信贷支持。银信部门通过简化流程发放、审核贷款补贴，形成以政府资金为引导、农民和农村合作社投资为主和社会资金投入为辅的良性投资机制。但要注意补贴审核，防止违规补贴。

4. 涉农企业及个体购机生产

土地流转、资金不足、设备使用等问题相继解决，涉农企业及个体积极购买、

租用匹配适宜的机械化设备，学习设备的保养和使用，补齐劳动力不足、生产效率低和生产成本高等导致收入不高的短板，提高产量和品质，提高净收入。稻谷要素成本趋势显示，劳动力成本高于机械和土地成本，农户必然倾向于用机械替代人工。稻农在购买农机或者农机服务时，面临不同马力、价格、作业效率的选择，如何决策更为经济高效是重中之重。事实上，全程水稻机械化购买服务的成本不超过 900 元，而各个环节投入农机设备的资本门槛高，尤其是机耕、机种、机收要购置的耕整机、播种机、工厂化育秧、收割机价格是小农户无法承担的。农地规模过小、土地细碎化程度也会导致小农机过剩、大农机闲置，因此不同功率的农机也存在适度的经营规模区间，涉农企业及个体应该分析适合的机械器具，农机生产、服务公司提供相应的咨询建议，将资金效益最大化。扶持建立适应薄弱地区的农业机械服务主体。实践经验表明，薄弱地区的农业机械化问题无法通过外地大型农机跨区作业的形式来解决，必须建立本土化的农业机械服务主体。这就需要以扶持本地农机大户与农机合作社为抓手，提升他们的服务能力，引导农机服务需求。

5. 农机主管部门开展农机教育培训

农民职业化程度不高制约了新型生产经营主体素质的提升。农机部门应积极发挥、利用农机教育培训资源，开展多层次、多形式的农业机械化的教育与培训，培训内容包括农机如何高效使用管理、农机购置补贴政策细则、新型农机具引进使用、农业机械化技术推广、农机安全监理标准与流程、农机具如何保养维修等方面的专业知识。引进、吸纳农机农艺等专业高学历人才，充实队伍，融合农机农艺，建立一支素质高、业务强、懂管理的现代化队伍。

农业机械化需要专业人才，但我国低质量、低技能的农业劳动力过剩，高质量、高技能农业劳动力短缺。我国农业劳动主体的文化和教育水平普遍偏低，尤其是高素质青壮年人口流失严重，多数农民文化水平不高，不能有效利用现代化农业科技知识，没有足够的能力接受新事物和学习新技术，所以很难推广和应用一些高新技术成果，难以实现生产工艺机械化。因此要提高农业劳动者的科技素质和劳动熟练程度，提高农业劳动生产率，普及农业机械化。

强化新型职业农民的知识储备和工作技能水平，推进乡村振兴战略落地落实，确保劳动力资源稳定，通过增强产品品质、挖掘区域优势、优化生产技术、丰富销售渠道等方式，定期组织农业生产基础知识、现代农机设备技术实际应用、网络信息接收和处理能力等方面的指导训练，提升新型职业农民敬业水平、奋斗意识和进取精神，促进新型职业农民全方位提升能力、增强素质。强化科技进步，解决农业生产的技术问题和产品质量问题，加强农产品生产、加工、储运、销售等技术的创新和引进，提高产品的技术含量、附加值和竞争力。

6. 农机生产企业推进宜机化改造

提升农机使用效率和效益需要适时推进宜机化改造。例如，针对特色地理优势，山地、台地不利于农业机械化发展，这不仅需要研发、推广、匹配适用的农机具，还要改善农机作业环境双向发展、同步推进，既要发展大规模农业机械化，也要推动农机作业宜机化，将宜机化标准融入农田整治建设。扩展大中型农机具的作业空间，是补齐山地农业机械化薄弱的短板，促进农业产业节本增效、升值增收的基本手段。了解宜机化改造需求可通过两种方式：一是农机主管部门通过合作组织开展特色优势产业生产机械化技术试验示范和农机专业合作社发展情况调研，主要采取点面结合，通过实地考察、农业数据和交流座谈等方式听取汇报，进一步了解农机合作社现实需求，填写相关调查统计表等，再对接农机生产企业沟通农业需求，发展适合当地发展的农机设备；二是农机生产企业直接面对消费者做调研访谈工作，及时快速更新产品、明确发展方向，真正有效提高生产效率。

农业机械化的薄弱地区主要是指山地和丘陵地区。这类地区地形复杂，耕地质量较低并以小块为主，适用的小型农业机械价值较低，农业机械制造商由于盈利性原因而不愿意投入。从全国区域来看，这些地区主要集中在我国西南部。针对当前薄弱地区粮食农业机械化存在的突出问题，应以研发、生产适应薄弱地区的小型农业机械为基础，以扶持生产服务业主体为抓手，强化薄弱地区农业机械服务业扶持力度，建议机械研发政策加大向山区丘陵地带的倾斜力度。针对山区丘陵地带适用的小型专用机械，可采取税收优惠、贷款优先等鼓励政策。

7. 农机主管部门监管农机生产企业生产

制定、监督农机标准必不可少，利用互联网、大数据等技术进行农机安全管理，推行农机安全生产系列法规，确定每个主体的职责，预防假冒伪劣农机产品进入市场，落实市场准入标准，加大农业机械化数字化技术、新机具推广应用的营销力度，定期组织专业人员进村进行讲解，并及时了解农民对农机具的最新需求，整理总结需求与农机生产企业对接。适时推进宜机化改造。提供良好的经营环境，推进农业机械化服务市场合理运作。支持、鼓励、引导制造商加大对小型农机领域技术创新的投入力度。鉴于山区丘陵地带推进农业机械服务业成本高、难度大的问题，建议鼓励现代化、规模化、品牌化的农机企业引领中小农机企业组建研发创新联盟，鼓励中小农机企业向专业化、特色化发展，开展研发创新联合攻关。

4.2　农业机械化贡献率的测算方法

4.2.1　测算思路

由于农业机械的贡献主要体现在节省生产成本和增加产量、改善品质等方面，因此农业机械化对农业产出的贡献率（以下简称农业机械化贡献率）测算中的农业产出以农业利润为指标。据此，农业机械化贡献率是农业机械化创造的农业利润占农业利润总额的比重。

根据农业机械化贡献率的定义，农业机械化贡献率的计算难点在于如何计算农业机械化创造的产出。可以采用两种方法：一是间接计算法，先计算农业机械投入产出弹性，再计算农业机械投入增长速率与利润增长速率的比值（即农业机械投入相对增长速率），农业机械投入产出弹性与农业机械投入相对增长速率的乘积为农业机械化贡献率；二是直接计算法，即计算农业机械化在农业各个领域创造的利润之和，这个利润之和除以农业利润总额为农业机械化贡献率。

4.2.2　Cobb-Douglas 生产函数模型法

间接计算法是利用生产弹性原理，计算产出增长量中的要素贡献份额。生产弹性指在一定的技术条件下，某一要素投入量相对变化 1%时（假设其他要素投入量固定不变）产量的变化幅度。该方法利用 Cobb-Douglas 生产函数模型（简称 C-D 生产函数模型）来进行。

C-D 生产函数的表达式为

$$Y = AM^{T}K^{U}L^{V}D^{\theta}$$

式中，Y 为农业利润；A 为系数；M 为农业机械投入；K 为资本投入；L 为劳动力投入；D 为耕地投入数量；T 为农业机械投入的产出弹性；U 为资本投入的产出弹性；V 为劳动力投入的产出弹性；θ 为耕地投入的产出弹性。

农业机械化对农业产出的贡献率 W 的计算公式为

$$W = T \times \frac{\Delta M \times Y}{\Delta Y \times M}$$

式中，ΔM 为农业机械投入增量；ΔY 为产出增量。

测算的相关变量如下。

农业利润：从统计年鉴上选取产值、物耗、劳动力费用支出，计算农业利润。

资本投入：资本投入是指固定资产和流动资金在生产中提供的流量价值。资本投入用每年的物质消耗价值表示。由于在该模型的运算中已经把农业机械投入单独列出来，因而这里的物质消耗价值要扣除农业机械折旧额。

农业机械投入：农业机械投入是指实际服务于农业的农业机械流量价值，用农业机械折旧值表示。由于统计年鉴中只有农业机械拥有量，它不表示实际投入，在估算农业机械投入量时用计算农业机械的利用率进行调整，即农业机械投入=农业机械拥有量×农业机械利用率。农业机械利用率可以通过典型分析法或专家调查法得到。

劳动要素投入：劳动要素投入是指在一定时间内劳动力提供的服务流量，即实际农业劳动力投入。由于统计年鉴的农业劳动力数为年末劳动力数量，包括实际投入生产的劳动力及剩余劳动力，在运用年末劳动力数量时，要剔除剩余劳动力。方法是年末劳动力数量乘以劳动力利用系数。劳动力利用系数可以通过典型分析法或专家调查法得到，如某地区典型作物结构需要劳动力数量除以该地区年末劳动力数量，即为劳动力利用系数。

土地投入：土地投入量一般采用耕地面积和播种面积表示。由于播种面积更能说明农业机械化作用量和产量的变化，因而用土地播种面积来衡量。

通货膨胀处理：农业利润、资本投入和农业机械投入都为价值指标，通货膨胀因素会影响它们的数值。为排除通货膨胀的影响，通常采用基年的价格水平，即基年的农业利润、资本投入和农业机械投入用当年价，计算当年的农业利润、资本投入和农业机械投入则通过与基年的可比价格计算得到。

把调整后的农业利润、农业机械投入、资本投入和劳动力投入数量进行函数拟合，计算农业机械投入产出弹性。

$$\text{农业机械投入年均增长速度}=\frac{\text{报告期农业机械投入}}{\text{基期农业机械投入}}$$

$$\text{农业利润年均增长速度}=\frac{\text{报告期农业利润}}{\text{基期农业利润}}$$

$$\text{农业机械投入相对增长率}=\frac{\text{农业机械投入年均增长速度}}{\text{农业利润年均增长速度}}$$

$$\text{要素初步农业机械化贡献率}=\text{农业机械投入相对增长率}\times\text{农业机械投入产出弹性}$$

$$\text{某要素农业机械化贡献率}=\frac{\text{某要素初步农业机械化贡献率}}{\text{初步农业机械化贡献率之和}}$$

4.2.3 有无比较法

直接计算法是运用有无项目比较法原理，比较分析使用农业机械（即“有农机”）与不使用农业机械（即“无农机”）两种情况下农业总利润的变化，两者之间的差额为农业机械的贡献值。

1. 变量计算

初步贡献值指使用农机与不使用农机两种情况下的收入变化和除农机投入（包括机械和农机油耗投入）的成本节约之和。

初步贡献值的计算公式为

$$Y_i' = i(\Delta R_i - \Delta C_i')$$

式中，Y_i' 为农业机械的初步贡献值；i 为农业机械作业量；ΔR_i 为与“无农机”相比，“有农机”收入增加；$\Delta C_i'$ 为与“无农机”相比，“有农机”成本增加。这里的成本增加仅指种子、化肥、农膜、人工等方面的节约，不包括农业机械投入和由农业机械引起的油耗增加。成本节约体现为成本增加的负值。

或

$$Y_i' = T_i R_i - i\Delta C_i'$$

式中，T_i 为收入损失挽回率；R_i 为现实收入。

利润贡献值的计算公式为

$$\sum Y_i = \sum Y_i' - M - O$$

式中，Y_i 为农业机械创造的利润；M 为农机在农业方面的投入，用折旧额计算；O 为农机在农业方面的油耗费用。

农业机械化贡献率的计算公式为

$$W = \frac{\sum Y_i}{Y} \times 100\%$$

式中，W 为农业机械化贡献率；Y 为农业机械利润总额。

2. 测算步骤

① 定性分析测算地区农业机械在农业方面的作用范围。作用范围包括耕整地、播种、收获、开荒、灌溉、植保、施肥、铺膜、秸秆还田、畜牧饲养、渔业生产等，各测算地区可以根据实际情况选择作用范围。

② 核定农业机械在各种作业中的作业量。

③ 确定农业机械的单位作业量初步贡献值。农业机械的单位作业量初步贡献值可以通过典型分析法或专家调查法来确定。

④ 汇总各农业机械贡献值。

⑤ 测算农业机械贡献率。

4.3 大规模机械化农业经营模式案例及其运作机制

发展并推广大规模机械化农业，对提高农业资源利用效率、改善农业生产条件、提高农业生产力、增加农产品产量和农民收入、实现农业现代化具有重要意义。

4.3.1 案例分析

黑龙江北大荒农业股份有限公司（以下简称北大荒）是我国目前规模较大、现代化水平较高的种植业上市公司和重要的商品粮生产基地，土地总面积 1 296 万亩，耕地面积 1 158 万亩，拥有 16 家农业分公司[①]。北大荒通过大规模机械化农业经营模式取得巨大成功得益于黑龙江省制定的土地流转政策，标准化农田为机械化提供了广阔的作业空间。

得益于国家多年来农机购置补贴政策，公司所在区域内农机装备水平逐年提升，农业生产全程机械化率在全国处于领先水平。目前区域内大规模配备了大型、现代、智能化的动力机车及配套高性能联合整地机械、精密播种机械和联合收获机械，实现了旱田整地、播种和收获全程机械化；配备高桩重型灭茬机械、自平衡双轴搅浆整地机械等，有效提高了水田作业效率。同时配备小型全链轨及防陷半链轨等抗灾性较强的机具，大幅提升了农业的整体作业水平及抗灾能力；针对农业“减化肥减农药”行动，北大荒重点引导种植户应用水稻侧深施肥机械，有效实现了精量施肥和精准施肥。截至 2023 年末，北大荒区域内实现农业机械总量达 32.99 万台套，农业机械总动力达 361.2 万千瓦，农业综合机械化率达 99%以上。[②]

北大荒为家庭农场提供了极佳的生产经营环境与条件，提供产前、产中、产后服务。负责农业基础设施的建设和维护投入；为家庭农场提供技术培训及市场信息支持；采取面授、电视讲座、印发技术资料等形式，对家庭农场进行农作物综合高产栽培技术培训等；北大荒农技部门巡回进行田间技术指导和技术咨询，指导家庭农场进行播种、施肥、施药、病虫草防治和中耕管理；统一组织防洪除涝、防灾减灾；协调收获机械帮助家庭农场收获农产品，为家庭农场提供农产品晾晒、清选和储藏设施；为家庭农场提供农产品市场需求及价格信息。

---

① 黑龙江北大荒农业股份有限公司[EB/OL].（2023-02-07）[2025-04-26]. https://finance.sina.cn/2023-02-07/detail-imyevnuv6168952.d.html.

② 一家经营耕地经营权的公司——北大荒[EB/OL].（2025-02-05）[2025-04-26]. https://mp.weixin.qq.com/s/bt3tXvmJwTMBzEf82-L8SA.

北大荒在官网及时展示其采取的高新技术和农业生产信息，为中小型涉农企业及个体做出示范，带动新型经营模式发展，其运作流程如图 4-5 所示。

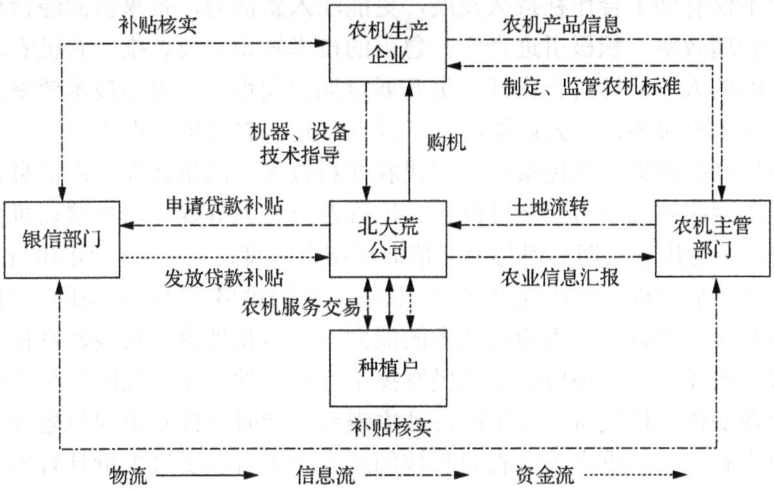

图 4-5　北大荒新型模式运作流程

4.3.2　大规模机械化农业经营模式运作机制

通过对大规模机械化农业经营模式案例的分析，可以总结得到如下大规模机械化农业经营模式运行机制。

1. 土地流转机制

大规模机械化农业发展难以避免土地流转问题。在这方面，政府应加快农村土地流转方式创新，完善土地流转的政策制度，整治产地情况，落实各项法律法规，促使新型经营主体摆脱经营模式更新的困境，推进大规模机械化农业模式创新。发挥本地优势，根据本地自然资源和社会经济资源状况，选择优势产品，并通过市场手段整合相关资源要素生产优势产品，扩大生产规模，形成主导产业。引导小农户自愿互利地成立农民合作社，对于龙头企业来说，也有利于减少与农民的交易成本，有利于推广先进的农业生产技术，有利于实施农业生产过程的标准化、机械化。

2. 人才引进机制

机器设备有人用、能用好才能创造效益，高效使用需要技术人才。农业人才培养期长，涉农企业及个体在培养自有人才的同时还可以选择吸纳人才。合作社可通过引进高校人才，也可培养合作社内部有意愿、有能力、有干劲的年轻人。人才培养不仅有助于合作社持久发展，更能注入新活力，带来新的经营思想和理念，提升管理效率。积极引进合作社急需的技术知识普及、推广农机农艺、信息服务等方面的人才，针对合作社成员开展定期定向培训，提高技术效率。实行农业科技人员入户服务；用人以能，责任到人，建立农技推广责任制。

实施培训战略提高农民素质，加快农业科技人才队伍建设。以信息化手段建立农技服务网络咨询平台。通过网课、远程办公协助等媒介增加培训机会、提高培训水平。一是建立长期培训与短期培训相结合制度，面对水平不同的农业人员，有针对性地开展培训，实行点面结合、长短结合的策略，提高农民的学习积极性，全方位增强农民理解并运用新型技术的能力。二是将理论与实践教育相统一，既应确保农民接受培训，还应鼓励农民发挥主观能动性，使农民能够扎实理解技术知识、合理操作农机设备，在生产活动中遇到问题时能针对不同问题及时寻求妥善的解决方式。三是重点关注农业科技创新人才培育，引进大量具有丰富学术经验、科技创新能力的农业技术专家、科研机构人员和高校后备力量，凝聚一批经验丰富、实力精湛的科技创新人才队伍。

3. 政府补贴机制

积极探索完善政府补贴机制，加大各级政府财政支持力度。在面对补贴矛盾时，要抓主要矛盾，使全方位补贴达到普民惠民效果，切忌眉毛胡子一把抓、分不清主次。资金可以依据带动农户数量或入社土地面积，向新型经营主体倾斜，鼓励其设立政府补贴资金账户，将补贴资金平均量化给农户。采取“以奖代补”方式，要求新型经营主体前期投入大量的资金来建设符合环保要求的养殖污染处理设备。这就需要银行等金融部门创新抵押、担保贷款等授信模式，积极与涉农评估担保公司对接，对农业设施及农业机械、仓库、农产品的销售订单进行价值评估，金融部门根据评估报告对新型经营主体发放相应贷款，解决大规模机械化农业发展的资金严重不足问题。为公益性农技推广机构提供专项资金，专款专用，使其能够承担关键技术的引进、试验、示范、推广。提高涉农企业及个体预报、防治和处置能力。增加财政扶持资金和项目数量，降低贷款利率，创新抵押形式，简化手续，同时鼓励工商资本入股大规模机械化农业新型模式，在税收上实行倾斜政策。

实施农机购置补贴政策，是中央强农惠农富农政策的具体体现，有助于优化农业机械化投入结构，有利于培育农机作业市场，提升农机社会化服务能力，意义十分重大。实施农机购置补贴政策，尤其注重对机械深耕、机械深松、机械植保、保护性耕作、农田机械节水灌溉、机械秸秆还田、秸秆捡拾打捆等机械作业的补贴，以此实现推进农业机械化、提高粮食综合生产能力、推进耕作制度改革、增强农业生产发展后劲，以及粮食稳产高产、农民持续增收等多重目标。原则上要将低端、低值、需求量小和监管难度大的机具剔除出补贴范围，集中资金补重点、补短板，切实加大对粮食作物全程机械化所需机具的补贴力度，特别是要围绕农业绿色发展，加大对节水灌溉、精准施肥施药、深松深耕、秸秆还田离田、残膜回收等农机装备的补贴力度，加快资源节约型、生态友好型、综合利用型农业机械化技术推广应用。

推动财政涉农资金规划协同，将农机购置补贴政策与其他支持政策强强联合，提升一系列强农惠农富农政策制度的标准化、一体化、配套化。一是积极稳妥地开展农机补贴。在总结近年来统筹利用农机购置补贴资金开展农机深松整地等作业补贴试点经验的基础上，在全国探索推行农机补贴政策，将农机补贴拓展到机械化秸秆还田、水稻机插秧等薄弱环节。二是加强农业机械化基础设施建设。实施《全国高标准农田建设规划（2021—2030 年）》，加快建设机耕道，改善农机作业通行条件。加强农机社会化服务体系建设，积极争取各级财政支持，同时吸引农机合作社、农机大户等多元化投资，加强农机库棚建设。加强财政引导支持，鼓励农机企业、服务组织与社会农机维修网点强强联手，联合建设地域性高新农机具质检维护工作点，提高农机专业合作社质量检查水平以及农机检修维护水平。

4. 市场监管机制

农业服务市场监管力度不够，部分社会化服务组织在经营中违法乱纪，故意压价或者坑蒙拐骗，弄虚作假。要对公益性农业服务机构进行系统性改革，激发其公益活力；降低营利性和非营利性农业社会化服务组织的进入门槛，加强监督管理。监督机制是农机主管部门实施管理机制的控制手段。监督机制要求成员、社员大会、理事会以及监事会对生产经营管理进行监督，从制度层面保护大规模机械化运作。

我国农业正在向现代农业转型，农业现代化进程缓慢，目前大多数农户还采取传统生产模式，低效率、低水平、小尺度的方式，导致生产出的农产品专业化程度和标准化程度低、产量低和质量低。因此没有严格完善的监管机制，快速转向大型农产品加工业标准化、专业化的种植和养殖基地的需求就会很难实现。多数小型合作社和农户缺少农业机械，在依据个人经验耕种、施肥、灌溉等过程中，难以科学高效种地，导致农产品符合标准质量的产量低。

我国目前仍处于工业化和城镇化加速发展的阶段，能源消耗和污染排放强度相对较高。工业用水和城市用水迅速增加，工业、城市污染导致原材料农产品质量低，农产品难以进一步加工。在市场的激烈竞争中，部分涉农企业及个体为了市场份额、经济效益，滥用化肥、农药、不安全的保鲜剂等，导致发生食品安全问题，严重影响农业机械化、现代化的进程。

要加大补贴机具质量监督力度，实行农机试验鉴定责任制，规范农机试验鉴定准则与鉴定管理制度，从根源上解决补贴机具质量过低的问题。推动农机、质检等多方协作，打击质量不高的农机产品生产企业、销售企业，监管并处罚一系列粗制滥造、偷工减料、制假售假的做法。

5. 专业示范机制

通过充分发挥龙头企业在资金、技术、人才、管理和市场网络等方面的优势，带动涉农企业及个体的全面发展。利用互联网健全农业技术推广体系，向涉农企业及个体普及农机农艺。加强宣传培训，普及大规模机械化知识，增强农民合作意识，调动涉农企业及个体参与的积极性。充分发挥市场和政府的力量，围绕龙头企业建基地，连片开发建基地。

信息闭塞、市场运作不灵敏是大部分农业品牌面临的难题。充分利用各种资源、政策、科技、市场、推广管理信息等才能获得更高收益。涉农企业及个体可以建立自媒体宣传农产品，增加效益。例如，内蒙古通辽市广发草原食品有限责任公司通过联系当地历史自建品牌，在各大网络平台销售，销量遥遥领先。

龙头企业注重发挥农业物联网优势。农业物联网能够减少人力成本并快速获取精准的作物数据。就农业而言，物联网能够联结农户与农产品销售企业，加强交流，降低供应链整体成本。销售企业能够利用大数据快速获取农产品生产环节的信息并保证品质安全。农民也能够利用物联网选择较合适的经销商，并根据订单规模和种类制订下一个季度的种植计划。

6. 风险防范机制

农业保险是解决“三农”问题的重要组成部分。风险机制是涉农企业及个体应对自然、社会、技术风险时维持自身稳定的一种调控手段。风险防范主要有两种模式：①按照章程规定，每年从盈余中提取一定比例的风险基金，用来保障涉农企业及个体免受外部环境的冲击；②涉农企业及个体为全体成员或者农作物投保。由于保险意识薄弱，目前农户参与农业保险的意愿不强，大部分涉农企业及个体不愿意承担保险费用，导致保险公司与涉农企业及个体衔接不上，在遇到不可抗力等因素造成损失时，农民入不敷出，企业资金链运转不周。这就需要政府宣传、引导涉农企业及个体参与保险服务，保险公司提供服务。通过政策性农业保险，可以在世贸组织规则允许的范围内，代替直接补贴对我国农业实施合理有效的保护，减轻加入世贸组织带来的冲击，减少自然灾害对农业生产的影响，稳定农民收入，推动农业和农村经济发展。

4.4　推进大规模机械化农业的对策建议

农业机械化对粮食产出的作用效果表明，提升农业机械化水平应作为保障粮食产能的一项重要政策抓手，即便是在当下我国政府主动调整粮食生产结构的政策背景下，也要保证一定的农业机械化水平，进而维系粮食生产能力不下滑，实现粮食产能及时调整，并能迅速顺应国内需求变化。因此，从农业机械化的角度看，要抓紧补齐当前粮食作物农业机械化的短板。

4.4.1　注重大规模机械化的技术性

农业机械化的技术性，就其特征而言，是工业技术与农业技术的融合。这一点是由农业机械化的系统特点所决定的。农业机械化系统是工业系统和农业系统相结合而形成的新系统。这个新系统的要素是由工业系统与农业系统的“共轭”要素所组成的。由此，考察农业机械化系统的技术特点，必须从工业技术与农业技术结合（农机与农艺）及其他组织形式的协同性去研究。

1. 推动农机农艺融合发展

农机与农艺的结合方式和效果对推动农业现代化进程起着关键作用。农机与农艺结合效果佳，农业现代化进程就能更快；农机与农艺环节断裂，设备器械的设计无法满足农业技艺需求，势必导致农业现代化战略难以落地落实、长久发展。只有促进农机与农艺有效结合，确保双方不断适应、共同改进，才能改进生产效率，压缩资金成本，提升农业产业效益。促进农机与农艺连接，需要在生产和协调上下功夫。首先，要提升农机生产科技化程度。根据农业生产工艺需求，以农机企业为研发主体、以消费者为落脚点，提高机械技术和重点零部件的研发水平，坚持与农业工艺相互融合的原则，制造满足农业生产需求的大型复式农机和高新技术设备。鼓励农机企业纵向延长、横向拓宽，解决材料成本、技术工艺等难题，打通上下游农业产业链条，在农业机械设备功能、质量等方面进行创新提升。加快先进农业机械技术成果转化，健全相关法律规章，切实增强技术进步对农机创新的重要作用。支持具备经济技术实力的农机企业，提升其国际市场竞争力。其次，要提升农艺适应农机水平。在农作物品种审定、耕作制度变革、产后加工工艺改进等过程中，将适应机械化作业作为重要目标，推进农作物品种、栽培养殖技术与农机装备相适应，构建高效的机械化生产体系。增强农艺的普适性，在研发农业机械的同时，加强对农作物种植养殖技术的研究，提高农作物种植养殖模式、工艺参数等技术指标的普适性，降低农业机械使用的专一性，扩大农业机械的适用范围。增强农机农艺研究的沟通协作，加强顶层设计，对农机农艺研究系统进行统筹协调，实现农机研究与农艺研究相融合，共同破解存在的难题，提高农作物生产宜机化水平。

2. 推动农业技术应用组织形式与工业技术应用条件相协同

农业机械化是工业与农业相互融合、相互促进、协同发展的技术、经济及社会成果。工业发展势必带来技术的革新，使农业生产技术进步成为可能，并进一步促进农业生产和管理方式改革。推动农业生产方式与工业生产方式融合，就是要用现代化的产业组织方式改革现有农业生产，加快推动农业现代化进程，提高农业生产的组织化程度。在我国当前农业生产发展阶段，虽然也存在着农业高新技术开发区、国有农场等现代农业生产方式，但是仍然有很大比例的农业生产延续着传统农业生产方式，农户自发组织开展农产品生产、加工、经营活动，随意性强，质量、产量、生产工艺、产品品种等稳定性差。现代农业生产应适应工业生产方式，采用工业理念和管理手段，提升农民生产技能，培养新型农民，优化资金、技术、劳动力资源等生产资料的合理配置，大幅度提高农业生产的组织化程度，以市场为导向，大力发展绿色、有机、无公害农产品，实行标准化生产。

实现农业产业化发展。工业技术应用条件总是伴随着生产的规模化、专业化与产业化。传统农业的大部分成员是分散的小农户，其生产手段具有局限性，无法有效面对风险，整体利润也不容乐观。整体重构工业生产技术应用条件和农业生产部门模式的建设，可以大大增强农业生产效率，增强抗风险能力。农业产业化发展需要进行统筹规划，促进结构调整，实行农产品区域布局。充分考虑机械化生产需要，推进高标准农田建设和农村土地综合整治等方面制度、标准、规范和实施细则的修订，从土地平整、设施完善、农电配套等方面着手，明确田间道路、田块长宽度与平整度等参数指标，改善农机作业环境，拓展机械化发展空间。利用土地经营权流转等政策制度，使分散的种植单位变为集中作业，推行合理的规模经营，整合资源设施。建设具有竞争力的农产品品牌，打造一体化农产品生产、加工、销售产业链。

3. 推动智能化与机械化融合发展

信息化、智能化必须以机械化为基础，也是机械化的发展趋势和动力。随着传统农业向现代农业的不断迈进，仅以替代手工操作、减轻人力劳动为目标的农业机械已经不能满足农业发展进步的需要。发展智慧农业，用信息技术来改造传统农业机械化的科研、教育、生产、流通、监督、管理、服务、装备等，以农业机械化夯实农业信息化的基础，以农业信息化带动农业机械化升级，是农业机械化高质量发展的基本要求。

加快智能化农机装备研发。智能化农机装备是机械化与信息化融合的硬件。近年来，智能化农机装备仍处在发展端，创新技术投入力度过小，无法与世界先进技术相比较，也无法与当前农业生产相匹配。需加强对核心智能农机装备的攻克，包括农业信息快速获取技术与农业智能传感器、基于北斗卫星导航系统的定位与导航控制技术装备、大田作物全程智能化农机精准作业装备、基于物联网技术的设施环境远程监测与自动控制系统等。加快农业机器人研发应用，形成一批具有自主知识产权的成熟产品。加快农机物联网技术研究，实现农业装备作业参数信息获取与智能控制一体化。完善农业机械智能化发展标准体系。农业机械信息化、智能化快速发展，最重要的是系统兼容性，即统一农机智能化的标准。应加强农机智能化应用标准基础研究，增强农机与智能化的融合标准有效供给。积极参与国际标准制定、修订，实现农机智能化产品标准国际同步发展。

4.4.2 注重新时代农业机械化的社会性

农业的机械化是社会经济发展的动力和变革力量。农业机械化具有鲜明的农业技术和工业技术不断融合的特点，但是要使农业机械的使用与推广成为普遍的生产方式，则应具备相应的经济与社会条件。

1. 推动农业机械化与城镇化、城乡一体化相互促进

农业发展是城镇化的初始动力，城镇化也会反过来促进农业现代化发展。农业机械是农业重要的生产力组成部分，农业机械化与城镇化之间存在着密切关系。有研究表明，我国农业机械化与城镇化之间具有较为明显的相关性。城镇化率增加 1 个单位（百分点），农业机械化水平将提高 1.09 个单位（百分点）。

城镇化的发展为农业机械化创造了需求空间。城镇化快速发展，大量农村劳动力转移出农村，不再从事农业生产，务农人口快速下降，农业生产领域会出现

大量劳动力缺口，因此农业生产对农业机械有着大量需求，这为农业适度规模经营、提高农业机械化率开辟了广阔空间。城镇化发展带来工业技术的进步，使研发和生产更高质量、更多品种的农业机械成为可能。城镇化发展不断积累财富，为农业机械化发展提供了资金储备。

农业机械化发展加速了新型城镇化的推进。农业机械化可以提高土地产出率，极大丰富农产品，为人口向城市集聚提供了基本的物质生活条件。农业机械化提高了农业劳动生产率，产生了大量农业剩余人口并向城市转移，促进了社会分工，为城市发展提供了充足劳动力。农业机械化发展可以稳定和提升农产品质量，提供更加优质的农产品，提升城镇化生活质量。农业机械化发展还可以促使农业生产组织管理进一步优化，降低生产成本，提高生产效率，增加农民收入，进而促进农业现代化发展。

2. 充分发挥农机社会化服务对农业机械化发展的促进作用

农业机械化的社会性，在其实践性上表现为对社会化服务的依赖。农业机械化不是单纯的技术问题，还需要社会组织为其发展创造条件。

农机社会化服务体系建设，不仅是提升农业机械化的主要手段，而且是增强农业机械化水平的主要推手。近年来，我国农机社会化服务系统构建已基本完成，逐渐形成了包括作业服务与信息服务、机具维修和配件供应、农技推广和培训等各类农机服务组织，在推动农业机械化全程全面高质量发展、降低农业用工成本、促进农业规模经营中发挥了重要作用。

当前，我国已进入推动乡村振兴和农业现代化转型的关键时期，不断提升农业社会化服务分工协作水平、促进农机社会化服务提档升级，是发展现代农业的必然选择，应当探索建设“全程机械化+综合农事服务”的“一站式”服务中心，延长服务链条，拓展服务领域，提升服务能力。我国农业具有典型的“大国小农”特点，截至2020年底，全国2.3亿农户中，经营耕地10亩以下的农户有2.1亿户[①]，即使2030年城镇化率达到75%，预计仍将有3.6亿人口生活在农村，农民人均也只有5亩地。在我国农业现代化发展进程中，必然长期面临小农生产的现实。农机社会化服务必须充分重视这一现实，以服务规模化带动农业生产规模化经营，促进小农户与现代农业有机衔接。

---

① 加快发展农业社会化服务[EB/OL].（2023-09-26）[2025-03-28]. https://economy.gmw.cn/2023-09/26/content_36857614.htm.

3. 充分发挥农业机械化在促进农业技术升级及内部结构调整中的作用

农业机械化从无到有、从小到大、从低到高的演进过程，也是农业生产结构由粗放向精细、由分散向集约、由生存向生态转变的过程。在这个过程中，我国农业机械化发挥了重要的支撑作用。新中国成立后，农业机械由“传统农具加滚珠轴承”的半机械化向机械化迈进，农业生产逐步实现了由手工或畜力劳动向机械化生产转变，提高了生产效率。改革开放以来，农业生产机械化程度不断提高，进一步解放了农业劳动力，促使农业生产逐步向规模化经营转变。当前，我国正在建设现代化农业产业体系、生产体系、经营体系，我国农业生产的规模化程度将进一步提高，农业产业结构面临新一轮的调整，必须更加合理地推进农业机械化发展，促进农业产业结构调整。

农业的规模化有利于农业机械化，同时农业机械化也有利于促进农业的规模化，要充分发挥农业机械化在促进农业规模化生产中的作用。在各类农业园区、家庭农场等的建设过程中，应当把建设高标准农田、完善农业基础设施与农业机械设备统筹考虑，使农业机械各作业环节高度协调、有机配合，发挥农业机械化的系统效能，最大限度地提高生产效率，降低生产成本，增强农产品国际竞争力。农业机械化要适应农业区域生产力布局调整优化的需要。农业现代化要求必须在综合考虑自然条件、经济发展水平、市场需求等因素的基础上，以农业资源环境承载力为基准，构建优势区域布局和专业生产格局，提高农业生产与资源环境匹配度，这对农业机械化发展无疑具有促进作用。同时，农业机械化发展也要充分考虑不同生产布局对机械装备的不同需求。

发展农业机械化要适应农业种养结构和产品结构优化的需要。要围绕“粮草兼顾、农牧结合、循环发展”和“改进品质、提升质量、创建品牌”等当前我国农业结构调整面临的重要任务，有针对性地推进农业机械化。要在主要作物、主要环节加快发展的基础上，针对农业机械化发展中的短板和弱项，因地制宜、分类施策、差异化推动、适宜化发展，有序推进农业机械化由主要作物主要环节向全程全面方向拓展。要兼顾蔬菜、畜牧、水产养殖和经济作物种植等主要环节的机械化，促进整个农业机械化水平的提高。

4. 充分释放农业机械化在促进乡村社会结构优化中的作用

当前阶段，农业机械仍然是农业先进生产力的重要组成部分，在很大程度上影响着农业生产关系形态，进而影响乡村社会结构及乡村社会转型。要充分释放农业机械化在促进乡村社会结构优化中的作用。

农业机械化可以有效解决农业从业人员短缺问题。美国的农业人口只占总人口的2%，却保障了全美人口的农产品需求，主要原因就是高度发达的农业机械化。当前，我国在一定程度上面临“农业兼业化、农村空心化、农民老龄化”问题，“谁来种地、怎么种地”的问题尚未得到彻底解决。因此，应充分发挥农业机械化的作用，做好“机器换人、机器替人、机器补人”的文章，有效解决农村劳动力向城镇和二、三产业转移所带来的农业从业人员短缺问题。

农机社会组织可以促进乡村治理结构改善。乡村转型一个很重要的方面就是治理结构的转型。一段时间以来，有些农村基层组织功能弱化，陷入了“穷家难当”的困境，这就迫切要求“有人管事、有钱办事、有章理事”的农村基层组织尽快成长起来。依托农业机械化建立起来的各类农机合作组织所发挥的优势和作用是非常明显的。以《农民专业合作社法》的颁布为标志，各地的合作组织很快呈星火燎原之势，而在各类合作组织之中，农机合作组织出现早、存活时间长、辐射和带动能力也很强，在发展经济、加强基层组织建设方面发挥着重要作用。很多农机合作组织由党支部、村委会领办创办，实行村社合一、交叉任职、股份运营、统一管理，不仅增强了合作社本身的实力，也增强了党支部和村委会的实力，这种模式值得推而广之。同时，农业机械化发展带来了各类农机服务组织的快速发展，为农村土地加快向农机服务组织集中流转创造了条件，进而促进村庄整合重组，改善乡村治理结构。

5. 充分释放农业机械化在改善农民队伍上的作用

农业机械化为培养造就更多的“爱农业、懂技术、善经营”的新型职业农民蓄积能量、创造条件。农业机械化对农业从业人员素质提出了更高的要求，这就要求农业生产和经营者不断学习新知识，跟上农业机械化技术进步的步伐，催生更多的新型职业农民。发展农业机械化将增加农业和农村对外界的吸引力，吸引更多返乡人员创业、工商资本下乡，促进农村人才加速成长。截至2020年底，全国农村实用人才总量突破2 000万人，其中新型职业农民超过1 500万人，农业科研人才总量达62.7万人，农技推广机构人员近55万人。① 这部分群体长期浸润农机和农业生产，对一线的生产技术需求、难题等都非常了解，是农村人才队伍的稳定力量，也是改善农民队伍的重要力量和基础。要建立完善遴选、培养和使用机制，造就更多相对稳定的乡土人才。

大众创业、万众创新给农村带来了更多的机会，农村不断涌现出一波又一波

① 韩长赋在农业农村人才工作座谈会上强调 加强新时代农业农村人才队伍建设 为乡村振兴提供人才支撑[EB/OL].（2019-02-28）[2025-03-28]. http://www.moa.gov.cn/xw/zwdt/201902/t20190228_6172958.htm.

创业热潮。截至 2019 年初，我国返乡下乡创业创新人员达 780 万人，其中农民工 540 万人，占 70%，其他返乡下乡人员 240 万人，占 30%。平均年龄 45 岁左右，高中和大中专以上学历的占到 40%。这些人员中 54%利用信息技术创业创新，89%是多人联合创业。[①] 在这些返乡创业人员中，不少是“因机而返、因机而业、因机而兴”。这部分群体带着先进的技术、理念等进入农业农村，带动了更多的人力、财力、物力流入农村，为农村人才队伍注入了新鲜血液，是推进农村转型和人才队伍改善的重要新生力量。从工商资本下乡的案例看，与农业机械化“联姻”的不仅数量多、融合效果好，发展后劲也足。各地在这方面的探索形成了不少好的经验和模式，值得总结和推广。

4.4.3 注重农业机械化的时代性

农业机械作为生产工具，具有划分经济时代标志性的作用和意义，有着时代性。一个时代有一个时代的主题，一代人有一代人的使命。进入新时代，农业机械化转型升级步伐的加快和发展程度的提高，必将对“三农”事业发展产生重要的作用。要把握新时代农业机械化的时代性，肩负起农业机械化的时代使命。

1. 坚持农业机械化与乡村振兴战略协同推进

实施乡村振兴战略以实现农业农村现代化为总目标，而农业机械化是农村先进生产力的重要体现和农业现代化的重要标志。农业机械化能够提高农村生产力水平，促进农业规模化经营，进而推动农业生产关系变革和农村生活方式、治理体系的变革，实现乡村产业兴旺、生态宜居、乡风文明、治理有效、生活富裕。当前，发展农业机械化，必须与乡村振兴的目标和要求相结合，向更宽领域、更高水平发展。

要围绕提升农业发展质量、培育乡村发展新动能，推进农业机械化转型升级。重视发展棉油糖、果菜茶等经济作物机械化种植，提高主要作物机械化种植水平；重视发展植保、秸秆处理、烘干等农机设备，提高粮食作物耕种收全过程机械化程度；重视发展养殖业、初级加工业、设施农业机械化设备，以及适合丘陵地带的农机设备，提升农机产品供给质量。通过提高农业机械化水平，推动农业生产规模化、集约化、标准化、产业化，确保重要农产品供给，稳定提升农业综合生产能力，促进农村产业结构调整，实现产业兴旺。发展农业机械服务行业，培育完善的社会化农业机械化服务体系，提高农业机械化服务水平，实现农业机械化

① 王凯博，农业机械化管理司. 农业农村部：我国返乡下乡创业创新人员达 780 万人 带动农户经营收入平均增加 67%[EB/OL].（2019-01-10）[2025-03-28]. http://m.news.cctv.com/2019/01/10/ARTIESnzddOMGSDYtd0Lesxy190110.shtml.

水平量的增长和质的提升。

要打造一批绿色环保的农业机械设备。农机设备和技术的发展要关注农业生态环境效益，重点研发绿色环保的机械设备，创新秸秆综合利用、保护性耕作技术，改善耕作环境，提升生产效率，尽可能减轻秸秆焚烧等带来的生态环境压力，节省农业资源，推动现代农业可持续发展。农机设备设计时尽量具备绿色环保特性，以低能耗、碳减排为目标，缓解农业生产对耕地质量的不利影响，应用农机设备的同时需控制资源浪费、降低环境污染、考虑农业生态质量。坚持在农业机械化发展中贯彻以人为本的思想。农业机械化能改善农业生产条件，将人从繁重的体力劳动中解放出来，是和谐社会建设中以人为本思想的直接体现。发展农业机械化，必须体现以人为本的思想，农业机械技术的创新和普及要体现人文化、人性化，始终围绕人的便利舒适、人机相宜进行设计、制造、生产与应用。

2. 统筹农业机械化与新型城镇化的发展要求

当前，我国正在推进以城乡统筹、城乡一体、产业互动、节约集约、生态宜居、和谐发展为基本特征，大中小城市、小城镇、新型农村社区协调发展、互促共进的新型城镇化建设。新时代新型城镇化建设必将带来农村经济结构和农业生产方式的深刻变化。农业机械化发展，必须重视和把握这些变化和要求。

要充分考虑新型城镇化进程中农村产业结构和模式的变化。新型城镇化的不断发展，会对农业和农村的产品供给产生新的需求，农业生产什么、生产多少以及怎样生产都必须考虑这些需求变化，以保障新型城镇化发展的物质平衡和替换。城镇化深入发展促使城镇居民农产品消费升级，对多样化、绿色优质农产品的需求增加，促使农业生产面向这些需求开发农产品。这种城镇需求变化反过来也会使农村生产生活方式发生变化。与之相适应，农业机械化也要适应农产品绿色、优质、多样化的需求，通过高质量、多功能的农业机械提升农产品质量，实现农产品品质可控、可溯。城乡一体化发展进一步催生农村一、二、三产业融合发展的新业态新模式。农业机械产品的供给要适应新业态新模式的发展需求，如观光农业、休闲农业等，要强调消费者对农业生产本身的体验性和参与感，农业机械化也应考虑这些需求。

要充分考虑新型城镇化过程中农业劳动力构成的变化。新型城镇化会进一步影响农业劳动力构成。如新型职业农民、女性劳动力及年长年幼的弱劳动力，承担着不同岗位的劳动，另外还存在一定量兼业化的农民队伍。农业机械产品的供给要适应未来农业劳动力群体的年龄、性别、综合素质等，设计和生产符合实际使用人群的产品。

3. 顺应农业机械化与网络信息化融合发展趋势

随着第三次科技革命的到来，智慧农业、精准农业成为现代农业的必然趋势，农业机械化也必须与信息化技术深度融合，发展基于现代信息技术的农机装备。加快发展基于北斗卫星导航系统的农机作业和监测终端研制集成和应用推广。发展农业汽车拖拉机自动驾驶系统、机械化作业质量监控系统、农机具状态监测系统、CAN（controller area network，控制器局域网）总线技术系统等信息化、智能化设备。开展农机信息化示范建设，促进物联网、大数据、移动互联网、卫星定位等信息技术在农业生产领域的广泛应用。

提升农机信息化管理水平。信息化管理最重要的是技术前瞻性以及数据共享性。应制定统一的农机信息化发展标准和规划，避免各地自行建设，造成互不统一、互不兼容的“信息孤岛”。完善全国农业机械化电子政务信息平台，健全基础政务信息资源数据库，推进信息共享，包括推进全国农业机械化信息网与省级农业机械化网站、相关系统之间的信息共享。大力推进基于个人计算机终端和移动终端的农业机械化生产管理、经营管理等信息服务与应急调度平台建设，强化重点农时机械化作业进度信息及时采集、跨区域作业快捷调度及饱和预警、农机作业信息供求双方的信息发布查询及自动推送、农机装备常见故障诊断等服务。

不少地区已经出现依托信息技术的一键下单和共享农机等新的商业模式，这意味着未来我国农业机械化的发展将进一步呈现农业现代化和信息化深度融合的特征。随着农机科研水平的不断进步，未来我国农机将呈现重型化、智能化的新特征，近几年的中央一号文件也重点强调提升高端农机装备的研发应用，不断涌现的科技元素将助力中国农业机械化发展登上新的高度。

4. 培育新时代农机人才队伍

当前和今后一个时期，农机人才队伍建设应紧紧围绕乡村振兴战略、新型城镇化和农业机械化的时代任务，加强农机人才队伍培养。

坚持高端引领，组建一支农机工程高素质科研团队。帮助高等农业院校利用农机发展需求重构学科设置，扩大农机工程类研究生培养规模，完善农业装备研究生授课方式，为农业机械化发展培养高级研究员。扩大人才交流，坚持“引进来”和“走出去”有机结合，培养农机研发高端人才。依托重大科研项目实施和技术中试，加强产学合作、校企合作，培养复合型农机科研创新人才。引导科技人员向基层有序流动，深入生产一线开展服务。

面向未来发展趋势，抓好农机服务管理人才队伍建设。随着农业机械化水平的提高以及信息化、智能化的到来，农业机械化管理方式正在发生深刻变化。农机服务管理越来越依靠部门协作，服务管理手段不断创新，对服务管理的科学性、规范性、精准性要求越来越高。要未雨绸缪，深入研究和把握这些变化，加强农机服务管理人才培养，努力做到理论和工作研究、学科培养和实践锻炼相结合，尽快形成一支符合未来农机服务管理需要的人才队伍。

突出能力提升，抓好农机实用人才队伍建设。适应农机使用需要，有针对性地调整科研院所、高校和职业院校系统教育安排，以农业生产实践为载体，开展各有侧重的农机使用、维修、信息服务等各类人才培训。适应农机更新换代、农产品种植养殖技术革新等农业生产升级需要，在农业生产一线选拔、跟踪培养农机实用骨干人才，使之成为农业生产、农机推广的中坚力量，提升科研成果与农业生产相结合的能力，提高科研成果转化率。

4.5 本章小结

从农业近现代发展历程看，农业的根本出路在于机械化。在我国全面推进乡村振兴、推进农业现代化、推进以人为核心的新型城镇化的背景下，农业机械化将面临新的要求和任务。推进数字经济时代农业机械化发展，必须在深刻认识农业机械化的基础上，统筹把握农业机械化的技术性、社会性和时代性，坚持农机与农艺、信息化、智能化深度融合，推动农业技术应用组织形式与工业技术应用条件相协同；强化农机社会化服务，以农业机械化发展带动农业技术升级及内部结构调整，促进乡村社会结构优化；农业机械化发展要适应乡村振兴战略、新型城镇化战略的需要，突出绿色环保、以人为本的理念，突出其在产业布局和结构调整中的作用。

第 5 章　数字经济背景下绿色农业经营模式创新

5.1　生态循环绿色农业经营模式运作

5.1.1　生态循环绿色农业经营模式定义

生态循环绿色农业将加深农业现代化程度与提高大农民经济效益作为导向，以利用高质量绿色农产品线上营销、推行数字化农业、加大质量溯源监督力度、给予农户准确的生产生活信息服务为基准，肩负每个新型经营主体的职责，结合互联网和农业，建设农业经济新业态，从源头提升农村经济发展活力。

生态循环绿色农业是以农业资源的高效循环利用为核心，以“减量化、再循环、再利用”为原则，以投入产出最大化、可再生资源高效循环化、有害物质排放最小化为目标，最终达到经济效益、社会效益和生态效益协同发展的农业生产方式，具有高产量、高质量、高效益和资源循环、生产绿色等优势。运用生态工程学的方法和农业生态环境保护的高新技术，旨在保护生态环境，增加农产品经济效益、农村资源循环利用，优化农业生态环境的新型农业发展模式，最终达到减少原材料投入、循环利用物质能量、减少农业生产污染的目的。因此，大力发展生态循环绿色农业，是解决我国传统农业生产结构单一、抗御自然灾害能力差、生态系统功效低、农民收益低等弊端，全面提升现代化农业建设水平，开展新常态下农业供给侧改革，践行“绿水青山就是金山银山”理念的农业可持续发展的必由之路。

5.1.2　生态循环绿色农业经营模式运作主体

生态循环绿色农业主要是以政府为主导，对以村庄为单位的农户给予资金和技术支持，与此同时积极响应党中央的号召，加快互联网背景下的农业发展，把绿色健康的农产品运送到消费者的手中。生态循环绿色农业主要采用生态良好的方法，尊重自然、顺应自然、保护自然，构建环境优美、生态良好的经营模式。构建模式主要包括：生态循环体系结构、农业资源多样化利用模式、景观绿色生态区域模式。生态循环绿色农业注重资源的节约，用清洁技术和污染处理技术代替传统的种植技术，用这些新的现代技术支持生态循环绿色农业发展。我国幅员辽阔，要因地制宜地采用相应的具体模式。根据不同地区的自然环境和社会发展差异，以及观念认识上的不同，在生态农业的实际运行中制定符合当地的政策和标准。

1．政府

绿色农业经营模式对于政府而言，应加快资金和技术支持，加快应用精准农业信息系统，健全测土配方施肥信息查询和专家咨询系统、耕地质量和土壤墒情监测管理系统、病虫害在线监测系统，提高农机管理服务系统应用水平。例如，农业电子商务快速发展，构建以农业电子商务平台知名电子商务品牌为核心，以地方特色专业平台和企业电子商务平台为基础的电子商务集群。质量追溯系统广泛覆盖，建设完善省级农产品质量安全追溯公共服务平台，形成“生产有记录、流向可追踪、质量可追溯、责任可界定”的农产品质量追溯体系。在具体实施过程中要求农户和农场接受消费者和政府的抽样监督和随机检查，通过这种机制评估较高的农户和农场将获得政府较高的资金支持。政府要鼓励农户使用监控设备，使农产品的种植过程更加透明化，从而更好地掌握农场的生产信息。

2．农户

对于农户而言，要积极响应政府的号召与政策，增强绿色农业意识。在耕作过程中努力实现耕地数量稳定、耕地质量提升、地下水不超采，全面推进农业“三减”，即减少化肥、农药和除草剂使用量，农作物秸秆、畜禽粪污、农膜基本回收利用，农业面源污染得到有效控制。同时农村信息服务便捷高效，村级信息站数量持续扩张，覆盖面不断扩大，应用移动终端开展服务加快普及，农民获得的信息服务日益丰富便捷。农村互联网人才队伍发展壮大，“互联网+农业”的人才培养机制、激励机制和竞争机制完备。在实际种植过程中，农户签订达标承诺书，并记录使用的化肥农药，主要的农业活动是否按照签订的承诺书进行施肥除草灌溉，秸秆和畜禽粪便的处理是否得当，以供政府检查和监督绿色种植情况。

3．电商平台

在互联网背景下，绿色健康的农产品可以通过互联网在电商平台进行销售。电商平台打破了传统的时空和地域的限制，提高了效率，使市场信息更加透明化，解决了农户没有销售渠道的滞销难题。农产品电商交易额逐年增加，农产品电商平台得到了进一步的发展。

4. 消费者

消费者是绿色循环生态农业的终端。农产品生产要以消费者的偏好为导向。随着我国经济的不断发展，人民的收入逐年增加，生活水平越来越高，对生活质量的要求越来越高，从以前穿得暖、吃得饱转变为要穿得好、吃得健康。消费方式的转变要求生产模式的转变，现在消费者对农产品的消费更偏向于绿色有机。在农产品相对过剩、农民收益逐年下降的情况下，应该看到消费者向更好、更健康的消费方式的转变，这给绿色农产品带来了新的机遇。

5.1.3 生态循环绿色农业经营模式运作流程

基于绿色农业生态发展目标以及为完成目标提出的一系列措施，提出一种“绿色种植—污染治理—生态田园—新型销售”式的绿色农业生态模式。其中，绿色种植是指从种子和耕种土壤的选择到农作物成长过程的浇灌施肥再到收割都是绿色无污染无公害的；污染治理是指对化肥农药秸秆和畜禽粪进行有效的管理和利用；生态田园是指遵循生态系统整体性、生物多样性规律，合理确定种养规模，建设完善生物缓冲带、防护林网、灌溉渠系等田间基础设施；新型销售是指绿色有机农产品依托互联网进行线上线下的销售模式，使消费者购物更加便捷。

发展生态循环农业是转变农业发展方式、实现农业可持续发展的必然要求。生态循环农业创建活动要遵守循环经济的“减量化、再利用、再循环”原则，紧扣“减、改、管、用”四字要领，以化肥农药减量节水、种养方式模式改进、标准化生产规范化监管、废弃物循环利用为主线，以政策、资金、技术支持引导农户主动参与，实现生产优质高效、农业资源有效利用、农业环境生态环保的最终目标。

生态循环绿色农业经营模式运作流程如图 5-1 所示。

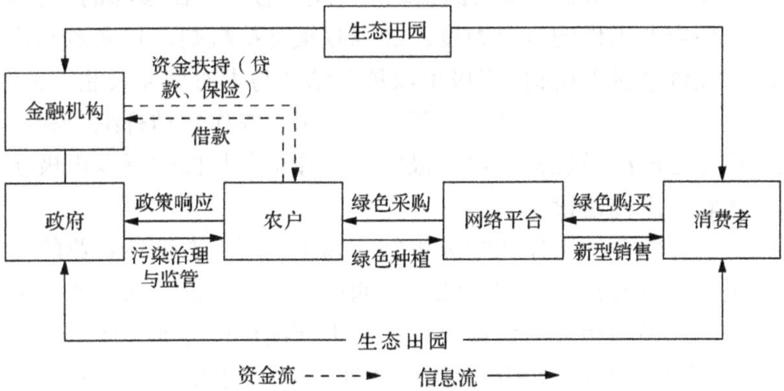

图 5-1　生态循环绿色农业经营模式运作流程

1. 政府要在提供资金和政策支持的同时进行污染的治理与监管

政府要想实现生态环境良好这一目标就要出台相应的政策，确定不同的农产品种植区，使不同区域因地制宜地种植农作物，优化空间结构。严格管理土地，防止过度开发，合理利用土地，提高土地的利用效率。在管理的同时要给予农户一定的资金补贴，使更多农户参与生态保护，增强农民生态意识，实现绿色种植。政府的一系列行动最终将使农业生产形成良好的生态循环，生产出绿色健康优质的农产品。要建立完善农业资源环境管控制度。坚持最严格的耕地保护制度，全面落实永久基本农田特殊保护政策措施；推行农业绿色循环低碳生产制度。实行最严格的水资源管理制度，以水定需、量水而行，严格控制旱改水，水资源超载地区要退减不合理灌溉面积。加快对新品种农作物的推广与使用，在增产的同时提高农产品质量，增强市场竞争力。

政府应切实发挥组织领导作用，积极开展生态循环农业工作。不同级别的政府应制定相应政策和措施，以确保生态循环农业工作的有效管理。要指导各地编制农牧业废弃物变废为宝、变害为利的工程建设规划，统筹农村环境治理工作，规范工程的组织和实施程序。推动农户转变思想观念，强化对生态循环农业理念的宣传教育。改变传统农业的发展理念和发展模式，以实现发展生态循环农业，并将循环经济理论和可持续发展理论应用于农业生产实践。通过多种形式的宣传教育和培训活动，推动全社会，尤其是广大农民对生态循环农业的重要性有更深刻的认识，增强对资源保护和环境保护的忧患意识，逐步改变传统的农业生产、农村生活和消费方式。健全生态循环农业工作管理制度，建立以企业为核心的专业化生产、市场化运营管理制度，明确生态循环农业工作经费来源，确保工程设施持续运营并发挥长期效益，积极探索政府主导、社会广泛参与的全程监管模式。增加对生态循环农业工作的投资力度。加强政策支持机制，建立多元化种养结合的生态循环农业资金投入机制。积极争取种养结合与生态循环农业相关联的项目，在规模化种养加一体示范、畜禽粪便资源化利用、农作物秸秆综合利用、病死畜禽无害化处理等方面给予优先立项，鼓励、引导企业与民间资本积极参与种养结合的生态循环农业工程建设。

创新生态循环农业的工作体制和机制。为了创新生态循环农业的投资策略，要鼓励各地采用“以奖代补”的方法，并通过“一事一议”的方式，鼓励农民进行投资和劳动，以参与相关的设施建设；对于规模化种养加一体示范、畜禽粪便资源化利用、农作物秸秆综合利用等能够落实收费机制的生态循环农业建设项目，在完善特许经营、政府购买、兜底补贴等配套措施基础上，通过多种模式吸引社会主体参与建设，优先考虑采用“先建后补”的方式。加快生态循环农业技术支撑体系建设。加大生态循环农业新产品、新技术和新模式的研究与开发力度，重点开发农业废弃物及相关产业废弃物的资源化利用技术、清洁生产技术和农村废弃物资源化管理技术等，形成一整套适合当地资源与环境特点的生态循环农业技术和模式，构建包括节水技术、节肥技术、节药技术、废弃物资源化利用技术、清洁生产技术、农业替代和循环利用技术等在内的生态循环农业发展技术支撑体系。营造生态循环农业的市场环境。创新改善生态循环农业制度框架，包括知识产权保护、金融创新、专业人力资源的供给和企业管理结构的完善等，通过严格规范的监管制度对所有违反公平竞争的行为进行严厉打击，引导企业投入研发活动，提升企业的创新能力、开拓市场的能力和营销能力，在市场竞争中创造自己的独特竞争优势。鼓励专业化服务公司采用市场化模式对企业或园区进行种养结合的生态循环农业工程建设。

2. *农户要加强产地环境保护、保证农产品生产质量*

开展农业绿色发展行动，加大土地保护力度；积极响应政府提倡的“三减”行动，减少对化肥、农药、除草剂的使用剂量，在政府政策支持下，进一步学习各种施肥技术，使用政府推荐补贴的新型有机肥、绿色生态农药。利用大数据等技术，根据天气的变化和农作物的生长状况进行施肥和病虫害防控。对秸秆采用“五化”利用模式，坚持农用优先、还田为主；畜禽粪污资源化利用，将畜禽粪污当作农业肥料和沼气加以利用；对废旧地膜和包装废弃物进行回收处理。同时，在选种子时提高种子的质量，保证农产品在整个种植过程中是绿色健康的。加快生态循环农业的进程，切实执行中央提出的生态文明建设相关政策，将“减量化、再利用、再循环”作为标准，加速农业发展转型，调整农业产业结构，大力发展优质、高效、生态循环农业，支持生态循环农业发展的政策体系、扶持机制，形成不同类型的生态循环农业发展模式，推动全国生态循环农业工作深入开展。以节约资源为切入点，以发展生态循环农业为主线，初步构建生态循环农业发展框架，建立以农作物秸秆、畜禽粪便等废弃物为资源的生态循环农业体系，减少农业面源污染、节约资源保护、改善农村生态环境。

利用农业废弃物（秸秆）生产颗粒燃料（秸秆固化）技术，将农作物秸秆及花生壳、稻壳、锯末等粉碎后加水混合，经机械加工、压缩成型，形成颗粒状的“秸秆煤”，替代燃煤、燃气，作为生产及生活燃料。利用农作物秸秆饲料化技术节省精饲料，秸秆经过揉丝、青（黄）贮加工成的饲料口感好、营养价值高；实现过腹还田，增加土壤有机质，推动生态循环农业发展，提高秸秆饲料化利用水平，使秸秆资源优势真正转化为畜牧产业发展优势。

3. 网络平台对农产品进行销售，发展“互联网+农业”

“互联网+农业”是指运用互联网技术融合绿色农业，整合从生产、加工、销售到后期的服务等环节，从而有效促进农业生产方式变革和传统农业升级换代，推进绿色农业发展。网络平台的农业销售方式提高了农业现代化水平，也更好地满足了消费者的需求，提高了农产品在市场上的竞争力。我国是农业大国，农业经济发展会推动整体经济发展。首先，借助网络销售手段进行农产品销售，有助于扩大农产品的市场销售渠道，让更多的优质农产品走出生产地，增加销售量。近些年，虽然我国经济在不断发展，但是农村经济体系不合理，在传统的农业经济体系中，农产品的销售渠道较少，很多农产品只能通过中间商进行销售，而中间商为了获得更高利润，往往会压低收购价格，从而降低了种植户的收入。网络销售省去了中间商，可以让种植户直接对消费者进行销售，增加了种植户的收入，也促进了我国农业经济发展。其次，网络销售使买卖双方信息更加全面、透明。在进行农产品销售时，买卖双方可以借助互联网全方位了解对方的真实信息，促进双方更好地沟通与交流，避免因信息不对称而出现一系列问题。网络销售可以在一定程度上降低行业的限制，使更多种植户进入销售市场，依靠网络增加经济收益。相关厂商可以建立合理的农产品生产、加工、交易系统，根据地区市场的实际交易需求进行种植、生产、加工及销售，平衡供求关系。通过完善的网络信息系统及信用机制，买卖双方可以减少信息搜寻、谈判、议价及合同监督等方面的成本。合理利用网络销售模式还有助于农产品企业的管理。借助网络系统，企业可以拓宽农产品的销售市场，改变经营手段，更加适应市场环境。因此，规范化的生产和管理手段可以使农产品在网络销售市场中占有一席之地。

推进优质绿色农产品网上销售、发展精准农业、加强农产品的质量监管，在满足消费者的同时也能保障农户的利益，为农民提供更多的生产销售信息，增加农产品销路，充分发挥各类新型经营主体的作用。这种新型的销售模式促进了互联网和农业的深度融合，适应新的农业经济发展趋势，激发和释放了农业发展活力，加快了新型农业产业链的建成。对农产品进行网络销售，一方面，要合理搭建农村特有的信息网络销售平台，并在平台中设置信息共享板块，通过宣传经济发达地区的成功案例使种植户接受网络销售。对于一些欠发达地区，政府要积极提供帮助，聘用专业的网络销售人员帮助种植户。从当地的实际情况出发，完善网络服务手段，将网络销售贯穿于农产品销售全过程。另一方面，要合理搭建完善的物流配送体系，引入先进的物流技术，降低农产品在运输过程中出现的损耗，搭建统一管理平台，提高物流服务质量。“互联网+”拓宽了农产品营销渠道，创新了销售手段，发挥了渠道营销的作用。例如，可以利用直播平台让主播进行带货，或是利用淘宝、微信、抖音、快手等制作短视频，拓宽农产品销售渠道。

4. 消费者购买绿色生态农产品，促进生态循环

当今的消费者对绿色生态农产品的需求量较大，在购买农产品时偏好有机绿色的农产品，这促进了农民生产绿色生态农产品的热情，也使得政府、农户、网络平台、消费者四者之间紧密地联系了起来，各个主体都建立起了绿色生态循环的观念意识，从而形成了一个良性的生态循环。

（1）产品因素

消费者在选择绿色农产品的过程中，首先关注的是绿色农产品本身。无论是在传统的渠道中，还是在网络的渠道中，如果产品本身不能引起消费者的兴趣，激发其购买欲望，就不会有后面的购买行为产生。消费者在购买绿色农产品时，主要关注其产品质量、品牌、价格、品类等，并将其与普通农产品进行对比，如果不能感受到更高的品质，消费者就会拒绝购买。绿色农产品在价格上要高于普通农产品，消费者必然要从产品的多方面来考察，看其是不是物有所值。对于不同品类的绿色农产品，消费者对其要求并不一致，尤其是对于产品标准化程度不一的产品，如果绿色农产品本身标准化程度较高，如粮食、牛奶类产品，消费者比较容易进行比较，而对于生鲜类农产品，其标准化程度并不相同，消费者对于其品牌、新鲜程度及配送标准都有不同的理解。绿色农产品价格在很大程度上会影响消费者的购买欲望，多数消费者可以接受稍微高一点的价格，但是如果绿色农产品价格较普通农产品高得太多，消费者就会转向其他替代产品。

（2）消费者因素

消费者的个体特征、认知、收入及职业等也是影响消费者购买绿色农产品的重要因素。不同收入的消费者对产品的选择倾向不同。当消费者收入较高时，其更有能力追求更加健康的产品，对价格并不是非常敏感；当消费者收入较低时，由于其在食品选择中较关注价格因素，有着从廉心理，其购买价格较高的绿色农产品的欲望就会降低。消费者对绿色农产品的认知程度也会影响消费者的购买行为。当消费者对绿色农产品认知程度较高时，其从心理上已经接受了绿色农产品健康安全的特征，比较容易形成购买欲望；而当消费者对绿色农产品认知较低时，可能会认为绿色农产品仅仅是营销的噱头或者其与其他普通农产品并没有太大差异，就会降低购买欲望。

（3）社会环境因素

社会的舆论、整体收入水平及自然环境同样对消费者购买绿色农产品有很大的影响。随着自然环境污染以及部分食品安全事件的发生，社会舆论对社会环境更加关注，从而进一步影响消费者的认知，逐步提升其对食品安全的关注。同时，随着国家总体经济水平的提升，国民收入不断增加，消费者的购买力不断加强，购买绿色农产品的欲望不断提升。随着国家政策的调整，国家会进一步加强污染治理，加快绿色农产品标准化体系建设，使绿色农产品在生产、加工、仓储、运输等各个环节有效整合，从而降低产品成本，吸引更多的消费者购买。

（4）渠道因素

互联网的普及使得消费者已经习惯于网络购买。渠道是指企业在生产完成后，从企业到消费者手中经历的所有环节。传统的渠道可能有批发商、代理商、零售商等一系列的中间环节，而网络购买则可以省去中间环节，使消费者直接从企业购买自己需要的产品。

我国作为人口大国，既要保障粮食的供给，又要保证粮食的质量安全。新型的绿色农业经营模式是“绿水青山就是金山银山”理念的积极响应，进行绿色发展才是正确且长远之路。

5.2 生态循环绿色农业发展的问题及对策

5.2.1 耕地生态价值补偿

耕地是国家粮食安全的基础，是地球生命系统中最重要的农业生产资料，具有食物生产、气候调节、空间承载、景观优化、生态服务等多种功能和价值。但是工业化和城镇化快速推进对耕地非农化利用往往仅考虑经济价值补偿和部分社会价值补偿，而忽视了生态价值补偿。随着耕地资源逐年减少，耕地生态价值补偿就显得尤为重要。

耕地生态价值补偿是指以货币的形式补偿耕地生态消费超出的部分支付补偿或对不足的部分获得补偿。耕地生态价值补偿需要从多个地区、多个方面对土地进行测算，如在草地退化方面对青海三江源区生态价值补偿额度进行测算；基于问卷调查从选择实验法视角研究耕地生态补偿的相关利益主体对生态价值补偿政策的接受程度和可能的反应；基于生态价值当量通过模型构建对耕地生态价值补偿尺度进行测算；通过模型运算和地理信息空间分析等改进基于单位面积价值当量因子的生态系统服务价值方法；在界定耕地生态安全内涵的基础上，通过构建评价指标体系模型对我国耕地生态安全进行评价；将耕地生态服务价值与社会经济发展水平相结合，分别确定耕地生态服务价值、耕地生态承载力、耕地生态足迹、生态超载指数。通过生态足迹分析法判断区域耕地生态服务价值能否满足对耕地生态的消费，将生态足迹和生态承载力进行对比，从而确定耕地生态消费是否超载，最后基于耕地生态超载指数测算理论补偿值。同时，为增强理论补偿测算的可行性，根据区域社会经济发展程度确定补偿系数，构建综合测算模型。

粮食安全问题关乎人民生活水平提升、社会安定团结和国家稳定发展。近些年我国政府通过粮食直补等方式为实现粮食安全做出了巨大努力，粮食安全得到了保障，但随之而来的经济压力又成了新的难题。基于此，以解决粮食安全为出发点的研究已成为耕地生态系统可持续研究的热点。众所周知，粮食主产区由于肩负粮食生产与耕地保护的任务，其在一定程度上也失去了公平发展的机会，虽然粮食产品可以带来部分收益，但是这部分收益与粮食产品对维护生态环境质量所带来的效益相比相差甚远。为了调动耕地保护主体的主动性和积极性，解决“吃饭”与“建设”二者之间的矛盾，从而最终实现全面的粮食安全，耕地资源的生态价值补偿量化研究势在必行。生态价值补偿的核心是明确生态价值补偿的依据，因其直接关系到补偿的科学性与有效性，成为目前生态价值补偿工作的重点和难点。目前，国内在森林、水体等领域已有一些在对生态系统服务价值分析的基础上确定补偿依据的研究案例，这些研究对推动生态价值补偿理论的发展起到了十分重要的作用。然而，随着“吃饭”与“建设”二者矛盾的日益突出，耕地生态价值补偿正在成为新的研究热点。耕地生态价值补偿要对多个方面进行测算，其中包括区域耕地生态系统服务价值测算、生态足迹与生态承载力测算、区域获得或支付补偿的判定及补偿比例测算、区域生态补偿优先级计算。

5.2.2　可持续生态绿色农业系统建设

可持续生态绿色农业系统是一个由农业经济、农业技术、农业生态环境和农村社会四个子系统相互作用、相互影响所组成的有机整体，其实质是实现这四个系统之间及其内部的高度协调。区域农业可持续发展状况是由区域农业可持续发展水平高低和能力大小所决定的，水平高低取决于农业生态系统内部各要素的协调程度，能力大小则由区域农业可持续发展支撑体系的结构状况决定。因此，构建相应的指标体系、确定农业系统内部及子系统间的关系并由此进行研究评价就显得尤为必要。根据农业生态系统论的观点，将区域农业可持续发展系统划分为经济、社会、技术、生态环境等四个子系统。农业可持续发展，通过使用频率较高的指标，再根据当地的情况，选取和增加个别指标，建立因地制宜、全面系统和简洁易行的评价指标体系。子系统内部协调度指的是子系统各指标的实际发展状况与其受到该子系统内其他各指标影响所应该达到的发展状况之间的关联程度。构建关于农业各子系统内部协调能力及整体融合效果的模型，整体分析区域农业的可持续发展水平，改进了当今区域农业可持续发展评价指标体系在展示具体协调水平上的缺陷，为合理构建农业各子系统内部协调水平模型奠定了基础。对单项指标的评估分析，能得出区域农业发展是否可持续及发展情况；对可持续农业综合评价模型的设计，能反映区域可持续农业的发展效果。

5.3 生态循环绿色农业经营模式案例及其运作机制

5.3.1 案例介绍

黑龙江省绥滨县国家现代农业产业园主导产业为水稻，规划面积103.58万亩，包括绥滨镇、忠仁镇、连生乡、北岗乡4个乡镇63个行政村，其中有62家合作社和108个家庭农场。2020年水稻种植面积683 216亩，产量335 049吨，产值192 091万元。产业园依托中粮贸易（绥滨）公司、兴达米业、崧阳米业等企业，进行优质水稻的种植、收储、加工、销售等。

2020年，绥滨县种植有机水稻、香稻、糯稻5万亩，认证绿色有机水稻28万亩，畜禽粪污综合利用率达84%，秸秆综合利用率达90%以上[①]。绿色农业在各方面发展的主要方式或应用的机械设备等如表5-1所示。

表5-1 农业绿色化发展的主要方式或应用的机械设备

项目	主要方式或应用的机械设备
绿色循环、生态农业	主要采取稻田养鱼、稻田养蟹等方式，养殖品种以河蟹、鲤鱼、泥鳅为主，排出的粪便直接还田
秸秆处理	应用秸秆还田离田机，将秸秆一部分打碎直接还田；一部分进行炭化形成炭基质，制作成炭基质育秧板，进行炭基质育秧
农作物病及虫害控制	安装频振杀虫灯、诱捕器、诱虫板等进行绿色防控，和中粮等企业合作发展无人机绿色防控等
农业绿色化培训	针对合作社和家庭农场主要代表及相关部门工作人员，绥滨县多次举办绿色食品认证暨农产品质量安全培训班
绿色食品认证	绥滨县农业农村局委托具有绿标申办资质的企业免费检测一批绥滨产地大米。减少了各农业生产经营主体申请水稻绿色食品证书检测费用的支出
绿色或有机产品认证查询	应用溯源系统，通过扫描产品包装上的二维码，输入产品的有机码等，可以查看产品的认证信息，包括认证类型、认证产品、商品名称、认证机构、获证生产企业等

① 县政府办秘书室. 2021年政府工作报告[EB/OL].（2021-01-20）[2025-06-11]. https://www.suibin.gov.cn/suibinxianrenminzhengfu/fc8ebd141f6745e2abb1ddda7badf996/202101/2715.shtml.

5.3.2　秸秆炭化和免疫育秧项目

1．水稻育秧项目基本情况

水稻育秧项目基本情况见表 5-2。

表 5-2　水稻育秧项目基本情况

试验地点	绥滨县宗仁镇富山村
育秧地点	富山场院南工厂化大棚育秧基地
育秧面积	本田 7 垧，其中试验组 2 垧，对照组 5 垧
品种选择	龙粳 31
种源	佳木斯龙粳种子公司
品种纯度	99.9%
净度	90%
水分	16%
发芽率	85%
土地总体情况	绥滨县地形为三江冲击形成的平原，可耕层浅，只有 15～20 厘米，土地沙化严重，地力较差，漏肥漏水

2．水稻育秧项目目的

优化现有水稻栽培技术，降低氮、磷、钾等无机肥施肥总量（10%～30%），增加硅、钙、硼、镁、锌等的使用量，在降低成本的同时，做到改善土壤环境、提高水稻产量，完善“一减、两增、一改”相关数据，对最终产量进行测量及综合评价。为起到试验示范作用，采取传统的种植技术与科学管理方法相结合的种植模式。图 5-2 为水稻育秧大棚区化。

图 5-2　水稻育秧大棚区化

注：对照区育苗约 4 000 盘，实验区育苗约 1 200 盘，秧盘尺寸约 58 厘米×22 厘米。

3. 育秧过程

育秧过程见图 5-3。

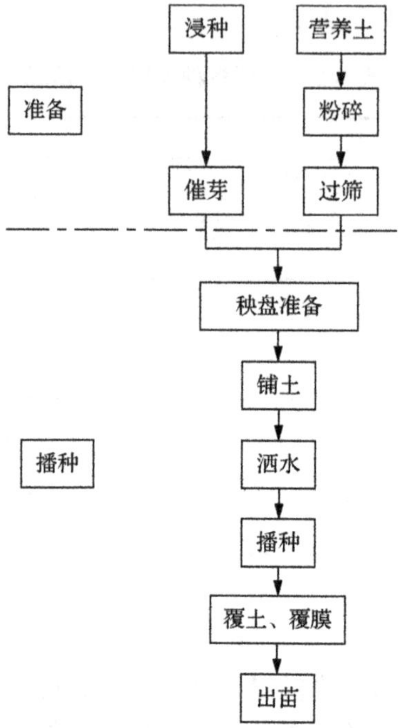

图 5-3　育秧过程

① 种子制备：晾晒 2～3 天后每 25 千克种子加 2 瓶咯菌・精甲霜悬浮种衣剂，搅拌 3 分钟，灌入塑料袋，扎紧口，堆集封闭 3～4 天，无须浸种催芽。

② 浸种：在浸种槽中，浸种 5～7 天，温度在 6～15℃之间，待种胚能够明显看出膨胀即可放入催芽器，保持温度在 35℃以下，10～12 小时“破胸”而出。

③ 秧盘条件：育秧大棚场地干燥、无杂草、平坦、秧床稍硬实，无硬茬，苗床底土腐熟，与壮秧剂按比例混拌均匀，堆集盖塑料布闷 2～3 天，间路与秧盘间无明显空隙，秧盘播土后平整、均匀，厚度 2～2.2 厘米。生物有机质 100%，经 8 天解冻，晾晒，筛选适用于机播。图 5-4 为秧盘。

图 5-4　秧盘

④ 播种：播土机，每盘干种 90 克，覆土，覆膜。

⑤ 秧苗生长培育见表 5-3。

表 5-3　秧苗生长培育

秧苗生长阶段	培育条件
一叶一芯	温度 30℃以上，侧风口微开
两叶一芯	温度 25℃以下，施药防止立枯病、青枯病、棉腐病
三叶期	检测生物育秧基质的酸度持续能力是否影响秧苗生长，三叶期后喷施高能钛+磷酸二氢钾，撒施硫酸铵和二氨

⑥ 温度测量：根据中国气象网数据，绥滨县 2021 年 4 月 1 日—5 月 15 日的气温波动较大（图 5-5），平均最高温度 12.93℃，平均最低温度 2.74℃，温度比上年同期偏低 1～3℃。对实验大棚内的五处温度观察点进行记录，部分数据如表 5-4 所示。

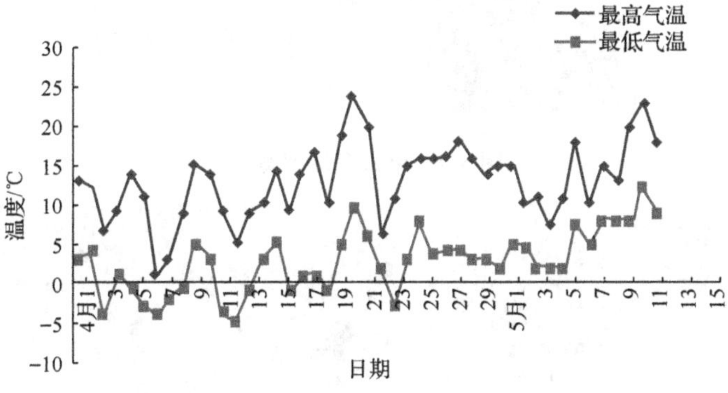

图 5-5　绥滨县 2021 年 4 月 1 日—5 月 15 日气温

表 5-4 温度记录

日期	时间	当日气温/℃	温度/℃（进门→通风口）				
5 月 10 日	9:48	5～10	13.5	14.5	14.5	17.5	18.5
5 月 11 日	10:13	8～11	20	20.5	22.5	23.5	24

资料来源：中国气象网。

⑦ 移栽：气温稳定，秧苗高度达 10～12 厘米时，可进行移栽。图 5-6 为秧苗发芽率及秧高测算。

图 5-6 秧苗发芽率及秧高测算

⑧ 插秧要求：机插株距 12 厘米，行距 30 厘米，单穴株数 6～8 株，苗高 10～12 厘米，插秧后调整水位 2～3 厘米，使用无人机撒施返青肥、亩施硫氨+尿素 50 千克/垧。目前，绥滨县插秧方式主要以机械插秧和人工插秧为主。图 5-7 为单穴存活率测算。图 5-8 为机械插秧和人工插秧。

图 5-7 单穴存活率测算

图 5-8 机械插秧和人工插秧

⑨ 施肥：3～5 天后，第二次封闭除草、施肥。相比传统人工喷施，通过无人机撒肥作业（图 5-9），可以达到人药/肥分离和安全作业的目的，通过卫星定位操控，还可以实现精准高效作业，避免重喷、漏喷、无效喷施，确保肥料精准使用。

图 5-9　无人机撒肥

4. 试验田生长情况

可以对比四组试验田的生长情况（表 5-5），后续情况待其他调研队伍继续观察。

表 5-5　试验田生长情况

区域 对比分析	炭基质	生物育秧基质	炭基质（加肥）	干籽丸化
基质成分	秸秆炭化	①秸秆炭化；②沼液；③益生菌	①本土；②秸秆炭化；③杀菌剂	秸秆粉碎后做干籽
发芽率/%	93.61	92.26	94.56	91.33
根系对比	生物育秧基质一叶一芯时根系超过正常培育的三叶一芯 			
4 月 18 日与 5 月 13 日秧高对比				

续表

有无杂草	有	无	有	有
均匀度	较均匀	较不均匀	较均匀	较均匀
根茎韧性	较差	踩踏后恢复直立	较差	较差
长势				

5. 施肥量情况

改良前后施肥量情况见表 5-6。

表 5-6　改良前后施肥量情况

对比项	施肥量/（千克/亩）
原施肥量	450～500
改良后施肥量	275

注：少量多次施肥［大约五次：提高肥料利用率（最高提高 20%）］。

6. 增产增效情况

原本亩产：500 千克左右。改良后亩产：成穗率 15～16 株，生育转换期对成穗数增加效果不显著，但秋收季预计增产幅度超过 10%（图 5-10）。同时，通过增加有机肥的使用，有效提高水稻质量，提升大米口感。

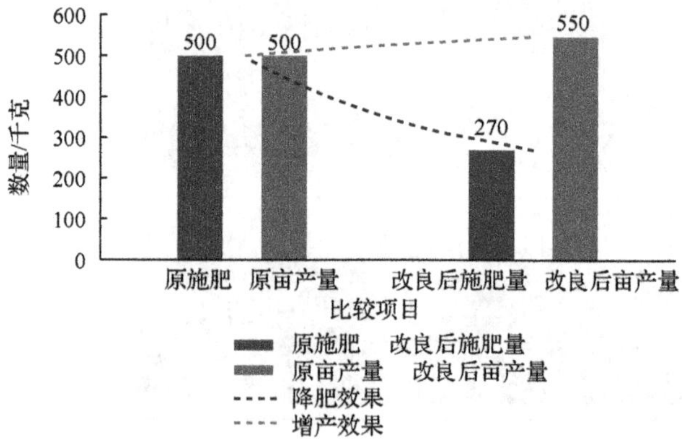

图 5-10　降肥增效效果对比

5.3.3　生态循环绿色农业经营模式运行机制

1. 种养结合机制

将农业与畜牧养殖业结合起来，形成循环型的生态种养机制。积极开展秸秆养殖、林地养鸡、畜沼果蔬结合等立体生态养殖方式。树林养鸡使鸡粪直接用于林业施肥，鸡啄食林间的害虫或其他生物，既可以防治林业病虫害，促进林木生长，又能提供优质的鸡蛋、鸡肉产品。尤其是用玉米秸秆饲养牛羊，牛羊粪便发酵可作为有机肥用于种植玉米。这一机制可以改变过去单一种植的传统模式，实现高效种植与饲养的结合，将过去被作为废弃物的畜禽粪污进行综合利用，达到种养结合、良性循环的目的，实现农业高产、优质和养殖业高效、低耗的目标。

2. 畜禽粪污利用机制

利用畜禽粪污处理和有机肥生产设施相结合，推广畜禽粪便自然发酵、好氧发酵、有机肥生产、沼气生产、渣液还田等资源化利用技术，大力推广在农业和林业生产中利用畜禽粪便做肥料，使农业生产形成自然、绿色、有机模式，既可以减少粪便污染，又可以改良土壤，培肥地力。另外，还可以用畜禽粪便生产沼气，将沼气绿色能源用于燃气和发电，而沼气渣液还可以用于农业生产种植。

3. 秸秆利用机制

推广秸秆还田机制，积极将秸秆用作饲料、燃料，并将秸秆作为基料，进行食用菌类养殖，使秸秆的应用最大化。通过高效利用作物秸秆，可以减少因秸秆焚烧产生的大气污染，改善土壤理化性质，解决能源短缺的矛盾，促进地方经济的发展。

4. 社会化服务机制

运用市场手段，整合各类资源，探索“政府引导+社会化运作”的实施机制。在社会化服务带动方面，采取政府购买服务的方式，扶持壮大一批有一定运营基础的生产性服务组织，开展粪肥使用全过程服务、托管式服务、专业化服务，加快有机肥应用。通过以奖代补等方式，带动支持提供粪污收集、处理、转运、施用的服务企业（不含养殖企业）、合作社等主体以及提供粪肥还田服务的社会化服务组织，扩大粪肥还田利用社会化服务市场规模，引导专业化服务组织加大投入，提高规模效益，降低运营成本，确保经济可行，促进增产提质，形成良性循环。

5.3.4 建设现代化农业可持续发展对策

1. 绿色循环农业建设

发展绿色循环特色农业，有利于降低生产成本、促进适度规模经营、推进产业融合发展、做大做强农产品品牌，将特色资源优势转化为竞争优势，多层次、多领域提升农产品质量效益和竞争力，实现高质高效、增产增收。哈尔滨商业大学管理学院团队通过实地调研、企业走访、现场访谈等途径，搭建符合绥滨县当地特色的绿色循环农业：通过大型养禽场粪便处理，将产生的沼液、沼渣进行合理利用，用沼液制作有机菌肥，沼渣和炭基质混合用于有机基质育秧，形成绿色循环农业（图 5-11）。

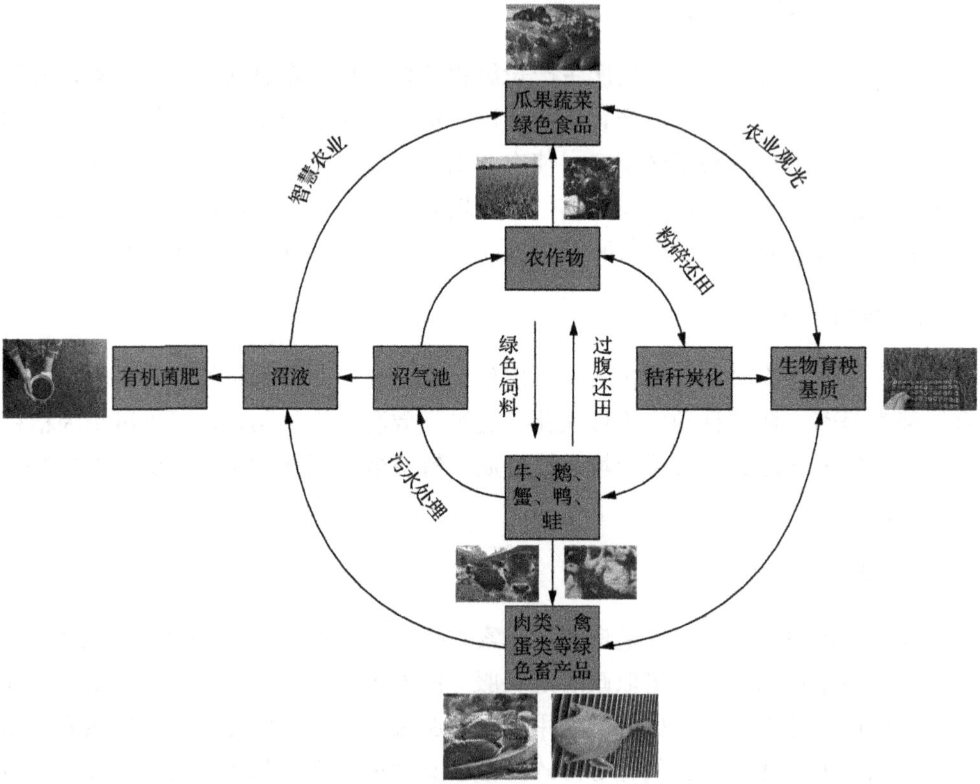

图 5-11 绿色循环农业

2. 加快推广生物育秧基质培育技术

通过生物育秧基质培育的水稻与本土水稻的对比分析，推广水稻免疫炭基质育秧、干籽播种育秧、日本池（水）育秧技术，推广奶香大米、富锌大米等绿色优质新品种繁育试种，减少化肥、除草剂和化学农药使用，改善土壤生态环境，实现降肥增产增收。加快建立生物育秧基质水稻试种基地，在试种成功的基础上，大力推广优质、高产的生物育秧基质技术，不断提高生物育秧基质技术覆盖率。鼓励生物育秧基质技术的引种和推广，对引进新技术的种植户给予相应的补贴。同时，增加用于农业新品种新技术开发、引进和推广的农业生产科技投入。

3. 经验主导转向数据主导，实现智慧农业

技术对农业变革的促进，更重要的意义在于农业由经验主导向数据主导转变。几千年来的农耕文明，让人们沉淀了大量的生产经验，而通过智能化手段，可以将人的经验传递给机器；通过在网络层、数据层、应用层等方面建立完整的智慧农业解决方案体系，基于物联网搭建云上农田，大量的地块数据、气象数据、作物生长数据，通过人工智能、大数据和云计算等落地提供丰厚的数据土壤和场景；通过数据分析手段挖掘作物生长规律，配置作物生长环境参数的安全范围；通过数据挖掘，发现新的生产规律和农业商品优化的新空间。在农业设备管理上，通过设备网络化实现设备联网联运，通过设备服务化保障设备全生命周期管理，通过设备智能化实现预测性维保，在减少投入的情况下增加或维持产量、提高农产品质量、降低成本、减少环境污染、节约资源及保护生态环境，依靠科技，提升农业现代化水平，引领智慧大农业发展。

5.4 本 章 小 结

本章对绿色农业经营模式创新进行了分析，明确了生态循环绿色农业经营模式运作主体和运作流程，提出生态循环绿色农业发展的问题及对策，通过对案例分析、秸秆炭化和免疫育秧项目的介绍，得出建设现代化农业可持续发展对策，同时为了保证生态循环绿色农业经营模式的稳定运行，提出种养结合机制、畜禽粪污利用机制、秸秆利用机制和社会化服务机制。

第 6 章　数字经济背景下电商参与融资的农业经营模式创新

6.1　电商参与融资的农业经营模式运作

6.1.1　电商参与融资的农业经营模式运作主体

在电商参与融资的农业经营模式中，电商平台为农业经营主体提供融资服务，在这种模式下，农产品供应链运作主体只考虑电商、农业经营主体、物流服务提供商与消费者。

1. 电商

电商农产品供应链金融是农村金融创新的方式，能够破除农业经营主体融资瓶颈、提高农产品供应链整体效率。电商企业的参与促使商业银行降低查询成本，且利用农业经营主体在电商平台的交易记录以及农业经营主体的应收账款，衡量农业经营主体的信用水平，在一定程度上解决了由于信息不对称所造成的逆向选择与道德风险。电商作为农产品供应链中的核心，可通过审查整个供应链对农产品供应链的风险进行控制，保障自身与农业经营主体的收益性，扩大自身的服务范围，促进金融资金的流动，均衡资源配置。

2. 农业经营主体

新型农业经营主体包括专业大户、家庭农场、农民合作社、农业企业。其中，专业大户和家庭农场是家庭经营，农民合作社和农业企业是合作经营、集体经营或者企业经营。新型农业经营主体是相对于传统农业经营主体（经营几亩地的小农户）而言的，其经营规模较大，收入水平更高，规模化、集约化、专业化、市场化和社会化程度更高。在传统的农产品生产过程中，农业经营主体由于缺乏充分的金融支持，很难获得农业产业化的规模优势，并且难以应对诸多自然灾害、农产品市场波动等不可预测因素，这反过来又使银行等金融机构更难以为农业经营主体贷款，致使农业经营主体陷入资金短缺的恶性循环。当电商介入融资程序，农业经营主体能够利用在电商平台上的交易记录为其信用提供支持，并由于有农产品未来的应收账款作为保障，电商可以直接为农业经营主体提供短期融资服务，解决农业经营主体融资难的问题，在风险相对可控的情况下实现对农业经营主体贷款的目的。

3. 物流服务提供商

物流的存在解决了新型农业经营体系中农产品线上销售的供给方与需求方空间分离的问题，物流服务商对消费者的需求进行综合考量，并为电商提供相应农产品的配送活动。电商和物流服务商通过签订合同这一形式进行合作，当订单产生时，由物流服务商将农产品从新型农业经营主体处运输至消费者处。物流服务商按照均价收取电商一定的运输、配送费用，所以当电商销量越大时物流服务商的盈利越多。

4. 消费者

消费者是驱动新型农业经营体系发展的主要力量，消费者的需求在整个农产品销售活动中可以分为四个不同的阶段。首先是需求识别阶段，消费者产生需求动机并决定购入某种农产品。只有产生某种需求后才会有购买行为。其次是信息搜集阶段，消费者识别自身需求后，便会根据自身需求寻找对应的农产品。再次是评价分析阶段，消费者根据自身现有的知识结构对所收集到的信息进行处理，然后对处理结果进行综合评价。最后是购买决策阶段。农产品的体验往往与购买行为存在一定时间差，所以购后体验也成为影响消费者再次购买意愿的重要影响因素。

6.1.2 电商参与融资的农业经营模式运作流程

1. 新型农业经营主体申请贷款

为了鼓励发展壮大新型农业经营主体，政府出台了一系列的财政补贴和优惠政策，但是财政拨款只面对信用度高、发展前景好的新型农业经营主体，并没有全面覆盖所有新型农业经营主体。目前新型农业经营主体大都是小规模经营，它们不论是在成立之初还是在发展壮大过程中，自有资金都比较薄弱，贷款能力有限，需要进行融资。因此，在电商参与融资时，新型农业经营主体根据市场需求、农产品批发价格等情况确定自身生产投入量，并由此确定种植农产品所需资金，向合作的电商递交贷款申请。

2. 电商审核农业经营主体信用

在传统融资方式下，银行与农业经营主体间存在信息不对称的问题，银行在贷款给农业经营主体的时候往往会要求其提供一定实物抵押作为保证，以减少信息不对称造成的道德风险、提高贷款的安全性。但农业经营主体通常规模较小，不能提供满足银行要求的足额抵押物，由于无法充分展示自己的风险类型，农业经营主体在获取银行信贷时受到了配给限制。这种缺乏资金的情况最终导致农业经营主体发展速度缓慢，进而影响整个经济的发展。随着互联网技术的发展，信息交流与大数据分析技术催生了电商参与融资模式。为了保障电商的利益，电商参考以往农业经营主体在电商平台的交易记录并通过线下探访等手段，从农业经营主体的基本情况、偿债能力、经营盈利状况、宏观环境与信息真实性等方面对农业经营主体进行信用资质审核，确定农户的信用资质合格后贷款给农业经营主体。

3. 农业经营主体生产种植

随着市场经济的发展和人们生活水平的提高，优质、安全、绿色、有机等已成为人们对农产品消费的基本需求，农产品的市场竞争也日益表现为质量与特色的竞争。因此，在电商参与融资时，农业经营主体与电商平台进行合作，农业经营主体将从电商平台处获得的贷款资金用于在电商平台处购买高质量的农资，既保证了资金的用处，又保障了农产品的质量。

4. 电商收购并销售

电商参与融资，不仅为新型农业经营主体提供资金，同时负责农产品的收购与销售。在农产品丰收后，电商按照合同规定的收购价格进行农产品的收购，并通过打折促销、投放广告等手段在电商平台上进行农产品销售，在接到订单后联系物流服务提供商将农产品从新型农业经营主体处配送至消费者处。

5. 物流服务提供商配送

农产品电商化要打破农产品一体化管理配送的瓶颈。可以通过建设大规模生鲜冷链物流配送体系来达成，打造覆盖全国市场的物流网络。加快主产区大宗农产品现代化仓储物流设施建设，完善鲜活农产品冷链物流体系。支持产地农产品集配中心以及小型农产品收集市场建设。因此，物流服务提供商应在现有物流基础上，分工合作，整合资源，打造可持续的高效率配送体系，为电商将农产品运输配送至消费者处。

6. 消费者收货、付款并评价

消费者在收到农产品后对农产品质量进行检查，若农产品质量合格，消费者在线上付款；若农产品质量不合格，则消费者拒绝收货及付款。交易结束后，消费者有权在电商平台对农产品质量或者电商服务态度进行评价，电商和新型农业经营主体可以从中总结经验，找出存在的问题，提高农产品质量或提升农产品销售服务质量。

7. 电商支付农产品收购款

在农产品销售末期，电商从消费者处收到农产品的全部销售款，扣除电商为新型农业经营主体贷款的本息后向新型农业经营主体支付剩余的农产品收购款，完成资金回流。整个新型农业经营体系中农产品供应链一个周期运行完毕（图 6-1）。

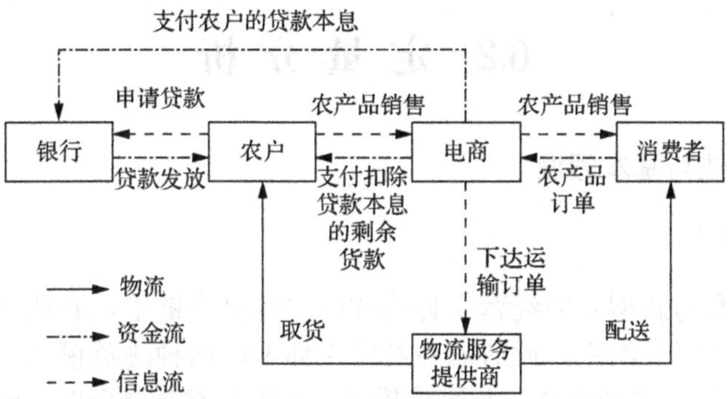

图 6-1　电商参与融资的农业经营模式运作流程

6.1.3　电商参与融资的农业经营模式存在问题

虽然电商参与融资可以有效缓解农业经营主体的资金约束问题，但这种模式尚处于摸索阶段，依然存在一些问题。

1. 电商农产品供应链融资发展进程慢

电商作为农产品供应链融资的主体是近些年才出现的，未达到成熟状态，其中主要的瓶颈是我国农产品供应链融资发展滞后。即使是在国际上已经发展了一段时间的工业供应链金融，在我国依然处于刚起步的状态，与之相比，我国农业几千年来一直处于小农经济，生产过程中缺少规模化的经营主体，融资较难，这也导致我国农产品供应链金融起步更晚，发展更不充分。主要原因是我国农业生产规模较小，农业经营主体在融资过程中缺少抵押物。除此之外，农业企业和农业经营主体之间的贸易和交易关系松散，致使电商在参与农产品供应链融资过程中应对这些松散的情况也较为困难，这也是导致电商参与农产品供应链金融发展进程缓慢的关键因素。

2. 电商融资运营成本高

在农产品供应链中，农业经营主体较为分散，生产能力较低，电商作为农产品供应链金融的主体，必须熟练地掌握资产的控制能力，所以电商在参与农产品供应链融资时资金运营成本较高，这在一定程度上提高了电商融资的难度。

在这种情况下，电商参与融资是否真的可以提高农业经营主体和电商的收益还难以确定，因此需要进行定量分析，比较传统融资模式与电商参与融资模式下的最优决策与最优利润。

6.2 定量分析

6.2.1 模型描述与基本假设

1. 模型描述

考虑由电商与新型农业经营主体构成的二级供应链中，农业经营主体在农产品生产前期受到资金约束，此时农业经营主体考虑两种融资模式：一是传统融资模式（银行融资），二是电商参与融资模式。在银行参与融资时，电商在农业经营主体进行农产品生产之前与农业经营主体签订农产品订单合同，在农产品收获后负责农产品的收购与销售。在电商参与融资时，电商不仅负责农产品的收购与销售，还负责审核农业经营主体的信用，为农业经营主体提供融资服务。不同融资模式下具体的运作流程如图 6-2 和图 6-3 所示。

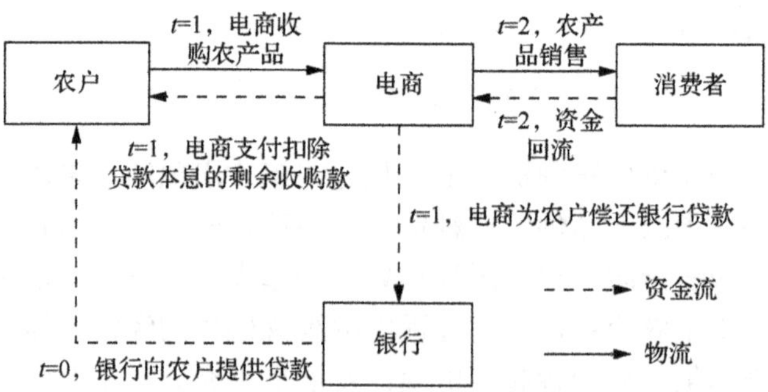

图 6-2 银行参与融资模式下农产品供应链运作流程

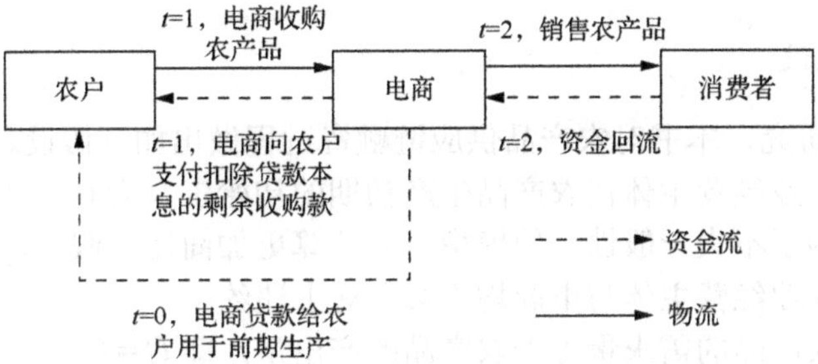

图 6-3　电商参与融资模式下农产品供应链运作流程

本书使用的相关符号如表 6-1 所示。

表 6-1　相关符号说明

符号	含义
q	农户的农产品生产投入量
μ	农产品的随机产出因子
Q	农产品的产出量（$Q=\mu q$）
w	电商的农产品收购价格
p	农产品的销售价格
a	电商环境中消费者对农产品的基本需求量
β	消费者对电商促销努力水平的敏感系数
e	电商对农产品的销售努力水平
D	消费者对农产品的需求量（$D=a-\alpha p+\beta e$）
λ	电商平台的促销努力成本系数
$C(e)$	电商的促销努力成本$\left(C(e)=\frac{1}{2}\lambda e^2\right)$
c_1	生产每单位农产品农户需要投入的成本
c	农产品生产成本系数
$C(q)$	农产品的生产成本（$C(q)=c_1q+cq^2$）
m	电商与银行合作融资时，电商的固定收益
A	电商与银行合作融资时，银行为农户提供融资获得的总收益
n	电商与银行合作融资时，银行为电商提供的激励系数（电商平台的风险承担系数）
π	电商与银行合作融资时，电商从银行处获得的收益（$\pi=m+nA$）
r_0	银行参与融资模式时，银行的贷款利率
r	电商参与融资模式时，电商的贷款利率
π_N	农户获得的利润
π_D	电商获得的利润
上角标 A、B	A 代表银行参与融资模式，B 代表电商参与融资模式

2. 基本假设

为了简化研究，本书对农产品供应链融资过程做出如下假设。

假设 1：农业经营主体在农产品生产初期的初始资金为 0。

假设 2：为了不失一般性，使模型中的计算更加简便，假设 $c_1=0$ 。

假设 3：农业经营主体与电商均不会主观上违约。

假设 4：农产品的需求量等于农产品的产出量，即 $D=Q$ 。

假设 5：不考虑农业经营主体的破产风险。

6.2.2 传统融资的农业经营模式供应链模型构建

1. 银行参与融资下农业经营主体的最优生产投入量决策

在银行参与融资模式下，农业经营主体利润函数为

$$\pi_N^{\mathrm{A}}=w\mu q-cq^2\left(1+r_0\right) \tag{6-1}$$

求解可得银行参与融资模式下，农业经营主体的最优生产投入量决策为 $q=\dfrac{\mu w}{2c(1+r_0)}$，此时农产品的销售价格为 $p=\dfrac{a+\beta e}{\alpha}-\dfrac{\mu^2 w}{2c\alpha(1+r_0)}$ 。

证明：对式（6-1）求关于 q 的二阶导数，得 $\dfrac{\partial^2\pi_N^{\mathrm{A}}}{\partial q^2}=-2c(1+r_0)$，由于 $\dfrac{\partial^2\pi_N^{\mathrm{A}}}{\partial q^2}<0$，$\pi_N^{\mathrm{A}}$ 是关于 q 的凹函数，因此 $\dfrac{\partial\pi_N^{\mathrm{A}}}{\partial q}=w\mu-2cq(1+r_0)=0$ 是 π_N^{A} 最大的条件，解得 $q=\dfrac{\mu w}{2c(1+r_0)}$，此时农产品的销售价格为 $p=\dfrac{a+\beta e}{\alpha}-\dfrac{\mu^2 w}{2c\alpha(1+r_0)}$ 。证毕。

2. 银行参与融资下电商的最优批发价格与最优销售努力决策

银行参与融资模式下，电商的利润函数为

$$\pi_D^{\mathrm{A}}=\mu q\left(p-w\right)-\frac{1}{2}\lambda e^2 \tag{6-2}$$

对式（6-2）求关于 w、e 的海塞矩阵，即

$$\boldsymbol{H}=\begin{bmatrix}\dfrac{-\mu^4-2c\alpha\left(1+r_0\right)\mu^2}{2c^2\alpha\left(1+r_0\right)^2} & \dfrac{\mu^2\beta}{2c\alpha\left(1+r_0\right)}\\ \dfrac{\mu^2\beta}{2c\alpha\left(1+r_0\right)} & -\lambda\end{bmatrix}$$

由于 $D_1=\dfrac{-\mu^4-2c\alpha\left(1+r_0\right)\mu^2}{2c^2\alpha\left(1+r_0\right)^2}$，$D_2=\dfrac{2\alpha\lambda\mu^4+4c\alpha^2\lambda\left(1+r_0\right)\mu^2-\mu^4\beta^2}{4c^2\alpha^2\left(1+r_0\right)^2}$，为使 $\boldsymbol{H}$ 为负定函数，存在约束条件 $2\alpha\lambda\mu^4+4c\alpha^2\lambda\left(1+r_0\right)\mu^2-\mu^4\beta^2>0$，由于 $D_1<0$，$D_2>0$，求解可得银行参与融资模式下电商的最优批发价格与最优销售努力分别为 $w=\dfrac{(a+\beta e)c(1+r_0)}{\mu^2+2c\alpha(1+r_0)}$，$e=\dfrac{\mu^2 w\beta}{2c\alpha\lambda(1+r_0)}$，令 $2c\alpha\lambda\mu^2+4c^2\alpha^2\lambda-\mu^2\beta^2c=M$，联立解得 $e^{A*}=\dfrac{\mu^2\beta ac}{M+4c^2\alpha^2\lambda r_0}$、$w^{A*}=\dfrac{2ac^2\alpha\lambda(1+r_0)}{M+4c^2\alpha^2\lambda r_0}$、$q^{A*}=\dfrac{ac\alpha\lambda\mu}{M+4c^2\alpha^2\lambda r_0}$。代入式（6-1）和式（6-2），得到农业经营主体和电商的最优利润为

$$\pi_N^{A*}=\frac{a^2c^3\alpha^2\lambda^2\mu^2\left(1+r_0\right)}{\left[M+4c^2\alpha^2\lambda r_0\right]^2}$$

$$\pi_D^{A*}=\frac{a^2c^2\mu^2}{2\left[M+4c^2\alpha^2\lambda r_0\right]}$$

6.2.3　电商参与融资的农业经营模式供应链模型构建

电商融资模式下，电商不仅负责农产品的收购与销售，还负责为农业经营主体提供融资服务，解决农业经营主体的融资难问题。

1. 电商参与融资下农业经营主体的最优生产投入量决策

电商融资模式下，农业经营主体根据市场需求与电商收购价格、利率等因素进行生产投入量决策，决策函数为

$$\pi_N^{B}=w\mu q-cq^2\left(1+r\right) \tag{6-3}$$

求解得电商融资模式下农业经营主体的最优生产投入量为 $q=\dfrac{\mu w}{2c(1+r)}$，此时农产品的销售价格为 $p=\dfrac{a+\beta e}{\alpha}-\dfrac{\mu^2 w}{2c\alpha(1+r)}$。

证明：对式（6-3）求关于 q 的二阶导数，得 $\dfrac{\partial^2\pi_N^{B}}{\partial q^2}=-2c(1+r)$，由于 $\dfrac{\partial^2\pi_N^{B}}{\partial q^2}<0$，$\pi_N^{B}$ 是关于 q 的凹函数，因此 $\dfrac{\partial\pi_N^{B}}{\partial q}=w\mu-2cq(1+r)=0$ 是 π_N^{B} 最大的条件，解得 $q=\dfrac{\mu w}{2c(1+r)}$，此时农产品的销售价格为 $p=\dfrac{a+\beta e}{\alpha}-\dfrac{\mu^2 w}{2c\alpha(1+r)}$。证毕。

2. 电商参与融资下电商的最优批发价格与最优销售努力决策

决策函数为

$$\pi_D^{\mathrm{B}} = \mu q(p-w) + cq^2(r-r_D) - \frac{1}{2}\lambda e^2 \tag{6-4}$$

求解得电商融资模式下电商的最优销售努力与最优批发价格分别为 $e=\dfrac{\mu^2 w\beta}{2c\alpha\lambda(1+r)}$、$w=\dfrac{(a+\beta e)c(1+r)}{\mu^2+2c\alpha(1+r)-c\alpha(r-r_D)}$，联立解得 $e^{\mathrm{B}*}=\dfrac{\mu^2\beta ac}{M+2c^2\alpha^2\lambda(r+r_D)}$、$w^{\mathrm{B}*}=\dfrac{2ac^2\alpha\lambda(1+r)}{M+2c^2\alpha^2\lambda(r+r_D)}$、$q^{\mathrm{B}*}=\dfrac{a\alpha\lambda\mu}{M+2c^2\alpha^2\lambda(r+r_D)}$。

证明：对式（6-4）求关于 w、e 的海塞矩阵，即

$$\boldsymbol{H}=\begin{bmatrix} \dfrac{-\mu^4-2c\alpha(1+r)\mu^2+c\alpha\mu^2(r-r_D)}{2c^2\alpha(1+r)^2} & \dfrac{\mu^2\beta}{2c\alpha(1+r)} \\ \dfrac{\mu^2\beta}{2c\alpha(1+r)} & -\lambda \end{bmatrix}$$

由于

$$D_1=\frac{-\mu^4-2c\alpha(1+r)\mu^2+c\alpha\mu^2(r-r_D)}{2c^2\alpha(1+r)^2}<0$$

$$D_2=\frac{\lambda\left[-\mu^4-2c\alpha(1+r)\mu^2+c\alpha\mu^2(r-r_D)\right]}{2c^2\alpha(1+r)^2}-\frac{\mu^4\beta^2}{4c^2\alpha^2(1+r)^2}$$

当 $\dfrac{2\alpha\lambda\left[-\mu^4-2c\alpha(1+r)\mu^2+c\alpha\mu^2(r-r_D)\right]-\mu^4\beta^2}{4c^2\alpha^2(1+r)^2}>0$ 时，$D_2>0$，此时电商的利润是关于 w、e 的凹函数，存在最优解，令 $\dfrac{\partial\pi_D^{\mathrm{B}}}{\partial w}=0$、$\dfrac{\partial\pi_D^{\mathrm{B}}}{\partial e}=0$，求解得 $e^{\mathrm{B}*}=\dfrac{\mu^2\beta ac}{M+2c^2\alpha^2\lambda(r+r_D)}$、$w^{\mathrm{B}*}=\dfrac{2ac^2\alpha\lambda(1+r)}{M+2c^2\alpha^2\lambda(r+r_D)}$，此时 $q^*=\dfrac{a\alpha\lambda\mu}{M+2c^2\alpha^2\lambda(r+r_D)}$。

代入式（6-3）和式（6-4），得到农业经营主体和电商的最优利润为

$$\pi_N^{\mathrm{B}*}=\frac{a^2c^3\alpha^2\lambda^2\mu^2(1+r)}{\left[M+2c^2\alpha^2\lambda(r+r_D)\right]^2}$$

$$\pi_D^{\mathrm{B}*}=\frac{a^2c^2\mu^2\left[2\alpha\lambda^2\mu^2+2c\alpha^2\lambda^2(2+r+r_D)-\lambda\beta^2\mu^2\right]}{2\left[M+2c^2\alpha^2\lambda(r+r_D)\right]^2}$$

6.2.4 对比分析

结论 1：当电商的贷款利率 r 大于一定阈值 r^* 时，$w^{B*} > w^{A*}$；反之，$w^{B*} < w^{A*}$。此时，r^* 的表达式为

$$r^* = \frac{2\alpha\lambda r_0\mu^2 + 2c\alpha^2\lambda(1+r_0)r_D - r_0\mu^2\beta^2}{2\alpha\lambda\mu^2 + 2c\alpha^2\lambda(1+r_0) - \mu^2\beta^2}$$

证明：由于

$$w^{B*} - w^{A*} = \frac{2ac^3\alpha\lambda\left[2\alpha\lambda\mu^2(r-r_0) + \mu^2\beta^2(r_0-r) + 2c\alpha^2\lambda(1+r_0)(r-r_D)\right]}{\left(M+4c^2\alpha^2\lambda r_0\right)\left(M+2c^2\alpha^2\lambda r + 2c^2\alpha^2\lambda r_D\right)}$$

式中，$M = 2c\alpha\lambda\mu^2 + 4c^2\alpha^2\lambda - \mu^2\beta^2 c$。当 $2\alpha\lambda\mu^2(r-r_0) + \mu^2\beta^2(r_0-r) + 2c\alpha^2\lambda(1+r_0)$ $(r-r_D) > 0$ 时，$w_2^* - w_1^* > 0$，解得 $r^* = \dfrac{2\alpha\lambda r_0\mu^2 + 2c\alpha^2\lambda(1+r_0)r_D - r_0\mu^2\beta^2}{2\alpha\lambda\mu^2 + 2c\alpha^2\lambda(1+r_0) - \mu^2\beta^2}$。证毕。

结论 1 说明当电商的贷款利率较高时，若电商参与农产品供应链融资，与银行参与融资模式相比，电商需要向农业经营主体支付更高的农产品收购价格。这是由于在电商参与农产品供应链融资下，电商不仅负责农产品的收购与销售，还负责为农业经营主体提供融资服务，在获得农产品销售收入的同时，还会获得贷款的利息收入。当贷款利率较高时，虽然电商贷款的利息收入增加，但较高的利率会降低农业经营主体的生产积极性，致使电商的农产品销售收入下降，为了刺激农业经营主体扩大生产规模，电商会采用通过提高农产品收购价格的方式来吸引农业经营主体提高生产投入量。

结论 2：当电商的贷款利率 r 大于一定阈值 r_2^* 时，$e^{B*} < e^{A*}$；反之，$e^{B*} > e^{A*}$。此时 r_2^* 的表达式为

$$r_2^* = 2r_0 - r_D$$

证明：由于

$$e^{B*} - e^{A*} = \frac{\mu^2\beta ac\left(4c^2\alpha^2\lambda r_0 - 2c^2\alpha^2\lambda r - 2c^2\alpha^2\lambda r_D\right)}{\left(M+4c^2\alpha^2\lambda r_0\right)\left(M+2c^2\alpha^2\lambda r + 2c^2\alpha^2\lambda r_D\right)}$$

式中，$M = 2c\alpha\lambda\mu^2 + 4c^2\alpha^2\lambda - \mu^2\beta^2 c$。令 $e^{B*} - e^{A*} > 0$，解得 $r_2^* > 2r_0 - r_D$。证毕。

结论 2 说明，当电商的贷款利率较高时，与银行参与融资模式相比，电商参与融资模式下电商应付出较低的销售努力。这是由于当电商的贷款利率较高时，电商获得了较大的贷款利息收益，为了提高农业经营主体的生产投入量，电商提高了农产品的收购价格，此时电商的收购成本增加，为了降低成本，电商会选择降低农产品的销售努力。

结论 3：当电商的贷款利率 r 大于一定阈值 r_3^* 时，$q^{B*}<q^{A*}$；当 $r<r_3^*$ 时，$q^{B*}>q^{A*}$。其中 r_3^* 的表达式为 $r_3^*=2r_0-r_D$。

证明：由于

$$q^{B*}-q^{A*}=\frac{2ac^2\alpha\lambda\mu\left(8c^3\alpha^2\lambda r_0-4c^3\alpha^2\lambda r-4c^3\alpha^2\lambda r_D\right)}{4c^2\left(M+4c^2\alpha^2\lambda r_0\right)\left(M+2c^2\alpha^2\lambda r+2c^2\alpha^2\lambda r_D\right)}$$

式中，$M=2c\alpha\lambda\mu^2+4c^2\alpha^2\lambda-\mu^2\beta^2c$。令 $q^{B*}-q^{A*}>0$，解得 $r_3^*<2r_0-r_D$。证毕。

结论 3 说明，当电商的贷款利率较高时，与银行参与融资相比，电商参与融资模式下，农业经营主体的生产投入量较低。这是由于电商的贷款利率较高，导致农业经营主体的前期生产投入成本较高，影响了农业经营主体的生产种植积极性。

结论 4：当 $r>\dfrac{M^2c\alpha^2\lambda^2-2c^2\alpha^2\lambda TM-2c^4\alpha^4\lambda^2Tr_D-r_0c^4\alpha^4\lambda^2\left(4T+8c\alpha^2\lambda^2r_D\right)}{8c^5\alpha^6\lambda^4r_0+2c^4\alpha^4\lambda^2T}$ 时，$\pi_N^B>\pi_N^A$；反之，则 $\pi_N^B<\pi_N^A$。其中 $2\alpha\lambda^2\mu^2+4c\alpha^2\lambda^2-\mu^2\beta^2\lambda=T$。

证明：由于

$$\pi_N^B-\pi_N^A=\frac{a^2c^2\mu^2Tc^2\alpha^2\lambda\left[M\left(8r_0-4\left(r+r_D\right)\right)+c^2\alpha^2\lambda\left(16r_0^2-4\left(r+r_D\right)^2\right)\right]}{\left[M+2c^2\alpha^2\lambda r+2c^2\alpha^2\lambda r_D\right]^2\left[M+4c^2\alpha^2\lambda\left(1+r_0\right)\right]^2}-\frac{a^2c^2\mu^2c\alpha^2\lambda^2\left[M^2\left(2\left(r+r_D\right)-4r_0\right)+c^4\alpha^4\lambda^2\left(32r_0^2\left(r+r_D\right)-16\left(r+r_D\right)^2r_0\right)\right]}{\left[M+2c^2\alpha^2\lambda r+2c^2\alpha^2\lambda r_D\right]^2\left[M+4c^2\alpha^2\lambda\left(1+r_0\right)\right]^2}$$

式中，$M=2c\alpha\lambda\mu^2+4c^2\alpha^2\lambda-\mu^2\beta^2c$。令 $\pi_N^B-\pi_N^A>0$，解得 $r>\dfrac{M^2c\alpha^2\lambda^2-2c^2\alpha^2\lambda TM}{8c^5\alpha^6\lambda^4r_0+2c^4\alpha^4\lambda^2T}-\dfrac{2c^4\alpha^4\lambda^2Tr_D+r_0c^4\alpha^4\lambda^2\left(4T+8c\alpha^2\lambda^2r_D\right)}{8c^5\alpha^6\lambda^4r_0+2c^4\alpha^4\lambda^2T}$。证毕。

由结论 4 可知，从农业经营主体的角度来看，当银行的利率不变时，并非电商的贷款利率越低，农业经营主体利润就越高，只有电商的贷款利率高于一定阈值时，电商参与融资时农业经营主体的利润才会高于银行参与融资时农业经营主体的利润。这是由于当电商的贷款利率较低时，电商会相应降低农产品收购价格；当电商的贷款利率较高时，电商会相应提高农产品收购价格。因此，电商设定较低的贷款利率虽然会降低农业经营主体的生产成本，但同时也会降低农产品的收购价格，进而减少农业经营主体的农产品销售收益，导致农业经营主体的利润低于银行参与融资时的利润。

结论 5：当 $r < 2r_0 - r_D$ 时，$\pi_D^{\mathrm{B}} > \pi_D^{\mathrm{A}}$；反之，$\pi_D^{\mathrm{B}} < \pi_D^{\mathrm{A}}$。

证明：

$$\pi_D^{\mathrm{B}} - \pi_D^{\mathrm{A}} = \frac{a^2c^2\mu^2Tc^2\alpha^2\lambda\left[M\left(8r_0 - 4\left(r + r_D\right)\right) + c^2\alpha^2\lambda\left(16r_0^2 - 4\left(r + r_D\right)^2\right)\right]}{2\left[M + 2c^2\alpha^2\lambda r + 2c^2\alpha^2\lambda r_D\right]^2\left[M + 4c^2\alpha^2\lambda r_0\right]^2} + \frac{a^2c^2\mu^2c\alpha^2\lambda^2\left[M^2\left(2\left(r + r_D\right) - 4r_0\right) + c^4\alpha^4\lambda^2\left(32r_0^2\left(r + r_D\right) - 16\left(r + r_D\right)^2 r_0\right)\right]}{2\left[M + 2c^2\alpha^2\lambda r + 2c^2\alpha^2\lambda r_D\right]^2\left[M + 4c^2\alpha^2\lambda r_0\right]^2}$$

式中，$M = 2c\alpha\lambda\mu^2 + 4c^2\alpha^2\lambda - \mu^2\beta^2c$。令 $\pi_D^{\mathrm{B}} - \pi_D^{\mathrm{A}} > 0$，解得 $r < 2r_0 - r_D$。证毕。

结论 5 说明当电商的贷款利率设定较高时，电商参与融资时电商的利润反而低于银行参与融资时的利润。这是由于电商设定的贷款利率越高，电商通过融资获得的收益越大，此时电商为了吸引农业经营主体扩大生产规模，提高农业经营主体生产种植积极性，愿意通过提高农产品收购价格来转移一部分收益给农业经营主体。利率越高，农产品收购价格越高，因此电商通过提高批发价格使得转移给农业经营主体的利润增多，导致电商利润低于银行参与融资时的利润。

6.3　电商参与融资的农业经营模式案例及其运作机制

6.3.1　电商参与融资的农业经营模式案例

随着农产品网络零售的增长，电子商务行业不断创新，同时也催生出不少新的模式，如我国农产品电子商务目前已经形成了网络期货交易、大宗商品网上交易与多样化的网络零售模式。这些模式的共同特点是将互联网手段和供应链融资紧密结合，即新型农业经营主体通过互联网手段进行农产品供应链融资。

1. 案例介绍

西安市北吉果蔬专业合作社（以下简称北吉果蔬）是陕西省西安市周至县极具规模化的猕猴桃合作社，社员涵盖当地数百户果农。蚂蚁金服于 2016 年推出“谷雨计划”，与北吉果蔬达成合作。首先由易果生鲜向北吉果蔬下达采购猕猴桃中的高端品种“翠香”的订单，然后由蚂蚁金服对订单进行识别、确认后，通过蚂蚁金服主导的网商银行为合作社提供低息贷款。为了把控猕猴桃的质量，通过监督北吉果蔬将贷款获得的资金全部用于在农村淘宝上购买高品质的农资，并将北吉果蔬的采购信息线上传输给易果生鲜，从而实现易果生鲜对猕猴桃生产过程的全程把控。农产品成熟后销售给易果生鲜，易果生鲜通过天猫超市的生鲜区将该产品推向普通用户，最终实现资金回流。除此之外，蚂蚁金服保险事业部联合保险公司还为农资线上销售提供品质保证保险，确保产品质量无虞。

在整个过程中，北吉果蔬不用再担心农产品的销售、农资的投入，甚至无须出门采购农资，只需要种植好自己的猕猴桃，就能获得稳定的收入。从农业生产经营的投入到农资的购买，再到农产品的销售，“金融+电商”的模式覆盖了整个过程，形成了一个农产品供应链的闭环（图 6-4）。

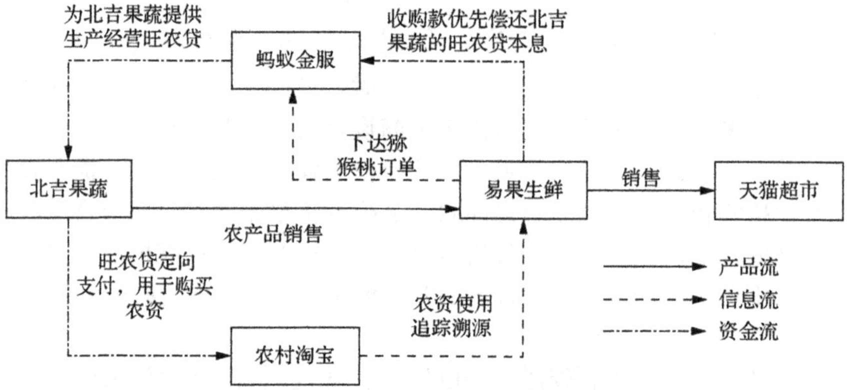

图 6-4　电商参与融资农业经营模式运作流程

蚂蚁金服的农业经营金融模式基于阿里生态圈中完善的电商平台、云计算等服务系统，实现农产品供应链内部资金流形成闭环流动，并利用大数据对信息进行实时监控。由于北吉果蔬融资成本较高、资金流动性差、不可控因素较大等问题，蚂蚁金服通过与中华保险合作，对北吉果蔬种植过程进行投保，有效降低北吉果蔬的信贷风险。

2. 数据分析

根据对相关资料的分析，假设以下参数进行数据分析：电商环境下，消费者对农产品的基本需求量 $a=300$，消费者的敏感系数为 $\alpha=0.7$，消费者对促销努力水平的敏感系数 $\beta=0.4$，电商资金成本 $c_d=0.06$，电商平台的促销努力成本系数 $\lambda=0.25$，农业经营主体的生产努力成本系数 $c=0.5$，产出因子 $\mu=0.7$。

首先分析不同银行利率下，M 企业利率对不同融资模式供应链各主体最优决策的影响。令银行利率分别为 $r_0=10\%$、$r_0=6\%$、$r_0=3\%$、$r_0=0$。

从图 6-5 可以看出，电商参与融资模式下，随着电商贷款利率的增加，农产品批发价格增加。这是由于利率的提高导致电商通过贷款获得的收益增加，为了提高农业经营主体的生产积极性，电商提高了农产品的批发价格；在银行参与融资模式下，随着银行贷款利率的增加，农产品的批发价格增加，这是由于银行贷款利率的增加导致农业经营主体的生产成本增加，为了提高农业经营主体的种植积极性，扩大农产品的生产规模，电商会选择提高农产品收购价格；将电商参与融资下的批发价格与银行参与融资下的批发价格相比，可以看出电商参与融资时的批发价格并非一直高于银行参与融资时的批发价格，只有当电商的贷款利率高于一定值时，电商参与融资下的批发价格才会高于银行融资下的批发价格，这是由于当电商的贷款利率较高时，电商需要通过提高农产品的收购价格来提高农业经营主体的收益。

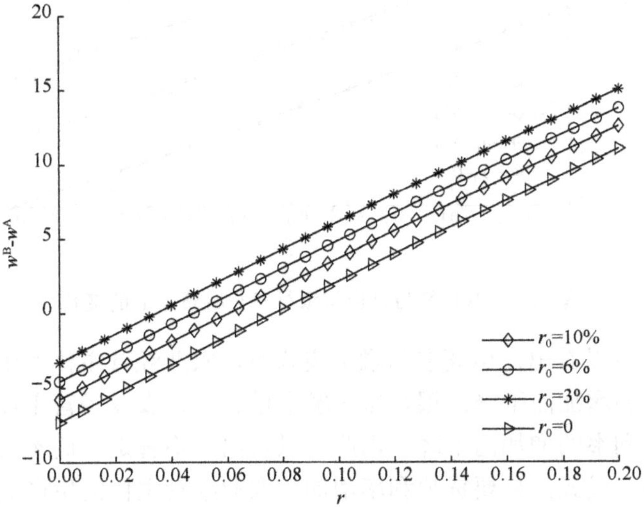

图 6-5　电商参与融资与银行参与融资下 w 的变化

从图 6-6 可以看出，电商参与融资模式下，电商的最优销售努力随着电商贷款利率的增加而降低。这是由于电商的贷款利率越高，获得的贷款收益越大，通过提高农产品收购价格来转移给农业经营主体的收益就越大，因此为了降低成本，电商会选择降低农产品的促销努力；银行参与融资模式下，电商的最优销售努力随着银行贷款利率的增加而降低，这是由于虽然电商不负责提供融资服务，不涉及贷款收益，但银行的贷款利率会影响农业经营主体的生产规模，并进一步影响电商的销售收益，因此在银行的贷款利率较高时，电商会通过提高农产品批发价格提高农业经营主体的生产规模，并通过降低生产努力来降低成本；将电商参与融资模式下的最优销售努力与银行参与融资模式下的最优销售努力进行对比，发现电商贷款利率只有在一定阈值内时，电商参与融资模式下的电商最优销售努力才会高于银行参与融资模式下的电商最优销售努力。电商参与融资模式下，电商的贷款利率既不能太高，也不能太低，电商企业应在阈值内设定合理的利率。

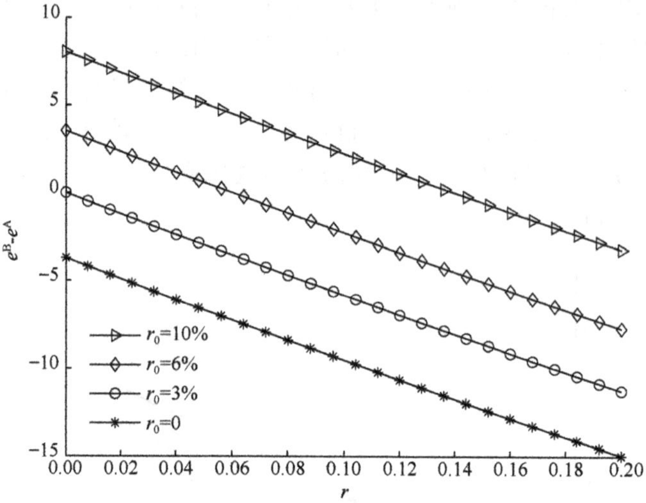

图 6-6　电商参与融资与银行参与融资下 e 的变化

从图 6-7 可以看出，电商参与融资模式下，农业经营主体的生产投入量随着电商贷款利率的增加而下降；银行参与融资模式下，农业经营主体的生产投入量随着银行贷款利率的增加而下降。由此可以看出，不管是电商参与融资模式，还是银行参与融资模式，只要贷款利率增加，农业经营主体的生产成本就会提高，导致农业经营主体减少农产品的种植规模；将电商参与融资模式下农业经营主体的生产投入量与银行参与融资模式下农业经营主体的生产投入量相比，当银行的贷款利率较低时，无论电商的贷款利率是多少，银行参与融资模式下农业经营主体的生产投入量始终高于电商参与融资模式下农业经营主体的生产投入量。

接下来分析不同银行利率下，电商贷款利率对电商参与融资与银行参与融资模式下供应链各主体最优利润的影响。

从图 6-8 可以看出，电商参与融资模式下，农业经营主体的利润随着电商贷款利率的增加而增加；银行参与融资模式下，农业经营主体的利润随着银行贷款利率的增加而下降；通过对比电商参与融资模式下农业经营主体的利润与银行参与融资模式下农业经营主体的利润发现，电商参与融资模式下农业经营主体的利润并非一定高于银行参与融资模式下农业经营主体的利润，只有银行贷款利率与电商贷款利率均在一定阈值内时，电商参与融资模式下农业经营主体的利润才会高于银行参与融资模式下农业经营主体的利润。

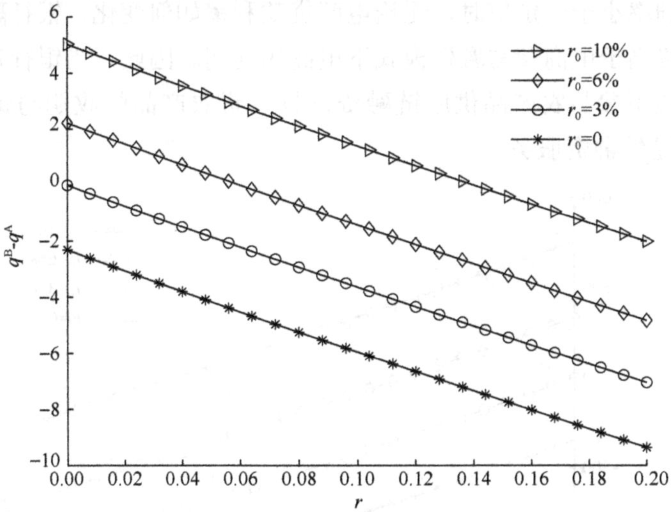

图 6-7　电商参与融资与银行参与融资下 q 的变化

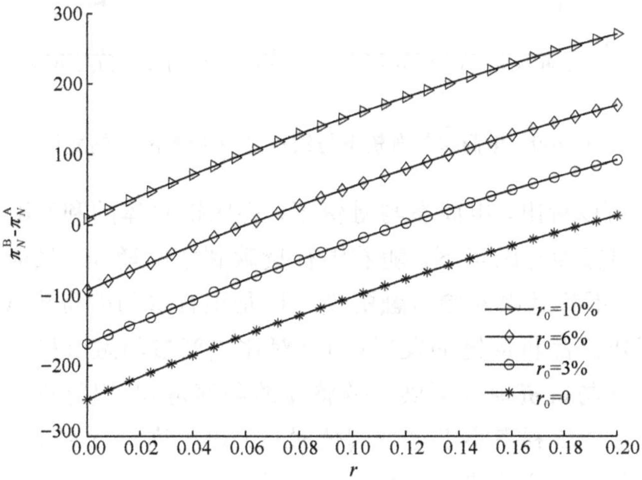

图 6-8　电商参与融资下与银行参与融资下 π_N 的变化

从图 6-9 可以看出，电商参与融资模式下，电商的利润随着贷款利率的增加而下降；银行参与融资模式下，随着银行贷款利率的增加，电商的利润会下降。通过对比电商参与融资模式下电商的利润与银行参与融资模式下电商的利润发现，当银行利率小于一定值时，无论电商贷款利率如何变化，银行融资模式下电商的利润始终高于电商参与融资模式下电商的利润。因此，当银行贷款利率较低时，电商应该不参与农产品供应链融资，只负责农产品的收购与销售，不为农业经营主体提供融资服务。

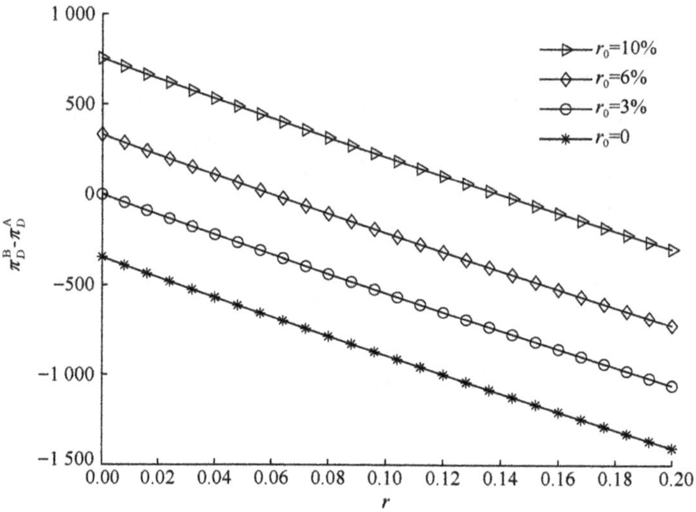

图 6-9　电商参与融资下与银行参与融资下 π_D 的变化

从图 6-10 可以看出，电商参与融资下，供应链整体的利润随着贷款利率的增加而下降；银行参与融资下，随着银行贷款利率的增加，供应链整体利润下降，由此可知，不管是电商参与融资模式还是银行参与融资模式，过高的贷款利率均不利于农产品供应链的发展；通过对比电商参与融资模式下供应链整体的利润与银行参与融资模式下供应链整体的利润可知，银行贷款利率存在一定的阈值，当银行贷款利率小于这个阈值时，无论电商贷款利率如何变化，银行融资模式都更加有利于农产品供应链的发展。

综上，可以得出以下结论：在银行利率较高时，农业经营主体选择电商参与融资模式更有利，电商应该通过制定合适的利率和农业经营主体达成双赢。

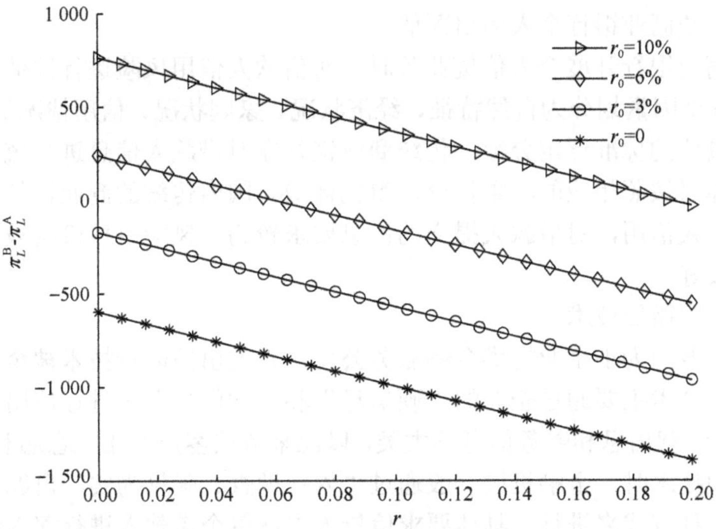

图 6-10　电商参与融资下与银行参与融资下 π_L 的变化

6.3.2　电商参与融资的农业经营模式运作机制

根据电商参与融资的农业经营模式案例分析，可以总结并得到如下电商参与融资下的农业经营模式运行机制。

1．信用审核机制

在电商环境下，因为电商交易的异地性、匿名性等特点，买卖者不能彼此信任，交易无法发生。正是由于电商平台充当信用媒介，解决了买卖双方的信任问题，电商交易才得以顺利进行，因此电商环境中的商业信用是以电商平台信用为担保，支持买卖双方进行电商交易活动而产生的信用关系，是一种间接信用关系。商户和电商平台之间发生借贷活动而产生的信用关系，是一种直接信用关系。由于互联网用户的线上社会化发展，用户网上聊天、交友、发帖等社交行为都得以记录，构成了用户社交信用的基础。电商环境下，可通过数据挖掘获得客户的商业信用、金融信用和社交信用信息，进而评价其信用等级。信用等级既可用于融资决策，又可用于电商发展，还可用于交友选择。可见，商业信用、金融信用和社交信用三者之间可以相互转化。

关于电商参与融资时如何进行信用审核，本书介绍三种典型的个人信用审核方法并进行比较，再结合互联网融资的特点，提出信用审核优化的方法。

（1）传统商业银行个人信用评估

传统商业银行开展个人信贷业务时，对借款人信用风险进行评估的具体做法是，先将各个因素划分为自然特征、经济状况、家庭状况、信用情况等几大指标，然后根据具体的标准评定分数。传统商业银行在对借款人信息进行统计分析后，根据评分体系按照相应的权重打分，得到评级。国内传统的商业银行根据这样的方式评估个人信用，对借款人提交的信息要求较高，风险审核机制较严格，风险控制能力较好。

（2）德国微贷技术

德国有专门为小企业提供金融服务公司，其推出的微贷技术被全球多个国家引进，这项技术主要通过企业的“硬信息”和“软信息”来进行信用评分，包括基本信息、经营信息和财务信息三大类，以此来考核客户的还款意愿和还款能力。在实施这项技术时，金融机构一般通过“入户调查、眼见为实、自编报表、交叉检验”等几种方式来进行。具体要求信贷人员就单个借款人进行深入细致的密集型贷前调查，多人交叉检验，剔除不真实的信息。考察借款人的营业场所，全面了解借款人的经营情况。然后通过分析资产负债表、现金流量表和损益表，预测借款人未来的现金流量及还款意愿。信贷人员对发放的每一笔贷款都负有永久责任。目前该项技术已经在我国成功推广，包商银行、泰隆银行等都通过该技术进行小微企业贷款，并取得了很好的效果。

（3）美国富国银行小微企业信用评分技术

美国富国银行的社区银行业务为中小企业提供融资服务，并且引入信用评分技术，小微企业贷款随之迅速发展，现已在全美市场中占据一定的比例。小企业信用评分模型将客户的信息作为模型构建的重要输入变量，包括客户的经营状况、收入支出状况、负债等基本信息，以及从信用征信机构获得的信用记录、借贷情况、消费数据等反映信用状况的信息。另外，富国银行会从商业信用数据库、历史借贷档案等渠道收集客户的信息，运用统计技术进行数据分析和模型构建，最终得到信用评分，以此为基础判断借款人的还款意愿和能力。它利用的回归模型为

$$\log\left(p/1-p\right)=\beta_0+\beta_1x_1+\cdots+\beta_nx_n$$

式中，p 表示贷款违约的概率；x_n（n=1,2,⋯,k）表示借款者信用状况的解释变量；β_n（n=1,2,⋯,k）表示对应解释变量的权重。富国银行小企业信用评分模型的典型因子有经营状况、信用记录和资产负债三类，共计多个变量。反映经营状况的因素有所处行业、经营期限、营业场所、营业利润、银行账户余额、信用卡数量等；反映信用记录的因素有信用历史、信贷额度、还款记录、发生逾期的次数和天数

等；反映资产负债的因素有存款总余额、总收入和总负债等。富国银行利用历史数据、信用局的征信报告对客户进行初步的信用风险评估，从中选出优质的客户作为贷款营销目标。同时，会通过其数据库和信贷人员的调查获取客户的详细信息并进行细分，建立有效的风险控制体系。通过对大数据的分析计算，预测贷款风险和损失大小，以此来防范风险的发生和提高风险处置能力。富国银行将信用评分技术应用到贷款各个环节当中，发挥其风险控制的优势，有效地提高了借贷审批效率和风险定价能力，降低了经营成本。

（4）三种典型的个人信用评估方法比较

传统商业银行个人信用评估法针对的是个人，包括个体工商户、企业职员等，这种方式经过长期的实践检验，已被证实是符合我国个人借贷风险控制的方式，它的特点是注重借款人的还款能力，信贷人员操作方便。德国微贷技术和传统商业银行个人信用评估法相比，服务的对象更多的是个体工商户，这种方法不但注重借款人的还款能力，特别是现金流状况，也注重评价借款人的还款意愿，以便更好地进行风险防范，但是这种方式需要信贷人员进行实地考察，交叉检验，加大了操作难度。美国富国银行小微企业信用评分技术是针对美国小微企业的一种信用评估方式，与德国微贷技术有相似之处，该方式评估项目较多，同时与征信机构的合作方便了对借款人的信用核实，通过成熟复杂的模型预测借款人的信用变化，提高了风险控制能力。

（5）对借贷中借款人信用评估的借鉴

我国网络借贷平台成立时间较短，专业的风险控制人员较少，很难做到完全线下的风险评估，因此德国微贷技术在我国网络借贷中的适应性不大，但是这种方式注重借款人还款意愿的特点值得借鉴。美国富国银行的信用评估法是在众多历史数据的基础上进行信用度量的，但是我国借贷的信息很少能够通过网络获得，这就加大了这种方式在我国网络借贷中使用的难度，但是该方法的模型理念和参考征信机构信用评分（如分值）的方式值得借鉴。我国传统商业银行的信用评估方式注重个人信息、财务状况和与本行的关系等，符合我国当前的信用体制。因此，可以在传统商业银行个人信用评估的基础上，结合借贷中“操作认证”的重要性，联系德国微贷技术中对借款人还款意愿的指标分析和美国富国银行信用风险评估模型的设计，构建层次结构模型，对我国借款人信用评级方法进行改进。

2. 担保机制

电商平台通过小贷公司的担保、平台自身的担保以及第三方担保机构进行借贷交易的担保，这种担保机制也是我国借贷发展的趋势。例如，平安融资担保有限公司为陆金所提供担保服务，红岭创投旗下的深圳可信担保有限公司为红岭创投提供担保服务，宜信的债券转让模式也起到了担保的作用。投资者一般会与担保方签订协议，在资金出现逾期违约时，担保方会赔付相应的资金。红岭创投的担保机制是深圳可信担保有限公司利用融资双方之间的信息交流，同时给予资金担保。当投资人注册成为红岭创投的会员后，如果发生贷款违约，担保机构会向投资人支付全部本金，向非会员支付一半的本金。

（1）担保机制的设计原则

① 创新性原则。农户贷款担保困难最直接的原因就在于农户高价值的有形担保资产和担保人缺乏以及担保机制缺乏活力，而改变这种状况的根本动力来源于担保机制创新。有效担保机制设计必须摆脱以前对单一的不动产抵押和一般自然人担保的过度依赖，充分发掘农户可抵押的有形或无形资产以及合适的担保人。与此同时，金融机构的信贷管理制度和担保运行机制创新也势在必行。另外，加强农村信用体系建设，发挥农村组织资源和非正式制度的作用，创新性地构建信贷担保实施过程中的监督、约束机制，对促进借贷双方信息对称和防范信贷道德风险大有裨益。

② 实际性原则。事实表明，我国以往的农户贷款担保制度制定和农户的现实经济状况大不相同，继续坚持城市信贷担保的理念与机制一定会破坏农村金融的稳定发展。所以，完善农户贷款担保机制需要考虑我国农业、农村、农民的现实情况，需要从农户的适应性出发。基于农户贷款风险、农户家庭资产组成、担保原理、担保实现路径等情况，进行深度分析，把农户存在真实价值的担保资产与农村特有的担保资源物尽其用。担保机制的制定也要考虑我国国情，充分考虑政策、法律、财力的支撑和实际可操作性。

③ 系统性原则。农户贷款担保困境的形成，既有农户自身的原因，也有金融机构信贷制度存在缺陷所造成的影响，还有其他外部环境和条件的作用，其中涉及的主体利益关系错综复杂，内、外部矛盾重重。因此，农户贷款担保机制的设计必须对现有农户贷款担保的弊端和困境根源进行全面梳理，按“一着棋活，全盘皆活”的思路，综合考虑各个层面的完善和创新策略，既考虑农户自身担保能力的提升，又考虑外部主体相关功能的发挥。既要着眼于直接担保措施的完善，也要寻求担保辅助和弥补措施的配套。既注重信贷担保相关正式制度的改进，也要努力发挥农村非正式制度的监督、约束作用。既要采取市场化信贷担保完善手段，也要采取政策性信贷担保扶持办法。力求促进农户贷款担保困顿局面全面改观。

④ 协调性原则。农户贷款担保机制是一个庞大的制度和措施完善体系，尽管

各个具体机制出发点、侧重面、作用目标不同，但都不能独立存在。因此，农户贷款担保系列机制间应互相依存、互相补充，共同发挥作用，农户贷款担保机制的设计既要保证每个具体机制发挥其独特功效，也要促进整个体系的有机联系和协调配套，推动农户贷款担保持续、健康发展。

（2）担保机制的构建

① 生物资产担保机制。生物资产分为消耗性生物资产、生产性生物资产和公益性生物资产。消耗性生物资产，是指为销售而持有或在将来收获为农产品的生物资产，包括待销售的蔬菜、水果、水产品、用材林以及存栏待售的牲畜等。消耗性生物资产是生产对象，通常是一次性消耗受益，因此具有动产存货的特征。生产性生物资产，是指以生产农产品、提供劳务或出租等为目的而持有的生物资产，包括果树、奶牛、种畜、役畜、经济林、薪炭林等。生产性生物资产自身也延续生长，但其价值不在于一次性消耗受益，而是能够在生产经营中长期、反复使用，不断产出农产品或保持其服务能力，通常认为生产性生物资产属于生产性物质条件且具有固定资产的特征。公益性生物资产，是指以环保和生态平衡等为主要目的的生物资产，包括水土保持植被、保护动物等。生物资产作为农户贷款担保物，其适宜性表现在以下两个方面。首先，从生物资产的分类可以看出，消耗性生物资产和生产性生物资产具有商品价值和流通性，满足一般担保标的物的两个重要特性，消耗性生物资产的生产目的主要是销售盈利，人们日常生活对消耗性生物资产的需求量也较大，只要其价格和质量达到一定标准，担保所倚重的标的物价值和流通性就不存在任何问题。其次，从农户家庭资产的构成和生物资产的重要性来看，虽然农户家庭普遍拥有房屋、家用电器等资产，收入来源中也有务工及其他非农经营所得等，但生物资产始终是农户家庭资产的重要组成部分，对生物资产的投入产出还是众多农户家庭主要的生产经营形式。而且，农户生物资产与农户贷款的第一还款来源紧密联系，因为不少农户贷款被投入生物资产的生产经营，农户的还款来源也主要是生物资产经营所得，金融机构贷款后可将第一还款来源和担保生物资产进行合并监管，而且生物资产的生长发育状况、数量及质量凭直观就能判断和掌握，因此生物资产担保具有监管的便利性和直观性。生物资产作为众多农户家庭资产的重要组成部分，具备上述担保物的适宜性，在缺乏其他高价值的抵押品进行担保的状况下，农户贷款以生物资产设定抵押不失为一种贴近实际并有效的担保机制。

② 高价值农用设施、设备担保机制。高价值农用设施、设备是指在农业生产经营中具有较高使用价值并以相应对价购置取得的大中型生产工具，如农产品播种、收割、加工、运输等设施或设备。高价值农用设施、设备具有可操作性与容

易变现的特性，所以农户能够将其当作抵押物。调研结果显示，从事规模化、专业化种植、养殖和农产品加工业、服务业的农户，其设施设备拥有量及价值相对较高。所以，以上类别的农户在急需融资但缺少抵押物时可以利用设备、设施进行抵押担保，以破除贷款担保的瓶颈。高价值农用设施、设备抵押已经应用于我国部分区域的农户贷款，然而使用中也遇到了一些困难。要保证这一担保机制的顺利实施，可以从以下常见问题入手。一是抵押物范围及价值评估。采用农用设施、设备抵押时，对抵押物的选择应遵循产权清晰、易于抵押，坚固耐用、不易毁损，通用性强、容易变现，价值稳定、不易贬值的原则。参考国内大型银行的现行做法，农用通用设施、设备折旧年限相对较长，农用专用设施、设备折旧年限相对较短。采用正确的折旧方法是合理衡量农用设施、设备现值的关键，根据财政部公布的折旧年限和残值率，一般采用平均年限法计算折旧，对于某些特殊主体，允许实行快速折旧法。二是担保物登记及流通变现。对于农户以农用设施、设备抵押的，法律法规无明确规定，现实生活中，不少地方市场监督管理部门可能因为涉及农户的此项登记工作业务量大、手续烦琐而不愿承担。本书认为，农用设施、设备抵押登记应参照企业设备和动产登记纳入市场监督管理部门的职责范围，在一些农村地区，基层市场监督管理部门无法办理的，基层政府应指定相关农业部门承担该职责。至于农用设施、设备的流通变现问题，目前我国农村大多数地区还不具备专门的农村物权（或产权）交易所，这需要各级地方政府加快完善步伐或安排类似交易机构代行此项职责，以推进农用设施、设备抵押的顺利实施。三是担保贷款方式。在担保贷款方式上，除采取将已购置高价值农用设施、设备设置抵押进行贷款外，可探索按揭贷款方式，将用贷款购置的高价值农用设施、设备进行后置抵押来实现农户的贷款目的。在一些条件成熟的农村地区，还可以试行类似于产权留置担保的高价值农用设施、设备融资租赁方式。

③ 历史信誉评价机制。历史信誉即受信主体的信用记录，良好的信用记录是贷款准入的最基本要求。在社会生产生活中，良好的信誉不仅具有教育功能、评价功能和激励功能，而且具有约束功能、调节功能和规范功能。对于农户来讲，良好的信誉记录是高尚人格的体现，更是一种无形资产。所以，利用受信主体以往的信誉检查能够从根本上分辨受信主体的信贷风险。可以通过三种手段分辨农户的历史信誉。一是利用人民银行个人征信系统分辨，查看个人的历史借贷情况和还款、欠款记录。二是深入农村基层组织的“公民道德诚信档案建设”工作，利用信用村、道德诚信户的评判结果分析农户以往的信誉情况。三是利用对邻里关系的走访调查。与城市居民不同，农村地区居民更加注重邻里关系，大家彼此也更为熟悉，通过对邻里关系的走访调查能更全面地判断农户的历史信誉情况。

④ 偿还能力评估机制。偿还能力指借款人按借贷约定到期偿还借款的能力。因大多数农户难以提供能完整反映生产经营情况的财务报表，所以对其偿还能力的判断以核心收入支出和劳动力量化指标以及定性分析为主。定量指标方面，同时具备能反映偿还能力且能用数据进行客观量化的指标，主要包括收入水平及结构、支出、盈利、劳动力投入量。本书认为可以通过上年度家庭年支出不得超过家庭年收入，可从事劳动人员数量占家庭成员数量的 1/2 以上，养殖业、经济作物种植等副业收入占家庭收入的 1/2 以上等指标来对农户的偿还能力进行定量分析。定性指标的选择则主要考虑影响农户正常生产经营的特征指标。本书结合信贷实践选择定性指标，分别为家庭成员年龄结构、家庭成员健康状况、家庭成员受教育程度、家庭成员对先进农业技术的接受认知度、家庭从事传统农业的可持续性、家庭开展副业增收的可能性、家庭人均耕地面积、家庭是否面临征地拆迁、家庭土地是否要向外流转、家庭非农收入是否稳定。

⑤ 偿还意愿调控机制。偿还意愿指借款人按期履行借款偿还义务的自觉性和态度。在信贷实践中，对农户的偿还意愿的测试和应对措施包括：一是将农户的总贷款合同分拆成分阶段执行的合同，对每一阶段的贷款合同设计成按季度本息等额支付的形式；二是多渠道完善农户还贷意愿的表达机制，通过农户的当期承诺与前期行为、关联交易方的告知以及其他村社集体、经济组织的告知，充分反映农户的还贷意愿；三是建立与农业信贷偿还意愿挂钩的利率调整机制，把农户还款意愿纳入利率奖惩范围，还款意愿强则执行较低利率，还款意愿弱则执行较高利率，总体上建立与农户还款意愿挂钩的阶梯式利率机制。

⑥ 现实财产性权利担保机制。现实财产性权利即财产性权利所代表的物质利益具有即期交易变现的功能，如存款单、汇票、支票、本票、仓单、提单、基金份额等，一般以载明财产数量和兑现条件的特殊凭证表征存在。现实财产性权利的价值评估在一定程度上较为简单，可借助凭证写明数量与参考现实资产即期价格测算，变现时间约束性较差但流通性强，导致担保折扣率相对减少。现实财产性权利担保形式一般采用担保权人质押方式，担保监管成本较低，借款人出现违约，金融机构可直接处置质押凭证变现来清偿债务。

⑦ 预期财产性权利担保机制。预期财产性权利即财产性权利所代表的物质利益具有远期性和待确立性，如订单、应收账款、股权、经营权、收益权、知识产权中的财产权、出口退税权等，一般以当事人订立的合同和特殊证明凭据表征存在。大多数预期财产性权利兑现时间、条件、价值量等存在不确定性，因此其即期价值的评估相对较难，金融机构需深入调查和测评其数量、质量以及可靠性，必要时应委托专业评估机构进行评估。预期财产性权利变现时间约束性较好并且

流通性较弱，导致担保折扣率相对提升。预期财产性权利担保形式一般采用借贷双方签订担保合同加关联第三方鉴证的方式，担保监管对象包括借款人、关联第三方以及预期财产性权利兑现涉及的其他环节和条件事项，监管成本相对较高。借款人出现违约，金融机构实现担保权的方式包括司法裁定履行、行使代位权、拍卖或变卖等。

⑧ 农产品采购企业担保机制。农产品采购企业根据实际信誉与经济状况承担担保责任是金融机构允许的，因为农产品采购企业对采购农户的经济情况与信用情况有一定程度的了解，在担保时期能够有效管理农户的生产经营情况，也能利用农产品交易把控农户销售回笼资金，有效控制农户信贷的逆向选择和道德风险。这一机制的顺利运行有赖于以下要素的促成。一是担保人范围。担保人的选择应确定在与农户存在农产品交易的主体范围内，包括龙头企业、农产品加工企业、农产品批发企业、农业经营大户等，这些主体生产经营的原材料来自农户，农户通过这些主体担保获得贷款用于农业生产，为这些主体提供保质保量的农产品，二者能够达到双赢效果，因此上述主体为农户担保具有可能性。二是利益平衡机制。农产品采购企业与农户的利益平衡机制问题一直为学术界所关注。农产品采购企业与农户在交易往来中存在频繁的博弈，农产品采购企业在市场、信息、技术、资金等方面掌握单个农户所不具备的优势，单个农户与农产品采购企业博弈的结果是农产品采购企业在产品价格协商、产品质量评级等方面占据主导地位；农产品采购企业在为农户贷款提供担保的过程中，往往附带一些苛刻的交易条件，如压价收购、强迫交易等，这将进一步促使农产品采购企业与农户的利益分配不合理。解决上述矛盾的办法是村社组织或农民专业合作社出面与农产品采购企业进行集体协商，就收购价格、农产品质量等问题事先达成协议，必要时基层政府也可参与进行协调。三是风险防范机制。随着国家各项强农惠农政策的实施，尤其是各级政府对农业产业化扶持的重视，部分农产品采购企业出于投机性目的以为农户担保的名义向商业银行或政策性银行套取授信额度，或者利用政府相关农业专项资金政策套取贷款贴息、补贴等政策优惠，使担保的方向与宗旨发生根本性的偏离。为此，金融机构在贷前调查中应深入了解农产品采购企业担保的动机以及企业与农户之间的交易背景，贷款后也应对农产品采购企业的信誉和经营状况进行动态监控。

⑨ 新型农村经济组织担保机制。新型农村经济组织的担保作用可以从两个方面来分析。一方面，该类组织对需要融资的成员具有信息优势，可以有效降低融资过程中的调查成本、决策成本、监控成本；新型农村经济组织与农户以及组织内部农户与农户之间非常熟悉，其违约动机和行为很容易被发现，也容易被制止，

违约农户在组织内部高昂的信誉损失代价对其他农户也易于形成警示作用。另一方面，新型农村经济组织利用经济控制手段对农户信用行为进行激励或惩罚。日常生产经营中的产、供、销、金融等方面的配合协作，形成了农村新型经济组织与农户的紧密联系，通过农产品交易、生产资料交易和信贷协作等方面的利益影响，促使农户出于长久利益考虑对违约行为比较谨慎。新型农村经济组织对农户的信誉传导与惩戒渠道相比其他组织具有明显优势，进而可以在农户贷款担保中发挥重要作用。具体而言，新型农村经济组织担保机制由四个方面的内容构成。一是组织形式。一般包括农户自发成立的专业合作社、企业型协会或商会、互助社等，需经过市场监督管理部门登记注册。组织的构建将单个农户与金融机构联结起来，提高了融资的组织化程度与规模化程度。二是健全的内部管理制度。健全的内部管理制度有利于在生产经营活动中对农户有较好的了解与控制，具备对农户信贷监督约束的信息条件，接受农产品产出作为反担保抵押物，强化内部约束。三是经营扶持机制。具备为农户提供技术指导、物资采购、销售代理等服务功能，凸显为农户生产经营服务的宗旨，有利于降低贷款的实质风险。四是自身经营效益良好。为农户服务的同时也实现一定的经济效益，有利于长期有效地发挥担保功能。

⑩ 专业担保机构担保机制。该机制为政策性担保机制。美国、日本、法国等发达国家都积极发挥政策性担保机构的作用扶持农业信贷的发展，形成了较为完善的农业政策性金融体系。目前，我国多数地区政策性农业信贷担保企业发展良好，有效破除了各地农户贷款难的瓶颈，然而这一机制还需进一步建设。一是担保资金的投入和补给机制。由于全国各地财政支农资金有限与缺乏多样化支持手段，政策性农业担保企业资金无法从财政列支，部分地区先行先试成立政策性农业担保企业，然而资本金普遍较少，后期规模拓展较难，也无法有效解决贷款损失的消化难题。担保资金供给单一、补给有限，所以政策性农业担保企业无法满足农业信贷担保剧增的需求。事实上，部分地区深度探究间接性财政支农手段，把一些财政专项农业发展基金、产业发展基金、扶贫资金等当作担保资金供给方。另外，部分地方政府试行以非公益性公共财产作为农业信贷担保的资产保障，将部分地方国有企业资产划入政策性农业担保公司以扩大担保规模。此外，一些地方政府积极创新担保资金投入机制，充分运用市场化手段，吸引资金参股政策性农业担保公司。二是担保资金的运营机制。政策性农业信贷担保资金的运营一般采取下面两种模式：担保基金运营模式和担保公司运营模式。担保基金运营模式：政府财政直接列支农业信贷担保基金并存放于商业银行，政府与商业银行签订合作协议，采取政府有关部门向商业银行推荐客户或商业银行自行选择客户，最后

由商业银行通过审批后决定是否贷款，商业银行总贷款额度按政府存放的农业信贷担保基金进行放贷，贷款本息损失一般由政府和商业银行进行分摊。担保公司运营模式：政府全额出资或者部分出资再引入其他资金组建农业担保公司，为农户或农业企业贷款提供担保。农业担保公司一般与合作的商业银行达成合作协议，商业银行按农业担保公司注册资本放大倍数贷款给农户或农业企业，单户借款人贷款不超过农业担保公司注册资本的，担保收费一般在贷款金额的1%～3%。三是风险防控机制。政策性农业信贷担保同样面临自然灾害风险、信息不对称带来的道德风险，也面临农户和商业银行容易将信贷风险转嫁给担保公司，担保公司在经营决策中也难免受到政府直接或间接干预。针对以上各种风险因素，政策性农业信贷担保公司应完善公司治理体制，提高市场化经营水平。业务开展过程中应加强与农村基村社组织、新型农村经济组织和农业科技部门等组织机构的合作，切实做好担保后的管理工作。力求建立与商业银行的信贷风险分担机制，齐抓共管做好风险防控工作。

⑪ 商业性担保机制。商业性担保机构是以自身信用和风险控制技术支撑担保能力并以营利为目的的专业担保组织，其市场化运作水平相对较高，担保人承担的成本也相对较高。因担保条件和成本因素，商业性担保对传统农业和低附加值农产品市场经营农户贷款的适用性较差，但对规模化种植、养殖农户和高附加值农产品生产经营农户的贷款具有一定的适用性。这一机制的顺利运行有赖于以下要素的促成。一是商业性担保机构的组建机制。商业性农业担保机构一般由农业产业化企业以及部分城镇工商企业和个人投资组建。一些逐步壮大的农业产业化企业，为了发展原材料基地、节省成本、提升产品质量等，出资成立农业担保公司，对为其提供原材料、农产品和配套服务的农户或企业提供融资担保，通过扶持被担保对象来实现自身主营业务的发展，同时通过收取担保费实现资本投资收益，达到双赢的目的。部分城镇的商业企业和个人投资者，越来越看好农村的经济发展潜力，在城镇面临竞争加剧、成本升高、机会偏少的形势下，也开始涉足农业信用担保领域。二是商业性担保机构的可持续发展机制。在实际运行中，受农业信贷的自然风险较高和信息不对称等因素影响，加之担保运行成本较高、与商业银行的合作地位不对等问题客观存在，商业性农业担保也面临巨大的风险挑战。实践证明，专业化管理能力、业务收益平衡、风险防控机制的有效性是决定商业化农业信贷担保实现可持续发展的关键。为实现商业性农业信贷担保的良性发展，担保公司自身应强化农业信贷担保的专业化管理能力，通过引进既精通担保业务又熟悉农业生产经营的复合型人才，内部建立专业化的业务拓展和评估决策团队作为业务发展的有力支撑。担保决策中可追加反担保、强制保险等风险缓

释措施。加强与农村基层村社组织、新型农村经济组织和农业科技部门等组织机构的合作，切实抓好担保前的调查和担保后的实地检查工作。在外部促进措施方面，担保行业监管政策应有所倾斜，允许担保公司适当提高担保费用标准和担保资金用于自营投资的比例，以促进担保公司实现收益平衡。银行业监管部门应对商业银行与担保公司的合作业务进行适当干预，促进商业银行与担保公司对农业信贷损失实行分担，以减轻担保公司赔付压力并形成二者对信贷风险齐抓共管的工作机制。

⑫ 互助性担保机制。在我国农村，集体经济组织的单个农户会员融资相对困难，如果采取个体信用集合实行资源共享、风险共担的互助性担保机制，将有利于农户顺利获得贷款。互助性担保在特定的农村组织环境中具有信息搜集成本、交易成本和监督成本的优势，其宗旨在于通过担保使会员获得稀缺的融资并实现经营收益，会员的集合收益即互助性担保机构经营效益，因此互助性担保机制在风险控制和财务可持续的基础条件方面比较适合农户贷款的需求，相对于政策性和商业性担保机制具有明显的制度优势。但要使这一机制有效发挥作用，还有赖于以下要素的促进。一是组建机制。互助性担保机构由农户以会员制形式组建，通过会员缴纳股金或风险保证金，采取组织化的会员互助担保模式，会员一般由具有一定利益机制维系和一致融资需求的农户组成。受限于会员的组织管理能力和谈判能力，互助性担保机构组建成功的关键在于发起组织的确定，而发起动因必须实现发起组织与参与会员二者利益归于一体，否则组建工作会因缺乏内在动力而停滞。结合农村实际状况，目前适合担任互助性担保机构发起组织的主体只有农民专业合作社和农业产业化企业，二者与组织内会员或采购对象存在利益一致性又具备组织协调能力决定了其作为发起对象的可行性。二是运营机制。互助性担保机构的担保范围只限于为其会员担保，内部担保条件、担保限额完全由会员按管理制度进行民主决策，担保收费仅以维持担保机构正常运转的合理收益标准执行。担保总额度、融资条件、风险分担比例及管理职责等合作事项需与合作的商业银行协商确定。为保证互助性担保机制有效发挥作用，担保机构内部应健全公司治理、议事决策等一系列规范完善的运行制度。三是风险防控机制。互助性担保机构应以会员的互相熟悉和一致利益为基础形成一套以置信威胁、资金管控、道德诚信保赔为内容的风险约束机制。利用会员互相承担连带保证责任的方式使会员之间形成利益共同体和风险共同体，促进会员对日常生产经营和贷款使用情况进行互相监督。互助担保机构与合作的商业银行可协作对诚信守约的会员实行贷款条件优惠，对失信会员进行道德惩戒和经济约束。出现少数会员信贷逾期或违约的情况，商业银行可采取停止与互助担保机构的整体合作、追加风险保证金等形式督促其内部风险防控机制持续有效地发挥作用。

3. 监管机制

金融信用体现在融资过程中，电商融资平台审批通过商户的贷款申请后，将贷款转入商户的支付账户。若商户守信，则在约定的时间内支付利息、偿还本金；若商户不守信，则会逾期支付利息和本金，甚至不支付。通过采集、处理、分析商户的支付账户记录以及融资交易记录，即可得到商户的金融信用信息。具体来说，对互联网金融的监管包括功能监管和机构监管两个方面。

（1）对互联网金融的功能监管

互联网的出现对人类的金融模式产生了根本性的影响。功能监管包括对监管企业的行为、业务模式等进行监管。对互联网金融进行功能监管的主要原因在于：其与传统的金融机构具备相类似的功能，为了降低整个金融体系的风险，有必要对互联网金融进行风险管控。具体来说，对互联网的金融监管可以划分为审慎监管、行为监管和金融消费者保护三种形态。

第一，审慎监管。审慎监管主要来自金融危机之后所提出的宏观审慎监管。由于传统的监管模式存在各种监管真空和监管漏洞，因此审慎监管要求对金融机构采取审慎原则，保证互联网金融在遇到风险的情况下，自有资金依然能够支撑其正常发展，降低整个金融体系的金融风险。

第二，行为监管。行为监管提出的主要目的在于促进互联网金融的健康、有序发展，包括对互联网基础设施、互联网金融机构与相关主体的有效监管。因为互联网金融机构的行为涵盖交易、清算、内控等各个方面，因此对互联网金融机构的监管应针对其具体行为采取差异化的监管制度，实现互联网金融机构的健康发展。

第三，金融消费者保护。金融消费者保护也是在金融危机之后提出的一项措施，力图保障消费者在互联网金融交易中的权益。具体来说，金融消费者保护主要在于内部自律和外部监督两个方面。从内部自律来看，互联网金融机构需要对自身的行为建立一套行之有效的规范制度，提高自身的履约能力和信用；从外部监督来看，监管机构要将互联网金融机构纳入整个监管体系，对其资本、收益和各种赔偿机制进行规定，提升对消费者的保护力度。

（2）对互联网金融的机构监管

机构监管是指利用与传统一样的金融机构监督与管理手段，对互联网金融机构整体完成有效监督与管理。然而，因为互联网金融机构的独有特征，必须采用独有的监管手段：其一，互联网金融属于高科技行业，其风险和收益主要来自创新和科技，因此需要加强对互联网金融的信息科技风险的监管；其二，互联网金融的消费和支付模式有所创新，不同于传统金融，因此需要建立对互联网金融支付的监管框架；其三，互联网金融的主要平台是互联网，其风险提示和信用评级往往具有很强的随意性，因此对其监管应重点涵盖信息披露、外部信用评级和资本充足性等。随着互联网的快速发展，其风险的隐蔽性、传染性、广泛性和突发性不断增加，实践中也出现了一些问题，包括机构的法律定位不明确、客户资金第三方存管制度缺失、风险控制不健全等。应对互联网金融发展过程中出现的问题和隐患，需要加强互联网金融的行业监管和行业自律，应该做到：提升法律法规体系对互联网金融的规范力度；实现互联网金融机构牌照及资质认定，建立分层监管机制，避免重复监管；监管做到不搞“一刀切”，验收“底线思维”；正确处理监管和鼓励创新的关系。

4. 保险机制

农村金融市场主要存在客户繁杂、风险管控难度大等问题，金融机构大多不愿涉足。因此，电商平台会选择与保险公司合作，通过建立保险机制降低电商在参与融资时的风险。这种保险机制，针对合作社贷前、贷中、贷后风险，建立大数据风控模型，用行业经验和数据手段提升风险防范能力。此外，通过基于真实交易的把控和大数据的风控，电商平台说服保险公司为买卖双方提供履约保证险服务，让合作社赊销放心，解决不敢赊、怕麻烦的问题，用保险来增信。

农业保险是一种损失分摊机制，它针对广大农户在从事农业生产活动（包括种植业与养殖业）中可能遭受的自然灾害和意外事故造成的财产损失。农户通过向保险机构交纳保险费，可以在损失发生后获得保险机构的保障。推行农业保险能够降低农业生产的自然风险，保证农业生产过程的经济补偿，保障农民利润，还能提升农业经营主体的信用程度，减少农业信贷风险，保证农村金融的顺利发展。综上所述，农业保险就新型农村金融机构而言的特殊优势如下。

（1）稳定农民收入，增强农民偿贷能力

农业生产的典型特点是投入大，生产周期长，抵御自然灾害的能力较差。农业保险具有收入稳定器的作用。农业保险通过对产量损失及价格损失的补偿影响农民净收入的概率分布，进一步平滑农民收入，通过灾后保险金的赔付和经济补偿减少因自然灾害和意外事故对农户造成的损失，防止灾害所带来的收入波动，增强农户和乡镇企业偿还贷款的能力。这样，农民可以大胆发展农业生产产业化、规模化，进一步促进农业的发展，这给农村金融的发展创造了良好的环境。

（2）减少信息不对称，改善农村信用环境

农户及农村经济组织通过购买保险，降低了农业生产面临的风险，提高了农户的信用等级。对农户和农村企业在参与农业保险过程中存在的骗保骗赔的违法违规行为，及时进行登记，并据此建立农村信用档案，帮助保险公司识别农业保险道德风险及逆选择，并尝试将该系统与银行的信贷征信系统体系进行对接。通过这种农村信用的相关信息资料共享，帮助新型农村金融机构防范和减少信贷双方由于信息不对称导致的不良贷款，提高农村小额贷款的有效贷款率。

（3）通过农业保险与农村信贷联动，转移农业信贷风险

农业保险的风险分散转移机制是使投保人（即农业生产经营主体）将自己所遭遇的农业风险损失转嫁给保险人（即开办农业保险业务的保险公司），以此减轻甚至免除风险灾害给农户带来的损失。一方面，新型农村金融机构通过农业保险将自身的部分贷款风险（如通过让借款人购买小额贷款人身意外伤害保险、贷款信用保证保险等）转移给保险机构，从而最大限度地降低农业融资风险。另一方面，加强农村信贷产品与农业保险产品之间的合作，形成诸如“政策性农业保险优惠信贷利率”模式、“保险信贷财政补贴”模式、“农户贷款个人意外伤害保险”模式，也可使新型农村金融机构作为分销渠道代理保险公司销售各种农村保险险种，二者在实现利益双赢的同时，还可以建立农村信用的相关信息资料共享，帮助新型农村金融机构防范和减少信贷双方由于信息不对称导致的不良贷款，提高农村小额贷款的有效贷款率。

因此，发展农业保险是降低农业信贷风险、增加新型农村金融机构中间收益、解决涉农贷款难题的一个重要手段。在缺乏农业保险的情况下发放涉农贷款，实质上是由金融机构承担了大部分农业生产的自然灾害风险和价格损失风险。由于农业生产所面临的巨大不确定性和风险性，各金融机构在办理涉农贷款时都不得不采取最为保守的措施，造成了农民贷款难问题。只有广泛实行农业保险，降低农业生产的风险性，才能保证农民收入持续稳定，使农民的还款意愿、还贷能力和担保能力都得到有效提高，从而破解涉农贷款风险大、农户贷款难的现实难题。因此，应加快政策性农业保险的制度建设，增强农业保险的保障水平，创新农业保险的险种设计，建立农业巨灾风险损失分摊机制，从而不断改善农村风险环境和农村信用基础。通过农业信贷与农业保险的多形式合作，可以扩大承担风险的主体，将由新型农村金融机构承担的风险转移到由新型农村金融机构和农业保险公司共同承担，有利于降低贷款成本和信贷损失。我国迫切需要建立一个完善的、覆盖面广的农业保险体系，为广大农民以及农业金融机构提供各种形式的保险服务。政府部门应采取相应措施促进农业保险组织不断扩大保险范围，增加险种，以发挥保险转移风险和实施补偿的功能，为农民生产和生活提供保障，降低新型农村金融机构的风险程度，提高其“支农、支小”的积极性。

6.4 本章小结

本章重点对电商参与融资下的农业经营主体模式进行分析，明确了运作流程和运作主体，并通过定量方法对比分析电商参与融资下与传统融资模式下农业经营主体的最优决策、最优利润，发现只有电商的贷款利率低于一定值时，电商参与融资才会对农业经营主体更加有利。最后，通过案例分析发现当银行贷款利率较低时，银行参与融资模式下电商和农户的利润均高于电商参与融资模式下的利润；当银行不能为农户提供较低的贷款利率时，电商的贷款利率越高，电商的利润反而越小。对电商企业来说，当银行贷款利率较低时，电商不应参与农产品供应链融资；当银行贷款利率较高时，电商参与农产品供应链融资时，也应设定较为合理的贷款利率。同时，为了保证电商参与融资模式下农产品供应链的稳定运营，提出信用审核机制、担保机制、监管机制与保险机制，多种机制共同作用，保障电商参与融资下农业供应链的高效运营。

第 7 章　数字经济背景下订单农业经营模式创新

7.1　智慧订单农业经营模式运作

“中国制造 2025”提出大力推进“互联网+”现代农业，应用物联网、云计算、大数据、移动互联等现代信息技术，推动农业全产业链完成更新转型。“十三五”规划提出推进农业标准化和信息化，健全从农田到餐桌的农产品质量安全过程监管体系、现代农业科技创新推广体系、农业社会化服务体系。新时代，要不断贯彻新发展理念，推进农业供给侧结构性改革，推动农业高质量发展，既要守住绿水青山、建设美丽中国，又要充分保障国家食物安全、资源安全和生态安全。当前我国农业不仅面对环境问题、食品质量安全问题，还面临水土资源匮乏、农村劳动力不足的现实挑战。要大力发展智慧订单农业经营模式，让农业插上大数据、云计算、物联网、区块链追溯、人工智能等技术的翅膀，创新智慧农业虚实结合、产融一体、线上线下、跨界融合商业模式，实现农业的绿色和高质量发展。

7.1.1　智慧订单农业经营模式运作流程

图 7-1 为智慧订单农业经营模式运作流程。

1. 大数据精准定位消费者需求

以需求为导向开展科学种植。利用大数据分析，精准识别目标消费者，了解其需求，通过平台搜索、直播或者其他场景“精准推荐”消费者可能感兴趣的农产品，较为精确地刻画“消费者画像”，从而准确锁定消费市场的真实需求。电商平台又将消费者的需求准确无误地传递给农户或合作社，实时进行信息共享，从而科学地指导种植。消费者不能直接传递价值，仅能够参与创造和提供价值主张。只有农户或合作社和消费者最大限度地贡献自身资源，并深度交流，才能顺利完成价值共创。这一阶段也是整个价值共创的关键。

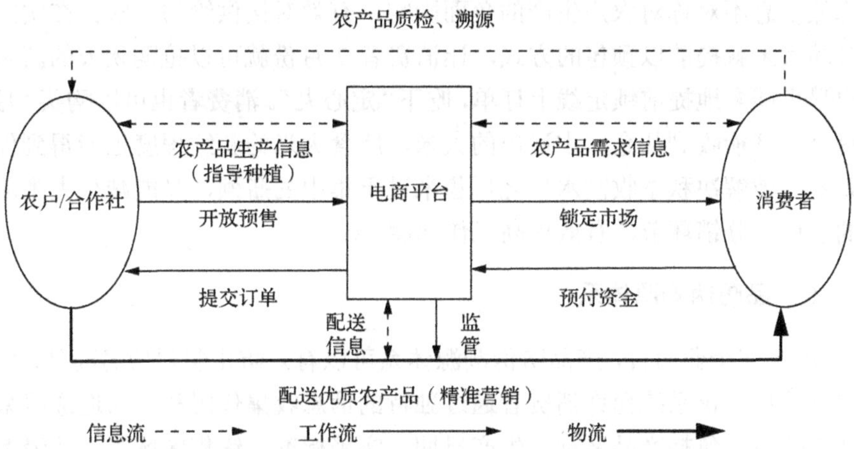

图 7-1　智慧订单农业经营模式运作流程

2. 以消费者订单驱动的农产品预售过程

智慧订单农业会在农产品成熟前的 1～2 月，向有独特需求的消费者以合适的售价进行预售，事先了解市场行情，让时令性农产品率先获得订单，在“抢鲜”之战中胜出。这种销售方式可以拉长农产品售卖的时间线，为农户争取更多的时间。消费者提前下单购买农产品。农户或合作社有确定性收益后，能够专注投入生产，向高端、有机、绿色的种植方式发展，同时也能有效改善品牌形象。确定性的订单改变了传统的销售方式，能更好地衔接生产与销售。

3. 电商平台让农户和消费者都获益

电商平台是价值共创的核心，拉近了农户与消费者的距离，让农户通过平台直接面对全国各地的消费者来销售农产品，而消费者可以选择全国各地质优价廉的农产品，减去中间商的仓储和分销环节，没有层层分销，农产品在电商平台上以低于其他渠道零售价的价格售卖，实现农户和消费者两端都受益。预售订单有助于农产品供应链精准匹配消费者需求。通过农户或合作社、电商平台以及物流体系等供应链成员的有效协同，最终实现农产品保质保量地交付给消费者。

4. 实现农产品从田地到餐桌的对接

农产品成熟后，通过电商平台提供的物流体系，可以在很短的时间内从生产地直接被送到消费者手中，有效减少流通环节，降低流通成本，实现消费者、农户、电商平台共赢；农产品可追溯性强，可全程监控流通环节，充分保障产品质量；降低信息不对称对农户生产的负面影响，有效对接供给与需求。在实践中，黑龙江的大米就提前以预售的方式，让消费者 7 月份就可以抢购秋天的新米，帮助农户尽可能多地提前锁定线上订单，吃下“定心丸”。消费者也可以购买“月卡”，这样每个月都能收到从仓库中运出的大米，所食大米的新鲜程度也能得到保证，这样既能有效解决秋季收割水稻之后售米过于集中的瓶颈，又能减少大米流通过程中的仓储、分销环节，有效提高工作速度。

7.1.2 农产品防伪溯源体系

① 就生产企业而言，产品防伪溯源体系可以有效防止假冒伪劣商品，保持良好的口碑传播。该系统允许消费者通过独特的信息收集代码和产品追溯码来查询产品详细信息，包括产品名称、生产日期、实施标准、销售区域等，让消费者放心消费。同时，该系统也可以整合终端消费的二次营销。

② 从造假者的角度来看，产品质量的防伪溯源，可以说大大增加了造假者的造假成本，使造假无利可图。防伪溯源可以清晰地记录产品的流向和标准，随时统计产品的查询次数和查询方法，并根据企业的要求建立查询警戒线。这一问题的复杂性足以让造假者知难而退。

③ 从消费者心理的角度来看，普通消费者有这样的常识：价值不高的商品做防伪溯源的倾向较低，而高价值商品通常会做防伪溯源处理，而且对于贵重的商品，不仅生产者非常重视防伪溯源，消费者也更加关注产品是否具有防伪溯源性。现在市场上许多高端商品建立了自己的防伪溯源体系，当消费者购买这些商品时，可以刮开防伪标签查询产品防伪码。

④ 从农产品发展的角度看，近几年来，“农药超标”和“瘦肉精”事件频发，每一次都会引起人们对农产品的不信任。如何使消费者重拾对农产品的信心，是农产品发展中必须解决的问题。农产品防伪溯源的出现可以缓解这一问题。从生产企业、消费者或农产品发展的角度看，现代农业都需要农产品的防伪溯源。农产品防伪溯源技术在今后农产品的发展道路上有着一定的地位。

⑤ 农产品防伪溯源体系的建立，使人们能够清楚地了解产品的整个生长过程，并借助互联网实现对农产品的全面监控。随着社会的繁荣和发展，人们对食品的需求已不再局限于可以吃饱，而是绿色的、健康的、有机的等，这对我国农业提出了更高的要求。可以看到农产品的来源和运输过程，已成为新时期农业的发展趋势。

7.1.3　电商平台

1. 定位

通过电子商务平台促进网络农产品的订单业务。目前，订单农业是较为先进的农业销售手段，其具体过程为，先利用网络订单分析市场需求，再利用市场需求进行农业的生产和交易。新型农业营销手段必须和农户、企业、个人达成农产品订单交易，农户可以根据订单信息进行生产。订单生产的好处是有效联结农业生产，避免农户盲目生产，从而对自身造成过大损失。在订单农业的开始阶段，由于信息平台发展的不健全，存在一定的技术性问题，订单农业的使用范围并不广泛。

现代农业运营服务平台（电商平台）通过提供“三农”综合信息服务、农业新媒体智能服务体系、农业移动办公和移动执法、农机智能调度服务、农业科技创新与推广、农产品质量安全监管、农产品电子商务、农业物联网应用等基础应用以及其他定制化应用，建立可见的、实践性强的、涉及农业契约和农户满意的农业信息化服务体系，形成政府或经营单位提供面向“三农”的专业化服务机制和示范效应。运营平台利用云计算、大数据、移动互联网等新技术，聚合重构涉农企业的各类平台，分类整合各类农业信息，形成深度契合用户需求的应用解决方案和产品，支持多种终端接入，为用户提供互助加自助的社交体验模式。实现异构计算、存储、数据等资源的统一管理，按需分配和资源复用，提高资源利用率，降低系统能耗；以应用模块解耦、接口标准化、流程优化为特征，打破应用域界限；改变传统的业务上线模式，降低业务的部署成本，实现业务的快速上线；提供业务应用所需的孵化环境，提升开发测试、承载和运营能力。

① 运营服务平台建设。充分发挥项目各个参与单位的行业优势，组织成立专业运营服务公司，系统化地整合原有应用、产品和解决方案，结合商业运营思路，形成持续化运营服务中心。

② 现代农业交互平台建设。用户能够通过语音、邮件、短彩信、微信、即时通信等多种方式同后台的专业支撑团队进行交流，平台将获取涉及农业企业和最终用户的各类应用统计数据，开展专业的大数据运营服务。

③ 现代农业系列应用产品开发和整合，即“三农”综合信息服务、农业新媒体智能服务体系、农业移动办公和移动执法、农机智能调度服务、农业科技创新与推广、农产品质量安全监管、农产品电子商务、农产品物联网应用等基础应用以及其他定制化应用。

2. 服务模式

依托国家现代农业科技资源，运营服务平台作为各类应用产品的运营主体，通过整合各类应用的服务支撑团队，为用户提供专业化细分应用、差异化定制和一体化支撑等多种服务模式。

① 整合电子商务、运营商和金融服务商的计费收费系统，为用户提供高效的计费手段和灵活的收费模式。

② 细分市场定位和用户需求，为用户提供精细化应用。用户可以专注某一类信息和应用，进行专业化细分应用和差异化定制服务的公益应用或定制购买。

③ 采用数据共享、信息交互、合作分成及资源置换等各类灵活的服务交互模式推动服务平台的发展和服务资源的升级。

④ 强调行业大数据收集、分析和管理，开展专业的大数据服务。

3. 营销特点

在互联网平台上售卖物品是20世纪末催生的营销手段。互联网可以将距离较远但存在潜在交易意愿的双方联合，利用平台完成交易。依托信息技术实现互联网与传统农业的结合，可以优化生产要素、更新业务体系、重构商业模式，最终推动农业高质量发展。

① 农产品的买卖双方利用平台完成交易。农产品的生产企业可直接面向消费者，深度获取消费者潜在的购买意愿和需求，缩短中间环节，减弱商家和机构的影响。

② 交易方式改变。在互联网环境下，随着中间商的作用逐步淡化、营销活动全球化、交易透明化等，商品流通和交易方式将发生一系列改变。

③ 市场趋于多样化。传统线下营销模式被基于网络平台的电子商务所取代，可以采用多种方式在网络平台进行营销，有利于市场的多样化及个性化。

④ 农产品的网络营销并不完全等同于线上销售。网络营销不仅是为了促进销售业绩和效率，更多的是通过网络营销提升产品品牌价值，增加线下的销售量，促进与客户间的沟通，让客户能更方便、全面地了解农产品。

7.1.4 智慧订单农业中大消费者和小消费者信息共享的差异

在传统小数据环境与大数据环境下，消费者信息的来源、性质、获取渠道存在显著差异，这就导致不同情境下生产者和电商平台之间消费者信息共享的内部机制存在差异。在传统场景中，数据挖掘的消费者信息主要来源于交易数据和报表数据，以及企业内部和企业间对接的 ERP、CRM（customer relationship management，顾客关系管理）等信息系统生成的一些会议交换数据等。这些数据被称为“小数据”（相对于大数据），主要是结构化业务数据。传统的挖掘方法能够从中获取相关的消费者信息，其价值得到了验证。然而，在大数据环境下，超过 80%的消费者信息源数据来自企业外部的不同行业、领域或跨部门。由于内容形式和访问渠道的多样性，数据多为半结构化、非结构化数据，是消费者驱动的数据，具有很大的确定价值，但其价值尚待理论和实践的验证。大数据消费者信息的这些特征对农业生产者和分销商的消费者信息共享博弈和激励行为具有重要影响。因此，本书试图从生产者的角度探讨大数据环境下农业生产者和电商平台之间的消费者信息共享的激励过程，并在此过程中设计双方的努力水平、成本和收益分配的激励契约。

7.2　定 量 分 析

在“互联网+”背景下，大数据的集成可实现小农户与大市场的有效对接，“互联网+”订单农业又可实现较少农户个体的零散销售模式，对于提高农业市场化程度、增加农民收入、促进农业产业化经营和结构升级等都具有重要意义。

供应链已经成为信息共享和协作的价值共创网络。农产品供应链上游生产者和下游分销商之间的消费者信息共享，使生产者能够更准确地预测消费者的需求，甚至能提前预测，从而能调节生产，更好地满足个性化、多样化的消费需求。在农产品供应链大数据下，生产者专注于农产品的生产并且掌握丰富的专业知识；而互联网电商平台与市场和消费者关系密切，掌握着海量的市场信息和消费者数据，具有丰富的消费者知识。显然，二者的信息是互补的。双方之间的信息共享有助于生产者调整生产品种、数量和质量，有助于电商平台利用消费者信息为消费者提供更好、更周到细心的服务。因此，二者之间签订协议、进行合作能实现双赢。智慧订单农业模式关注农户和消费者的利益，建立产销衔接服务平台，实现农产品从田地到餐桌、从初级产品到终端消费的无缝对接。

7.2.1　模型描述

作为两个独立实体的农户或合作社和销售平台，在信息共享过程中很难观察到彼此信息共享努力的实际水平，从而导致它们之间的信息不对称。本书假设：

① 农户或合作社和电商平台是风险中性的；

② 农户或合作社和电商平台是追求各自利益最大化的理性经济人；

③ 电商平台是处于优势地位的代理人，而农户或合作社是处于劣势地位的代理人；

④ 消费者大数据信息和消费者小数据信息的获取和共享受到外部不确定性的影响。

大数据信息是指在获取、存储、管理和分析方面大大超过传统数据库软件工具能力的大规模数据采集所产生的知识，它的价值需要验证。小数据信息是利用传统的数据库软件通过数据采集获得的知识，其价值在实践中已得到了验证。当农户或合作社和电商平台处于多阶段博弈时，由于消费者大数据信息的价值需要验证，农户或合作社需要考虑电商平台的消费者大数据信息在未来的多场博弈中产生的折现收益是否高于生产者和电商平台之间第一场也是唯一的一场博弈的收益，然后决定未来是否与电商平台合作，获取和分享消费者的大数据信息。对于消费者小数据的信息，由于其价值是可以验证的，农户或合作社无须考虑与电商平台合作的未来折现收益。因此，在建立激励契约时，农户或合作社会采用不同的收益分配比例来衡量电商平台对消费者的两面性认识。

当农户或合作社和电商平台合作获取和共享消费者的大数据信息和小数据信息时，这是一个新信息接受或创新的过程，它们需要投入资源或付出努力。因此，假设农户或合作社在信息获取和共享方面的努力水平为 e_1（$e_1>0$），电商平台在消费者大数据信息获取和共享方面的努力水平为 e_2（$e_2>0$），电商平台在消费者小数据信息获取和共享方面的努力水平为 e_3（$e_3>0$）。基于 Cobb-Douglas 合作生产函数模型，假设产出函数为

$$\pi(e_1,e_2,e_3,\theta)=ke\frac{r}{1}e\frac{\lambda}{2}e\frac{\eta}{3}+\theta$$

式中，r、λ、η（$0\leqslant r,\eta\leqslant 1$）分别为农户或合作社努力水平弹性系数、大数据信息共享中的电商平台努力水平弹性系数、小数据信息共享中的电商平台努力水平弹性系数，反映农户或合作社和电商平台在信息转化中的实力 π 在整个知识获取和共享过程中，当农户或合作社和电商平台加大努力时知识产出的变化率。对于更大的 r、λ、η，它们之间的合作输出更大。k 表示顾客知识最终转化为企业收益时的边际收益；θ 表示影响合作生产知识的外生随机变量，服从均值为 0、方差为 σ^2，即 $\theta\sim N(0,\sigma^2)$ 的正态分布。农业生产者和电商平台在获取和分享顾客知识的过程中，必须付出一定的成本。为了便于讨论，本书忽略随机因素对成本的影响。假设生产者的努力成本为

$$c(e_1)=\frac{b_1}{2}e_1^2$$

电商平台在消费者大数据信息共享中的努力成本为

$$c(e_2)=\frac{b_2}{2}e_2^2$$

电商平台在消费者小数据中的努力成本为

$$c(e_3)=\frac{b_3}{2}e_3^2$$

式中，b_i（i=1,2,3）是其各自努力的成本系数，$b_i>0$。

农户或合作社和电商平台之间存在委托代理关系。农户或合作社是委托人，电商平台是代理人。为了激励电商平台获取和分享消费者信息，农户或合作社需要提供一定的激励报酬契约。本书采用线性契约的形式，即 $S(\pi)=\alpha+\beta\pi$。其中，$\alpha=\alpha_1+\alpha_2$，$\beta=\beta_1+\beta_2$（$0<\beta<1$）。α_1 和 α_2 分别代表农户或合作社对电商平台大数据信息共享和小数据信息共享的固定支付；β_1 和 β_2 分别代表电商平台在大数据信息共享和小数据信息共享中的收入分配比例。因此，在这种信息获取和共享中，可以获得电商平台的预期收益函数，即

$$Ew=\alpha+\beta E\pi-\frac{b_2}{2}e_2^2-\frac{b_3}{2}e_3^2 \tag{7-1}$$

以及生产者的预期收益函数，即

$$Ev=(1-\beta)E\pi-\alpha-\frac{b_1}{2}e_1^2 \tag{7-2}$$

当电商平台的预约效用为 w_0，即电商平台不与农户或合作社合作，在相同时间和能源条件下的最大收益为 w_0，$E_w\geqslant w_0\geqslant 0$。同样，农户或合作社也需要保证非负收入，否则农户或合作社将不参与信息共享。因此，$E_v\geqslant 0$，合同 $S(\pi)=\alpha+\beta\pi$ 满足

$$\frac{b_2}{2}e_2^2+\frac{b_3}{2}e_3^2\leqslant E\pi-\frac{b_1}{2}e_1^2 \tag{7-3}$$

式（7-3）表明农户或合作社对电商平台的激励合同不低于电商平台努力分享消费者的成本大数据信息和小数据信息；否则，电商平台将考虑不参与合作分享消费者信息。同样，式（7-3）也表明作为委托人，农户或合作社需要考虑合作收益与努力成本之间的差额不低于激励合同；否则，农户或合作社将在合作中赔钱，并考虑不参与合作。还可从式（7-3）中得出

$$\frac{b_2}{2}e_2^2+\frac{b_3}{2}e_3^2-\beta E\pi\leqslant\alpha\leqslant(1-\beta)E\pi-\frac{b_1}{2}e_1^2 \tag{7-4}$$

这表示 α 和 β 是相互关联的，α 随间隔中的 β 变化而变化[0,1]。

风险中性生产者承诺的非正式激励契约的可信性。非正式合同通常以“关系”为基础，这是一种具有长期性和动态性的“自我执行”合同，因为要评估客户大数据知识的价值，农户或合作社可能拒绝支付这一成本 $\beta_1\pi$，而只支付这方面的固定支付 α_1，那么预期收入生产者默认获得的增量为 $\beta_1 E\pi$。一旦农户或合作社违约，考虑到农户或合作社和电商平台之间的多阶段合作，假设分销商不与生产商合作分享第二阶段的客户知识。

上述等式（7-2）表示农户或合作社在履行承诺时的预期回报，因此由农户或合作社违约而导致的未来合作损失为 $(1-\beta)E\pi-\alpha-\frac{b_1}{2}e\frac{2}{1}$。假设农户或合作社的未来收益折现系数为$\delta$，那么从第二阶段开始，农户的未来收益折现系数为

$$\lim_{n\to\infty}\sum_{i=1}^{n}\delta^i\left[(1-\beta)E\pi-\alpha-\frac{b_1}{2}e\frac{2}{1}\right]=\frac{\delta}{1-\delta}\left[\left((1-\beta)E\pi-\alpha-\frac{b_1}{2}e_1^2\right)\right] \quad (7\text{-}5)$$

当农户或合作社的预期收入增量 $\beta_1\pi$在违约情况下小于未来预期贴现收入时，农户或合作社不会违约。也就是说，如果发生以下情况，农户或合作社不会违约，即

$$\beta_1\pi\leqslant\frac{\delta}{1-\delta}\left[\left((1-\beta)E\pi-\alpha-\frac{b_1}{2}e_1^2\right)\right] \quad (7\text{-}6)$$

7.2.2 模型构建与求解

本部分将建立大数据环境下农户或合作社和电商平台合作进行消费者信息共享的激励模型，并开发相应的激励机制，使供应链双方的利益最大化。同时，除了等式（7-6），该契约还满足其他约束条件：农户或合作社和电商平台在获取和分享消费者信息时都需要满足各自的激励相容约束。当然，电商平台在消费者大数据信息获取与共享和消费者小数据信息获取与共享中都需要满足激励相容约束，即减少或防止双方的道德风险。保证代理人（电商平台）在同一时间、同一努力下不接受合同时，代理人接受合同并参与合作的收益不低于最大预期收益。基于以上约束条件，构建大数据下的信息共享激励契约模型，即

$$\max_{\beta_1,\beta_2,\alpha}=\left((1-\beta)E\pi-\alpha-\frac{b_1}{2}e_1^2\right) \quad (7\text{-}7)$$

$$\text{s.t.}\ e_1^*\in\operatorname{argmax}Ew=\alpha+\beta E\pi-\frac{b_2}{2}e_2^2-\frac{b_3}{2}e_3^2,i=2,3 \quad (7\text{-}8)$$

$$e_1^*\in\operatorname{argmax}Ev=\left((1-\beta)E\pi-\alpha-\frac{b_1}{2}e_1^2\right) \quad (7\text{-}9)$$

$$\alpha+\beta E\pi-\frac{b_2}{2}e_2^2-\frac{b_3}{2}e_3^2\geqslant w_0 \tag{7-10}$$

$$\frac{\delta}{1-\delta}\left[\left((1-\beta)E\pi-\alpha-\frac{b_1}{2}e_1^2\right)\right]\geqslant \beta_1 E\pi \tag{7-11}$$

其中，式（7-8）和式（7-9）分别是电商平台和农户或合作社的激励相容约束，式（7-10）是电商平台的参与约束，式（7-11）是农户或合作社遵守合同的条件。面对道德风险，农户或合作社在投入时需要最大化预期收益。从式（7-9）的一阶最优条件可以得到

$$(1-\beta)kye_1^{y-1}e_2^{\lambda}e_3^{\eta}-b_1e_1=0 \tag{7-12}$$

可以得到的最优解是$e_1^*(e_2,e_3,\beta)$。

如果一个电商平台想要最大化其预期收益，需要决定在消费者大数据信息共享和小数据信息共享方面付出多少努力。因此，可从方程式（7-8）中获得e_2、e_3的一阶最佳条件，即

$$\beta kye_1^{y-1}e_2^{\lambda}e_3^{\eta}-b_2e_2=0 \tag{7-13}$$

$$\beta kye_1^{y-1}e_2^{\lambda}e_3^{\eta}-b_3e_3=0 \tag{7-14}$$

根据方程式(7-13)、式(7-14),可以得到各自的最优解$e_2^*(e_1,e_3,\beta)$，$e_3^*(e_1,e_2,\beta)$；

基于方程式（7-12）～式（7-14）和联立方程式（7-7）、式（7-10）、式（7-11），可以用拉格朗日函数求解上述模型，即

$$\beta^*=\frac{(y-2)(\lambda+\eta)+\sqrt{(y^2-2y)(y+\eta)^2}-2(\lambda+\eta)}{2r-2(\lambda+\eta)} \tag{7-15}$$

$$\alpha^*=w_0+\frac{\lambda+\eta-2}{2}\beta^*kye_1^{*y}e_2^{*\lambda}e_3^{*\eta} \tag{7-16}$$

首先,根据式(7-15)考虑最佳收入分配比β^*,然后$\frac{\delta\beta^*}{\delta r}<0$，$\frac{\delta\beta^*}{\delta\lambda}<0$，$\frac{\delta\beta^*}{\delta\eta}<0$。因此，可得如下命题。

命题 1：最优收入分配比与农户的信息共享努力弹性系数γ成反比，与电商平台的客户大数据知识共享努力弹性系数λ成正比，与电商平台的消费者小数据信息成正比。

利用相似的方法，得到如下命题。

命题 2：当折扣系数$\delta\geqslant\delta^*$，农户承诺的非正式激励契约可以为电商平台所信任。此时，最佳收入分配比为β^*，固定支付为α^*。

命题 3：关键折扣系数δ^*随着电商平台对消费者大数据信息的收入分配比β_1

的增加而减小；关键折扣系数 δ^* 与电商平台对消费者大数据信息的收入分配比 β_1 成正比。

命题 4：关键贴现系数 δ^* 与最优收入分配比 β^* 呈负相关。

7.2.3 数值分析

基于先前的模型，通过数值分析设计契约（$\alpha^*\beta^*$），并分析契约与其他变量之间的关系。设边际效益为 k=0.6。首先讨论最优收入分配比 β^* 与农户或合作社信息共享产出弹性系数 γ 、电商平台在消费者大数据信息共享努力中的产出弹性系数 λ 和电商平台在消费者小数据信息共享努力中的产出弹性系数 η 之间的关系。

可以得到如下推论。

推论 1：最优收入分配比 β^* 随着农户或合作社信息共享产出弹性系数的增大而减小，该弹性系数先急剧减小，然后趋于稳定。此外，随着 $\lambda+\eta$ 的增加，最优收入分配比率 β^* 表现出越来越慢的下降速度，并且下降间隔变得越来越窄，即对电商平台的激励变得越来越多。这说明，农户或合作社一旦具备了信息转化的能力，就会选择提高自己的收入分配比例，降低道德风险。

设 y=0.5，得到消费者大数据信息获取与共享中的最优分配比 β^* 与电商平台的输出弹性系数 λ 之间的关系；消费者小数据信息获取与共享中的电商平台的输出弹性系数 η。

此外，η 是区间[0,1]中的任意值，设 η=0.1,0.5,0.9，则可以得到消费者大数据信息获取和共享中的最优分配比 β^* 与电商平台的输出弹性系数之间的关系。当 λ=0 时，可获得电商平台的消费者小数据信息的收入分配比 β_2。此外，由于 $\beta^*=\beta_1+\beta_2$，可以得到电商平台的消费者大数据信息的收入分配比 β_1 与弹性系数 λ 之间的关系。

推论 2：农户或合作社有“先入之见”：当农户第一次观察到电商平台转换消费者小数据信息的能力 η 时，无论 η 规模大小；基于其自身的消费者知识转化能力，其在激励分销商时，总是会考虑电商平台的消费者小数据知识转化能力，降低对电商平台客户大数据知识转化能力 λ 的关注或依赖。这样，当 $\lambda=\eta$ 时，消费者大数据信息的电商平台收入分配比 β_1 低于消费者小数据信息的电商平台收入分配比 β_2。

在消费者大数据信息获取和共享中，随着电商平台输出弹性系数的增大，电商平台的最佳消费者大数据信息分配比 β^* 和电商平台的收入分配比增大。当 0.1=η<y=0.5（可概括为 η< y）时，β^* 的增长速度越来越慢，β_1 的增长速度也越来越慢。当 0.9=η >y=0.5（可概括为 η>y）时，β^* 的增长速度越来越快，β_1 的增长速度也越来越快。综合以上分析，可以得出如下推论。

推论 3：当电商平台的消费者小数据信息（即小数据信息转换能力）的输出弹性系数η较低时，即当农户或合作社对电商平台的消费者小数据信息的依赖程度较低时，其对电商平台的消费者大数据信息的依赖程度将更低；当电商平台的客户小数据信息输出弹性系数（即小数据信息转换能力）较高时，即当农户或合作社对电商平台的消费者小数据信息的依赖程度更高时，其对电商平台的消费者大数据信息的依赖程度将更高。

针对农产品供应链中远离市场终端的农户或合作社如何与电商平台共享消费者大数据和小数据信息的问题，建立了农户或合作社和电商平台共享消费者大数据和消费者小数据信息的激励契约模型，并对模型结果进行了分析，得出以下结论：在设计大数据消费者信息共享激励契约时，农户或合作社倾向于“先入为主”的观念，总是优先考虑对第一次观察到的消费者数据信息转化能力的激励，从而导致电商平台的收入分配较低。在大数据消费者信息共享过程中，农户或合作社积极学习提高大数据消费者信息转化能力，在不影响电商平台收入分配比的情况下提高其收入分配比，即实现合作共赢。农户或合作社对未来收入的预期和电商平台的消费者信息共享违约成本共同决定了农户或合作社是否需要设计非正式关系激励契约。

7.3　智慧订单农业经营模式案例及其运作机制

7.3.1　智慧订单农业经营模式案例

1. 案例介绍

从我国目前农业发展形势看，网络农业发展模式很受网络用户的欢迎。通过淘宝、微信、微博等各个软件都能够看见相关农业用户的农产品销售信息，并且从点赞与评论数量中可以看出网络农业发展模式已经受到网络用户的欢迎。网络农产品销售模式不仅为农户节省线下宣传、线下销售的时间，也能够为普通消费者提供更多的购买渠道，并让消费者根据自己的喜好在网络上寻找更多选择。未来在我国网络农产品销售中，应主要以网络用户的需求为主。通过线上搭建地区销售网，避免由于物流原因为农产品销售带来损失。农户与用户可以通过各大网络平台完成线上交易，在一定程度上有利于扩大交易范围，提高交易人群的数量。借助互联网的营销模式，提高我国农业产品销售途径，从而实现真正的农业经济转型与升级。互联网使人们的交易更加便捷，促进了买卖双方之间的交流。互联网模式促进了我国农业产业结构优化升级提高了生产效率和产品质量。这些进步使我国农民、农村的整体面貌有了改善，缩小了农业与其他产业之间的差距，加快了农业现代化进程。

2019 年 7 月 22 日，阿里巴巴集团旗下限时抢购及营销平台“聚划算”推出升级版“聚土地”计划，通过和农民以及农业机构展开深入合作，数字化升级农产品产业供应链，借助阿里巴巴集团生态助力农产品上行，为农民开拓销路、增加收入，让消费者也能拥有更多物美价廉的农产品选择。

“聚划算”在我国东北的黑龙江省方正县宣布。计划两年在中国打造 1 000 个“聚土地”示范产区，孵化 100 个特色农产品品牌，数字化升级传统农业。来自黑龙江、河南、江西、甘肃等省份的 20 个县的特色农产品产区已加入首批“聚土地”计划。“聚土地”最初于 2014 年推出，消费者可以通过“订购”的方式，预订一块土地的农产品收成，待丰收之后，农民将这块土地上收获的农产品邮寄给消费者。全新的“聚土地”将阿里巴巴集团的生态资源全面赋能农民及农业机构，科学指导种植选品，提升种植效益，改善农产品供应链管理。

“聚土地”不仅通过限时抢购的方式推广农产品，更助力农民以及农业机构全面接入阿里巴巴生态系统，通过引入阿里云数字农场技术、菜鸟智慧物流、蚂蚁农村小贷、淘宝直播、天猫品牌供应链等，为农产品带来更加广阔的市场前景。同时，消费者也能以更加实惠的价格享受到新鲜优质的农产品。

黑龙江省八五〇农场，地处黑龙江完达山南麓穆棱河畔，是王震将军 1954 年亲手创建的第一个铁道兵军垦农场。截至 2020 年末，八五〇农场土地总面积 520.75 平方千米，其中耕地 50.4 万亩，林地 13.5 万亩，总人口 1.5 万人，设有 13 个农业管理区，拥有种子加工、生物肥料、大米加工、粮食储运等 10 余家农业产业化经营企业。

农业是农场经济的主导产业。八五〇农场为加快现代农业建设，充分利用补贴政策，调动农户更新机械的积极性，农机装备和配套设施保有量不断增加，农业机械化率不断提高，有效保证了现代化农业健康发展。2009 年农场农机更新总投入 3 196.7 万元，其中农场政策性补贴 652.15 万元，购入各类机械 1 031 台套，机械总动力达到 10.33 万千瓦，田间作业综合机械化率达 99.8%。特别是水稻生产机械化率大幅提高，水稻恒温催芽器应用面积达到 25.4 万亩，占总面积的 76.4%，机械插秧面积达到 92.1%，水稻直收、割晒拾禾的收获面积达到 33 万亩，占总面积的 99.8%。

八五〇农场作为“聚土地”智慧订单农业首批入选县域参加了发布会，并在淘宝直播平台上推介了八五〇农场优质大米产品。八五〇农场凭借优质旱地香稻生产出的高端优质米成功入选全国首批“聚土地”智慧订单农业特色农产品产区。八五〇农场种植的寒地香稻采用蚯蚓生物有机肥，通过农产品质量追溯体系保障了种植过程中绿色无污染，生产出的高端优质米具有籽粒饱满、米香扑鼻、口感清香松软的特点。截至 2020 年 8 月，已有 21 892 人向八五〇农场大米加工企业华彬公司预定当年秋季新米，预售大米销量达到 560 余吨。

“聚土地”是“聚划算”深度改造农产品供应链的计划。通过提前锁定市场需求，“聚土地”帮助时令性的农产品率先获得市场订单，也给消费者带来更优惠的价格。“聚土地”将充分调动和整合阿里生态全域力量，推动“数字农业”在全国范围的落地。

湖北枣阳盛产桃子，由于销路不畅，2018 年曾遭遇滞销。2019 年当地农民开始和“聚划算”展开合作，在 6 月 26 日的促销活动中，100 吨新鲜桃子在 2 小时之内被“聚划算”平台的消费者抢购一空。这给枣阳桃农更多信心和阿里巴巴生态系统展开深度合作。枣阳的桃子果园引入阿里云 AI 技术，将种植环节标准化、数字化，降低了 10%左右的种植成本。另外，“聚划算”也介绍阿里生态体系的商家到当地采购鲜桃，制成果干销售，提升了当地农产品的附加值。

借助“聚划算”的限时特卖和团购模式，消费者可以在收成之前，通过“聚土地”计划提前订购农产品。“聚土地”直接与农民和农业机构合作，略去中间商或传统批发商环节，大大降低了农产品的销售成本，不少农产品销售成本可减少 30%～50%。对于农民而言，智慧订单农业模式有助于他们提前锁定部分销量，保证农产品的销路畅通。一旦客户下单，农民可根据所获订单收割及采摘水果或蔬菜，有利于预防产量过剩或不足，也可降低成本。另外，消费者也能随时获得新鲜的时令农作物。“聚土地”也会敦促合作农场按照约定品质发货，最快 48 小时就能从农场到餐桌。

“聚划算”可借助天猫和淘宝提供的消费者洞察以及阿里云的未来农场技术，指导农民更好地选择种植品类并把握市场需求。一般来说，农民会因上一季销量制订种植计划，往往会有产量过剩或供不应求的风险。“聚土地”计划可以为消费者提供趋势洞察和科学指导，农民能够更好地做出对未来畅销农产品需求的准确预测。这对于种植小众经济作物的农民更好地把握市场商机尤为重要。以甘肃省沙漠地区的南瓜种植者为例。借助“聚土地”平台提供的数据和消费趋势分析，农民已了解通过微加工可将整个南瓜变为便于携带的微波食品，以满足上班族的需求。这些农户决定将现时 396 公顷的种植面积增加 1 倍，以满足来年的销售需求。“聚划算”在农产品应季销售上经验丰富，曾多次创下“卖光原产地”的记录。

在2021年的六个月内，330吨海南荔枝、千亩云南玫瑰花以及150万千克柑橘均在72小时内，被消费者抢购一空。

2. 成果

（1）缩短渠道链条，降低农户农资采购成本

通过农资App、电商平台，构建新型农资、农副产品流通渠道，解决农资生产资料下行和农副产品上行问题。平台已入驻种子、肥料、农药企业等商家。新模式将原来厂家—县—乡镇—村—农户三级分销渠道，缩短为消费者—电商平台—农户一级渠道，缩短了渠道链条，降低了农户农资采购成本，为农户节省10%～30%的成本，帮助农民增收致富，大大提高了农业供应链总体运行效率。

（2）实现信息流、商流、物流、资金流、服务流“五流”合一

采用平台化管理，把工业供应链管理思想和工具引入农业。通过电商平台、供应链服务、仓储系统等，实现了对县、乡、村三级精准管理，实现了全国范围的订单、库存、货款的实时管理，做到了信息流、商流、物流、资金流、服务流的统一；将线上交易与线下服务相结合，逐步形成完整的现代农业生态体系，为农业的产前、产中、产后提供一站式全产业链服务。

（3）实现种子、农药从生产到销售的溯源

独立研发种子、农药标签二维码平台，为大中小型不同规模、各类种子、农药企业提供免费服务。可轻松实现对种子、农药标签二维码的制作和管理，实现种子、农药从生产到销售的全程可追溯，有效地支持了种子、农药企业的生产和销售。

3. 创新点

（1）创新供应链服务模式

建设一站式农业供应链服务平台，有效融合种子、肥料、农药、金融、电商、供应链等农业各领域资源，利用线上和线下一体化模式，完成农业电商平台、供应链服务、供应链金融有效结合，这是一次质的转变，更是农业服务系统发展的转型。

（2）创新平台化管理模式

采用平台化的管理模式整合创新，把工业供应链管理思想和工具引入农业，并以此重构农业供应链，提升效率、降低成本、优化供需对接，实现了农业生产、流通、消费产业链全覆盖。

（3）创新 O2O 渠道服务模式

三大服务体系采用线上+线下模式，做到电商到村、农资到村、服务到村、资金到村，实现了信息流、商流、物流、资金流、服务流“五流”合一。新型的农资、农副产品流通渠道，解决了工业品下乡“最后一公里”、农业技术服务“最后一公里”、农业信息服务“最后一公里”和农产品进城“最初一公里”的难题。

（4）创新农业生态体系

将工业供应链管理与大数据、物联网、云计算等新型技术进行集成，为广大农户提供智慧农业服务，实现农资下行、农产品上行，实现订单农业，推动农业产业升级，打造中国农业新的生态体系。

4. 特点

（1）打造品牌，提高认知度

特色农产品营销要搭上电商快车，首先要打造品牌，农业电商企业应着力破解生产与市场信息不对称的难题，化解小生产与大市场之间的矛盾，洞察市场预警情况，迎合客户需求，丰富消费产品文化内涵，对品牌进行宣传。由于顾客在面临海量信息时普遍会保守地选择可靠的品牌，购买有“品牌保障”标志的特色农产品。特色农产品的品牌营销需要将农产品与当地风土人情相结合，发展休闲农业，让消费者有机会体验新型农业，参与农业生产及农家生活，顺应客户的文化需求与情感体验，激起客户的购买欲。

（2）保证品质建立质量安全追溯及监管体系

就农产品而言，最重要的是质量口碑，客户产生购买意愿的前提是对健康农产品的渴望。特色农产品的生产大都为劳动密集型，无法对其生产过程进行有效监督，加工过程中难免出现粗制滥造、设备老化、物流时间过长等情况，迫切需要建立农产品质量安全追溯及监管体系，建立健全的产品产地、加工商、运输商等电子商务基础数据库，探索与电商企业建立数据共享机制；客户能够通过网络看到农产品的生产视频及相关资料，提升农产品质量标准，若存在质量不过关情况可以快速发现问题所在。例如，美国政府充分利用网络平台为客户提供食品质量安全信息，预防食品质量安全事故；消费者通过联邦政府设立的政府食品质量安全信息网，可以任意链接各个相关的网页，从而获取食品及时、准确、权威的信息。逐渐完善农产品质量监管服务，严格控制特色农产品生产品质，让农产品每个环节都可以透明呈现，令客户放心消费。

（3）数据驱动，实现精准营销

通过数据驱动，实现精准营销。电商最重要、最宝贵的就是数据驱动力，传统行业难以望其项背。可以充分利用客户数据，进行个性化营销服务。通过大量及时的数据分析，迅速做出正确的决策，利用客户下单量来决定生产量和农产品收购量。采用预售订单方式既可以降低风险，也可以让客户享受到价廉物美的农产品。

充分利用大数据，对已有客户进行分类，找到与其契合的优质客户，让投放广告变得有的放矢。例如，通过 RFM（最近购买时间 recency，购买频率 frequency，单次购买金额 monetary）分析能够科学地预测老客户今后的购买金额，并能分析出后期的客户价值，筛选出 VIP 客户，与其进行直接交流，推荐其经常购买和喜好的产品。根据不同的标准对客户进行细分，针对不同客户的消费需求，根据不同的季节，适时推出时令农产品。提供关联销售服务和个性化服务，精准地满足各类市场需求，并确保数据的实时更新，让所有客户都可以清晰地看到最新的订单、热销订单，找到并“唤醒”大量的、差异化的需求，不断追求创新服务能力。社交媒体（微博、微信等）产生了大量离散化、群体化的数据，是真实社会的一种延伸和补充。社交网络实名制在描述“谁”（who）上有着无法比拟的精准性，特别是其关键的“兴趣和购买偏好”（why），也是精准营销关注的重点和深度挖掘的对象。第一，从“接触人数”和“转化率”指标来看，及时、爆料、娱乐、评论这四个价值导向极具潜力；第二，在“购买频次”和“时间持久性”方面，“人脉/商机”和“个性定制”潜力相对更大，适合精准营销。

（4）贴近客户，充分利用社交网络

我国的社交网络用户黏性高、规模大，可以精准定位目标人群，充分利用各种新兴工具与用户互动。移动时代，人们大部分时间沉浸在各种社交网络上，互联网思维最重要的一点就是与用户进行互动，从而留住客户。很多电商公司已经意识到，唯有相关性强的信息和产品才能吸引客户的注意力。在产品和服务上，提供多种相关高品质产品，方便客户以最简单、便捷的方式找到所需的产品。充分利用朋友圈老客户评价等信息，为客户提供有价值的参考。同时，针对目前农产品良莠不齐的情形，制定客户回访制度，并将回访记录客观地展示在网站或官方微博或者微信公众号上面，并精准计算出每个产品的客户满意度，统计客户的建议，便于后期的质量管理和跟踪。

5. 作用

（1）智慧订单农业能够有效改善农业生态环境

将农田、畜牧养殖场、水产养殖基地等生产单位和周边的生态环境视为整体，并通过对物质交换和能量循环关系进行系统、精密运算，保障农业生产的生态环境在可承受范围内，如定量施肥不会造成土壤板结，经处理排放的畜禽粪不仅不会造成水和大气污染，反而能培肥地力等。

（2）智慧订单农业可以显著提高农业生产经营速度

在基于精准的农业传感器的基础上进行实时监控，借助云计算、数据挖掘等技术完成多层次分析，同时结合分析命令和多项控制设备进行农业生产与管理。这种智能机械代替人的农业工作模式，既能解决农业劳动力越来越少的难题，又能达到农业生产的高度规模化、集约化、工厂化，增强农业生产对自然环境风险的应变性，实现传统农业高质量转型。

（3）智慧订单农业可以从根本上改善农业生产者、消费者观念和组织系统结构

完善的农业科技和电子商务网络服务系统，能够实现农户以及农业企业远程学习农业知识，得到一系列科技和农产品供求信息；专家体系与信息化终端作为农业生产者的核心动力，引导农业生产经营，能丰富只能凭借经验完成农业生产经营的手段，深度改变农业生产者与消费者对传统农业发展滞后、科技性不高的看法。

（4）智慧订单农业提高农业相关资源利用效率

智慧订单农业阶段，农业生产经营规模越来越大，生产效益越来越高，小农生产被市场淘汰，必将催生以大规模农业协会为主体的农业组织体系。例如，智慧农业谷功能构建包括特色有机农业示范区、农科总部园区和高端休闲体验区，能够促进农业的现代化精准管理、推进耕地资源的合理高效利用。

（5）智慧订单农业供应链可实现农业数据化，农产品可追溯

农产品生产数据化之后，不仅有助于提高农业生产管理效率，使其在农业生产过程中可量化、可追溯，还能从源头上解决农业生产的盲目性，从而科学地指导种植，为品牌农产品打好基础，同时实现消费者的知情权。农产品生产过程的呈现和可追溯能够解决消费者对食品安全的担忧，让消费者明明白白地购买高质量的农产品。此外，将生产各个环节的数据进行整合，可以促进信息共享，推动农业现代化生产体系的建立，提高农业生产效率，推进绿色农业发展。

（6）建立农产品链条生态圈，实现农户和消费者的共同受益

智慧订单农业供应链通过电商平台拉近了农户与消费者的距离，让农户通过电商平台直接面对全国各地的消费者来销售农产品，消费者也可以选择全国各地优质优价的农产品，减去中间商的仓储和分销环节。没有了层层分销，农产品能够在电商平台上以低于其他渠道零售价的价格售卖。打通优质农产品进城与优质农资进田两个通道，让城里人安心食用农产品，同时让农村人感受城里人生活，实现农户和消费者两端都受益。

（7）用订单产品倒逼生产端，严格按照高标准进行种植

通过对信息共享激励机制的设计，从消费者需求出发，以市场的标准指导生产端的供给，市场需要什么，生产端就供给什么，用市场下订单的方式控制生产端的生产量及品质。农业生产者在数据消费者信息共享过程中，应该积极学习并提高数据消费者信息转化能力，在不影响电商平台收入分配比的前提下提高收入、实现合作共赢。这样做既可以增加农民收入，又能满足企业个性化需求，在保证原料质量、企业成本减少、农户个体收益提升的同时，增加农产品的销量，解决农产品滞销的难题。

6. 发展战略

（1）把握“互联网+”机遇，完善农产品物流体系

“互联网+”是电子商务发展的重要机遇与挑战，但农产品的季节性等问题对农产品的流动效率造成的影响会直接阻碍农产品电子商务的发展。农户即使能够通过网络进行农产品的销售，但由于基础设施落后、农产品物流体系不健全、流通周期长等，很难保证农产品的品质，并最终影响农产品网络交易市场的开拓。农产品，尤其是生鲜农产品对流通速度的要求极为苛刻，如何快速地将农产品从生产基地运输出去，是形成农产品电子商务交易链的关键。因此，加强农村基础设施建设，建立完善的农产品物流体系极为重要。一是要扶持和鼓励农业企业从自身做起，加速建立完善的农产品物流体系，加强仓储、交通等基础设施建设。通过与农业龙头企业或具有实力的农业专业合作组织进行合作，建立完善的物流配送体系，将分散的个体农业生产经营农产品集中，统一配送。二是要通过优惠政策、补贴、信贷支持等手段，吸引第三方物流进入农村，完善农产品的配送体系。鼓励第三方物流企业建立专门的农产品仓储，促进农产品电子商务的可持续发展。

（2）做好订单农业的基础工作

应该提高农业用地的质量，完善相关的质量监测工作，对农业用地的土壤安全等级进行及时的监测。土壤的安全性对农产品的质量有着直接的影响，应该确定土壤的安全等级，从而提高农产品种植的环保性。在使用土地的过程中，应该完善相关的登记工作，通过建立数据库的形式，提高土壤的质量，为农业种植提供更加优质的水土。在进行水土改良的过程中，应该分地区进行，并且有目的、有针对性地实施水土改良工作，从而促进订单农业的发展，为订单农业的发展提供更多有用的土地。要不断地完善农村的基础设施建设，积极推动村级公路的改建和扩建工作，完善农村地区的公路网络，保障“互联网+订单农业”的运输。按

照国家相关的标准体系，完善对农产品生产过程的各个环节的检查工作，完善动态监测机制。同时实施公告制度，对农产品进行抽检，确保农产品的安全质量。

（3）吸引农业高素质人才，加快培育新型职业农民

首先，各级政府在政策、资金、物资、人力方面要加大对智慧订单农业建设发展的支持力度，通过报纸、电视、广播等多渠道媒体在农村全方位宣传智慧订单农业，并调整农民文化水平、年龄、性别结构，鼓励他们主动创业创新。其次，充分发挥运营成功的智慧订单农业示范基地的示范带头作用，组织农民定期参观了解智慧订单农业运行模式，深入学习如何建设管理智慧订单农业。最后，结合我国农业高校和相关科研院所拥有的雄厚师资力量和科研基础优势，将职业农民培养纳入国家教育培训发展规划。农业信息化建设仍然是高校、科研院所建设的薄弱环节，各地方政府的科技部门应该加大农业信息化领域的研发投入，培养一批高层次的农业信息技术专业人才，推广农业信息化的实践应用，为我国智慧订单农业的发展提供后备人才，实现标准化、组织化、智能化及信息化的新型农业生产。

（4）加快完善农业科研体系，提高农业科研成果的转化应用能力

落实政府顶层设计工作，加大对农业科研体系建设所需资金、物资和人才的全方位投入，全面统筹、设计统一协调的农业科研体系。加强农业科研机构间的合作与交流，确保农业科研项目顺利推进，避免重复研究，加强整体创新，全面发展智慧农业相关的高科技。推动基层农技宣传体系创新，建设全国农业信息线上沟通平台，促进农技推广人员充分利用其广泛接触农业生产者的优势，全力做好农技宣传工作，改良土壤修复技术、数字化管理技术等，将农业生产遇到的瓶颈与生产信息的集中处理及时向农业科研反馈，实时监控农业科研成果效用，完善农业科研成果的功能。

（5）加强智慧订单农业基础设施建设，促进农业机械设备提档升级

加强农田水利建设，建设统筹兼顾引水、排水、蓄水、灌溉等多种功能的水利工程，实现节水灌溉、绿色灌溉、数字化灌溉。改善牲畜禽舍现状，推进通风、采阳、温控、清理垃圾以及饵料投喂自动化建设，建立全封闭式现代化种植养殖舍棚。加快现代化农机设备进入农田，建立专项资金支持农机设备生产企业进行降低生产成本的研究，扩大农机设备生产规模，增加市场投入量，并推广农机设备购置补贴政策，鼓励农民积极使用现代化农机设备，实现精准化、智能化、科学化远程控制管理农业生产。

7.3.2 智慧订单农业经营模式运作机制

1. 信息共享机制

建设智慧订单农业综合信息服务平台，确保信息的流通。打造服务平台时应该整合各项信息服务业务，加强对农资信息资源的整合。平台不仅应推广物联网应用服务和政府服务，还应提供生产应急指挥、病虫害预防以及相应的农业产业相关咨询和农产品供求信息服务。通过智慧订单农业综合信息平台打造，进一步推动农业生产经营管理水平，以服务平台作为智慧农业发展的重要推动力量，更好地服务于农产品生产、运输和营销。智慧农业综合信息服务平台建设，既是智慧农村建设的具体体现，同时也能有力支持农产品现代物流供应链转型升级。该平台加强了生产者、消费者、政府、信息技术提供方、物流商等之间的联系，使其能够发布各自环节的信息和获取自身所需信息，为其提供信息交流与合作的条件。智慧订单农业综合信息服务平台的建设对提高农产品质量和物流运输效率、保证供应链上下游信息对称、推进供给侧结构性改革等也有着重要意义。

2. 利益共享机制

智慧订单农业涉及农业产业链多个利益主体，需要制定“资源共享、优势互补、共同投入、风险共担”的利益联结方式，有效整合种植、养殖、加工、销售、流通、服务等流程，打造利益共同体，实现利润的适当分配，为现代农业产业化的稳定发展添砖加瓦。一是要强化各类主体的合同契约关系，保障各类主体都能获得合理的经营利润；二是要支持各类主体交叉持股，既鼓励龙头企业入股合作社，也鼓励合作社入股龙头企业，以形成真正的利益共同体；三是发挥担保和基金的作用，通过担保和基金保障龙头企业和合作社及农户的资金融通，形成顺畅紧密的资金链条。从产品层面角度看，在智慧农村建设过程中，应该推进农业规模化生产，加大农村土地流转推进力度，为农业生产智能化、现代化奠定坚实基础。特别是地方政府应该加强对农业生产的引导，对分散式的农业种植模式进行规模化改造，以种植大户、农业种植合作社、家庭农场等农业新型经营主体代替传统的小农经济主体，进一步提升农产品生产效率，更好地实现利益共享。

3. 智能物流保障机制

为了保证农产品的产量与质量，企业应提供技术支持，并加强对农产品各个指标的监控，保证农产品的生长环境达到标准。此外，还应建立健全农产品质量检验体系，对农产品进行严格的质量等级划分，为消费者提供安全可靠的农产品。同时，还需要有交通设施与物流设施的支持，为了减少农产品在运输过程中的损耗，要做好公路的建设工作，以便于农产品的收购和运输；要降低物流成本，缩短物流环节，利用物联网技术，对物流信息进行动态观察与控制。应引入智慧物流技术，对农产品物流进行智能化管理；完善农产品冷链物流体系，降低农产品途中损耗，保证农产品的新鲜度。

4. 政府政策支持

在智慧订单农业实施的过程中，首先，需要政府加强农产品生产、运输以及营销流程的信息化建设，在促进农村电商发展的同时开设农产品电商基金，助力农产品的生产、运输和营销，推动农产品现代物流供应模式的转变，推行智慧订单农业，促使新型农业经营模式得到广泛应用，大力推广智慧订单农业模式。其次，政府应制定相关扶持政策，对实行智慧订单农业的农户和企业在资金、贷款、税收等方面给予补贴或优惠，密切关注现代化农业，为智慧订单农业的发展提供外在动力。同时，政府也要做好监督工作，增强农户与企业严格守法的意识，通过法律手段，维护农户、企业与消费者的利益。

5. 信息技术支撑

智慧订单农业通过一系列信息技术的应用提升农业智能化、自动化、精准化程度，实施过程需要与具备现代化信息技术的互联网企业合作，建立电子平台，提供智能化管理、智慧物流及质量溯源等强大的技术支持，掌握农业生产全流程信息、进行疾病预测，保障农产品的安全性，更好地满足广大人民群众对农产品的需求，推进农村地区经济社会发展，为智慧订单农业的长期发展提供保障，从而加快农业与互联网产业的融合，促进农业现代化的发展与转型。同时，还应该让更多农民了解现代信息技术，并对信息技术有所掌握，积极参与智慧农业建设。要借助供给侧结构性改革的有利契机，加强城乡融合发展，让广大农民能够获取与城市居民同等的网络信息资源。在智慧订单农业建设过程中，充分发挥数据资源优势，加强数据资源与农业生产之间的联系，通过数据化、信息化的带动作用，有力推动农业现代化建设。

6. 风险共担机制

在风险共担机制方面，订单农业目前大部分是在农产品销售环节通过协商收购价格，这在一定程度上帮助农民抵御了市场风险，但这种联结机制实际上是非常松散的，也没有将农业生产的自然风险纳入利益联结之中。商家企业应更多地介入农业生产环节，如龙头企业投资生产基地基础设施建设，农户以土地入股等，以此让龙头企业和农户利益更趋一致，加深在生产环节的利益联结。建立风险共担机制，防范农产品生产和销售中的风险。农产品生产还受到来自自然界的多种不可控因素的影响，加上农产品种植具有周期长的特征，订单是对未来交换的承诺，而许多情况在签约时难以预测。例如，未来是否会出现影响种子的出苗率和农作物生长的恶劣天气，是否会出现一些扰乱农作物生长的病虫害等，它们对农作物生长的影响程度、持续时间以及它们的出现频率都难以预测。应改善和加强政策性农业保险服务，建立覆盖全国主要农产品产区的政策性保险机构，实行强制性保险。扩大政策性信贷支持范围，把支持环节由收购扩大到生产、收购、储运等多个环节，对订单企业信贷提供优惠等。

7. 营运约束机制

农业产业化组织要正常运行，维护多元主体的互惠互利关系必须依靠约束机制。农户自身实力薄弱，缺乏市场竞争力，参与农业产业化经营需要龙头企业的带动，但因其占有的市场份额大，承担的市场风险也大，如果没有必要的约束机制，龙头企业为追求自身利润最大化而采取的压级压价行为会对农户造成更大的损害。

（1）内部约束机制：契约约束

签订产销合同、加工合同、资金扶持合同和科技成果引进开发合同，明确权、责、利，农户或基地按照龙头企业要求从事生产，按合同规定的数量、质量、等级提供农产品。龙头企业无偿或低偿地向签约农户提供技术服务和资金扶持，按合同保护价收购农户的合格产品。合同约束机制是目前我国普遍采用的约束机制形式。合同保护价是合同约束机制的核心，在合同执行过程中，签约各方必须履行合同规定的各项义务，违约必罚。公平、合理的利益机制是农业产业化合同约束机制正常运行的前提。

（2）外部约束机制：法律约束

订单合同的主体在法律上具有平等的权利与义务，订单农业签订的购销合同等一经签订便产生法律效力。订单合同主要对农产品生产加工的品种、规格、质量及违约后果处理等方面做出详细规定，以防止日后生产发生纠纷，有利于形成订单农业良好的外部约束。农业产业化组织要正常运行，维护多元主体的互惠互利关系必须依靠约束机制。

7.4 本 章 小 结

首先，分别从智慧订单农业经营模式的内涵、智慧订单农业经营模式的运作流程、农产品防伪溯源体系的构建、电商平台的定位和营销特点、智慧订单农业中大消费者和小消费者信息共享的差异等多个方面介绍智慧订单农业经营模式。其次，运用定量分析方法，建立大数据环境下农户或合作社和电商平台合作进行消费者信息共享的激励模型，并开发相应的激励机制，推动供应链双方的利益最大化，并得出两个结论：农户或合作社总是优先考虑对第一次观察到的消费者数据信息转化能力的激励，导致电商平台的收入分配较低；农业生产者积极学习提高大数据消费者信息转化能力，在不影响电商平台收入分配比的情况下提高其收入分配比，实现合作共赢。最后，分析智慧订单农业经营模式案例并阐明其运作机制，包括信息共享机制、利益共享机制、智能物流保障机制、政府政策支持、信息技术支撑、风险共担机制和营运约束机制。

第 8 章　数字经济背景下新型农业经营模式发展趋势

8.1　新型农业经营模式创新面临的问题

如今，区块链、数字货币、通证等被广泛应用于生产生活当中，大大提高了生产效率，创造了更多的经济效益，数字经济未来的发展不可小觑，潜力巨大。在数字经济时代，新型农业经营主体虽然存在经营模式创新的内在动因，但其规模大、投入高，与传统农业相比，更加依赖于金融机构融资。新型农业经营主体在前期必须投入大量资金，用于预付土地租金、购买农资等，但自有资金有限，需要向金融机构融资；由于新型农业经营主体生产集约化、专业化、规模化水平持续增强，对仓储设施、信息化设备、农田水利等基础设施设备的投入要求增多，产生大量固定资产融资需求；当新型农业经营主体发展到一定阶段，形成一定规模后，在资金结算渠道、季节性流动资金、原料储备资金、生产流动资金需求等方面，更需要金融机构的大力支持。新型农业经营主体融资期限由短期向中长期转变，新型农业经营主体贷款主要用于开展农产品加工、扩大种养规模、购置大型农业机械设备等方面，此类投入资金收益周期长，需要长期贷款期限予以匹配。金融服务需求由单一的存贷款向多元化的金融产品转变。当前农村经济的快速发展使农村金融服务需求更为广泛，由过去单一的存款、贷款转变为对结算、汇兑、保险、理财等广泛而多样化的金融服务需求，而新型农业模式面临的主要问题如下。

8.1.1　新型农业经营主体管理不规范，限制金融支持

新型农业经营主体尚处于发展初期，管理松散，抗风险能力较弱。种植大户、家庭农场等新型经营主体大都是家庭式管理，内控机制不健全，没有建立完善的财务管理制度和科学的管理体制，大多无长期规划，注册资本采取申报制，金融机构难以准确判断其经营实力，影响了涉农金融机构的信贷投放。由于新型农业经营主体设立门槛较低，有的仅办理了工商登记，没有办理税务登记、组织机构代码证、贷款卡等手续，经营证件不全，难以符合金融机构的信贷要求，限制了金融支持。

8.1.2　农村缺乏有效担保抵押物，难以满足银行信贷条件

新型农业经营主体尚处于初期阶段，生产规模较小，缺少有效的固定资产作为抵质押品。2014 年中央一号文件提出，允许承包土地的经营权向金融机构抵押融资，但这些还处在试点探索阶段，农村土地承包经营权抵押融资仍然面临一系列法律层面的问题，配套的法律法规尚未出台，市场化的土地经营权流转市场尚未形成，抵押资产处置机制尚未建立。因此，将农村土地承包经营权作为有效抵押物进行融资，还需要一个长期的过程。新型农业经营主体的果园、蔬菜大棚、大型农机具、厂房、应收账款等资产作为抵质押品，难以被金融机构认可。社会担保机构门槛较高，多数新型农业经营主体很难满足担保条件，社会担保机构对其提供融资担保服务不足。

8.1.3　金融服务产品和方式创新不足，难以满足新型农业经营主体融资需求

农业的弱质性制约了金融机构对新型农业经营主体金融支持扶持的积极性，金融机构出于资金安全性、盈利性、流动性的考虑，更愿意将有限的信贷资金投向二、三产业的大企业、大项目。当前我国正处于从传统农业向现代农业跨越的新阶段，农业生产经营方式由传统小农生产向社会化大生产转变，国家加大了对新型农业经营主体的扶持力度，各种优惠政策和补贴项目不断增加，农村金融市场具有巨大的发展潜力，金融机构对家庭农场等新型农业经营主体认识和研究不足，在服务方式、营销模式、审批流程、风险管理等方面与其运作特点不相适应，金融产品多局限于提供传统信贷产品，缺乏专属金融产品和服务。

8.1.4　融资渠道单一，新型农业经营主体难以获得足够的资金支持

在我国，农村金融供应体系的发展一直较为缓慢，这主要是因为大型商业银行和一些中小型农村金融机构是主要的金融服务供应者，其他类型的银行往往未能在农村地区设立分支机构，缺乏对农业金融支持的经验，许多金融机构也未能积极在农村推广其融资服务。这种情况导致新型农业经营主体在融资方面只有较为狭窄的渠道和单一的资金来源。此外，目前提供与农业生产经营相关的金融服务的单位普遍缺乏创新意识，对农业信贷业务的风险评估不足，金融服务的效率相对较低。在目前的情况下，农村信用社、小额贷款公司和社会第三方借贷机构成为农村地区主要的金融服务供应者，其中农村信用社在服务覆盖面和融资规模方面处于领先地位。不同的农业经营主体根据自身情况选择不同的融资路径，如农业领先企业通常选择与商业银行和农村信用社合作获得融资，而农村专业合作

社则更多地依赖农村信用社的贷款，这使它们面临较高的偿债压力。总体上，我国新型农业经营主体在发展过程中难以获取充足的资金支持，其融资渠道呈现单一化趋势。

8.1.5 农业保险发展滞后，制约新型农业经营主体发展

当前农业保险的规模与农村经济对农业保险的需求不相称。农业是弱质性产业，有市场灾害和自然灾害双重风险，农业保险费率偏低，经营风险高，商业性保险机构开办农业保险业务的积极性不高。同时，我国农业保险发展滞后，能规避自然灾害风险的优良品种少，政策性农业保险仅覆盖有限的种植和养殖行业。农业保险涉及千家万户，承保面积、保费、保额、户数、投保人、一卡通号等数据都需要逐一核实，保险机构、政府部门需要投入极大的人力物力，核损、定损、理赔的压力很大，农民对农业保险产品也缺乏认识，业务难以开展。

8.2 加快新型农业经营模式创新的对策

农业经营模式要和农业生产力发展状况相匹配，符合农业生产力发展标准的农业经营模式可以有效提升农业经济的发展速度；生产力是在持续变化的，因此农业经营模式也需要持续完善和创新，要从农村经济情况与发展现状出发，使其符合农业生产力的发展要求，持续提升农业生产力发展速度。加快新型农业经营模式创新可以从以下几个方面入手。

8.2.1 推进土地适度规模流转

要在稳定农村土地承包关系的基础上，按照“依法、自愿、有偿”的原则，推进“三权分置、虚拟地块、两次流转、合理收益”确权不确界的土地流转新模式，促进农业适度规模经营，同时要保障土地流转后的农户合理收益，通过土地流转，降低部分外出务工人员对耕地“欲丢还留”的顾虑。给予土地流转大户扶持，减少经营风险，引导各类经营主体，参与规模经营，充分解决谁来种田问题。

8.2.2 加快共享经济与农业经营的融合

共享经济是目前完成资源配置的顶级手段，也是后续发展方向。共享经济能够给农业经营模式提供持续动能。一是农田的共享，让每个人都可以拥有自己的私家田园和农产品特供渠道；二是畜禽产品的共享，吃上自己家的放心肉；三是农机的共享，农民可以像使用打车软件一样叫来农机；四是资金的共享，不因一

时的资金短缺耽误农时、错失项目；五是农技的共享，共享经济平台可以实现所有专家为所有农民服务；六是劳务的共享，可以盘活农村劳动力资源；七是房屋的共享，城乡融合，城里人可以找到自己的“桃花源”。推进农业农资领域相应的农技、农机共享经济，降低农民摄取农业知识与技能的门槛，力争达到农民职业化。加快共享农业的发展可以推进农村的一、二、三产业融合，加快农业经营模式创新。

8.2.3　加快农业金融、信用机制的健全和普及

新型农业经营模式创新一般都需要资金的周转以及较高的成本投入，并且伴随着一定的风险，然而我国目前的农业经营主体大部分是小型农户，其投资能力有限，抗风险能力差，这在一定程度上阻碍了农业经营模式创新。建立农业信用机制、推广农业金融可以在一定程度上缓解农业经营主体的经济压力，提高其抗风险能力，增强其在新型农业经营模式创新方面的动力。

8.2.4　加强政府宏观调控和扶持力度

目前农业生产力水平较低，农民发展现代农业的意愿与热情不高，凭借农民现有力量无法实现农业现代化，地方政府要加大对农业发展的监督力度，从整体上把握现代农业的发展方向，制定农产品质量、价格等有利于现代农业发展的政策法规，加快农业区划与规划，当好现代农业发展的引导者、规划者和组织者，并通过法律、经济以及行政手段引导和督促农业生产者注意生态环境的保护等，为农业经营组织营造良好的外部环境。农业需要政府大力扶持和大量投入，如政府可设立农业研发和工程开发基金，建立农业规模经营风险基金制度，对农业规模经营实行特产税、发放低息贷款等，从经济与技术上给予支持，维护现代农业的健康可持续发展。

8.2.5　深化农村经济体制改革

稳定和完善农村土地承包关系是创新农业经营体制机制的前提和基础，增强集体经济组织服务功能是创新农业经营体制机制创新的重要内容。加快发展农民专业合作社是创新农业经营模式的重要依托，大力推进农业产业化经营是创新农业经营模式的有效形式，大力发展农业生产性服务业是创新农业经营模式的必然要求。完善多方共赢的利益联结机制，强化龙头企业与专业组织在经营模式创新实践中的核心作用。鼓励进行多种生产经营模式探索，为经营模式的创新实践增添路径。

8.2.6 强化科技推广和人才培养，为经营模式创新提供支撑

深化精准农业研究程度，推进科技成果有效落实。依靠政府和企业的帮扶，引入国外技术，研究数字化农业先进技术，达到优质、高产和低耗的目标，有效提升产品竞争力，增加整体收益，推进科技成果及时落地，保障精准农业技术的产业化发展。完善农村技术推广体系，加快精准农业技术以及其他先进适用技术的推广。构建以农村职教中心为核心的技术推广服务体系，加强龙头企业的带头作用，结合农村各种合作组织，逐步形成多渠道、多层次、多形式的技术推广服务体系。着力培育涉农人才，为经营模式创新奠定人才基础。围绕改造传统农户、培育现代农业经营主体，广泛开展多种形式的农民培训，培育有文化、懂技术、会经营的新型农民，提高其发展集约型规模经营的能力，使其成为集约型规模经营的引路者。培养大批专业合作组织骨干队伍和复合型村社干部，形成核心推动力量。通过多种渠道、多种形式建立稳定的精准农业人才培养机制。通过“引进来、送出去”的办法，建立长期的培训体系并制度化、规范化。对于应用型人才，要以现有的农村技术人员为基础，广泛推行培训制度。

8.3 新型农业经营模式创新的发展趋势与重点

新型农业经营模式创新还在不断进步与发展，结合前文的四种创新模式，分析总结新型农业经营模式创新的发展趋势与重点。

8.3.1 与新型农业技术的融合

农业经营模式创新离不开农业技术的创新。要规模化种植，引进新技术、新品种与大型机械；针对生态循环农业产前、产中、产后等环节的技术瓶颈，开展包括农业资源节约型、农业废弃物利用型、农业产业链延伸型、生物能源型、绿色种植与健康养殖型等技术研发，并将一系列现代化技术，如空间技术、计算机技术、自动化技术、大数据等应用于环境污染监测和生态环境监测，开展秸秆综合利用、农膜和农药包装回收利用、化肥农药氮磷控源治理、畜禽粪污综合治理、高效节水等工程。对于智慧订单农业经营模式，首先，要提高农业生产的标准化、信息化、自动化，在农业供应链的各环节充分利用物联网、大数据等先进技术，提高生产运作效率，并在降低技术设备投入方面寻找突破口。其次，要全面展现定制化与差异化营销方式，通过对物联网、云计算等技术的应用，解决农业市场

时空的局限性，实时监测和传递农资采购与农产品流通数据，提高信息转化率。最后，要提供精确、动态、科学的面向“三农”的信息服务。为农业经营者提供先进的农业科学技术知识、生产管理信息以及农业科技咨询服务，引导龙头企业、农业专业合作社和农户经营好自己的农业生产系统，做好营销活动，提高农业生产管理决策水平，增强市场抗风险能力，做好节本增效，提高收益。

8.3.2　与新型融资方式的融合

随着农业生产规模化经营速度提升，农业专业化、组织化程度提高，农业生产的资金需求扩大，新型农业产业组织手段与农业融资模式日益增多。例如，采用“阿里巴巴农业电子商务平台+网商+农户”的模式运营农业电子商务业务，通过预售融资模式为农产品电商提供服务，主要包括阿里巴巴抢鲜购模式和基于蚂蚁金融服务的 P2P 平台融资模式的阿里经营模式，以及以苏宁“互联网+农业+众筹”为代表的 C2B 模式等。针对目前的运营情况，未来发展的重点方向有以下几个。一是扩大电商农业融资辐射范围。我国网民数量不断增加，但是农村网民数量仍然较低，截至 2020 年 12 月，只有 3.09 亿人，占全部网民的 31.3%①，农村网民增长幅度不及城市，农村非网民转化比较困难。农村地区互联网无法实现全方位覆盖，严重限制了农户利用电子商务获取融资的途径。农业生产传统的现金结算方式也限制了农户融入电商网络，部分农民对网络交易这种虚拟交易有所排斥。农村地区物流发展程度较低，限制了电商农业的发展。二是发展长期性融资。消费者发起的农业众筹项目，由于项目时间长，顾客黏性低，因而往往缺乏长期性，这也导致农业众筹融资不具备长期性。消费者或者农业电商发起众筹项目，并不能确定最后可以筹集的资金数量，因而农户获得的融资数量也是不确定的。项目发起者占有主动权，农户被动获得融资，这存在诸多不确定因素。三是健全网络融资的监督管理。网络融资发展迅速，政府监管落后于网络融资的发展。由于互联网信息传播的特性，融资风险扩散更迅速，辐射面更强。在现有的电商农业融资中，不同平台的融资比例和结算方式都有所不同。电商平台承担了融资参与者和监管者双重身份，由于缺乏相关监管细则，政府对电商平台的融资监管并不健全。四是提高正规金融机构参与度。在已有的电商农业融资中，银行等金融机构往往作为资金担保方参与融资。以阿里巴巴 P2P 融资为例，银行或者保险公司提供存单抵押等担保方式，保障农业融资的资金安全。在以网上订单农业和农业众筹为代表的融资模式中，银行等金融机构并不是作为资金提供方直接参与融

① 2020 年中国网民规模、网民结构及互联网普及率统计分析[EB/OL].（2021-02-20）[2025-04-06]. https://www.sohu.com/a/451633900_120113054.

资活动。这些金融机构参与缺失，也使得电商农业融资仍然处于低水平发展阶段。

农业低碳发展是实施乡村振兴战略的主要动力，也是确保碳达峰、碳中和目标实现的重要支撑。农业碳达峰、碳中和的核心是推动农业发展方式向全面绿色低碳转变，农业经营模式要着力降低碳排放，提高碳汇能力，提高可再生能源利用率。在数字经济时代社会发展和环境管理体系建设的新阶段，绿色农业供应链和绿色金融的有机结合，将对如期实现碳达峰、碳中和目标至关重要。在融资要求上，农业经营模式应更加注重绿色低碳发展，以实现经济生产和绿色发展相结合、相协调的目的。核心企业与金融机构合作，为上游企业开设绿色融资通道，提高供应商绿色生产的热情与积极性，如核心企业为供应链上游企业提供基于买方信用的优惠贴现率、便于供应商管理应收账款的快速跟踪发票等，上游企业获得绿色融资服务的前提是要将生产过程中的绿色信息反馈给金融机构与核心企业，这种模式能实现绿色供应链的可持续发展。对于供应商绿色行为的认定，可以利用公开的行业评估或专业认证来实现。

8.3.3 与新业态的结合

1. 绿色智慧厨房

随着互联网电商的发展，新零售、智慧零售等新型营销模式逐渐被认可，绿色智慧厨房的经营模式也随之被提出，智慧厨房又称智能厨房，其集原料清洗、切配、烹饪到打包、结算于一体。智能厨房由负责清洗、加工以及分类的中央净菜中心、负责烹饪的厨房机器人以及相应的软件、平台等组成，以厨房机器人为重点，利用数据有效整合从农场种养、净菜加工、冷链配送、智能烹饪到手机点餐、食材溯源等全流程，实现“端云一体”，将物流、信息流、资金流高度集成，减少运营所需费用，也为消费者提供全面的餐饮服务。例如，北大荒集团建立的“北大荒绿色智慧厨房”营销平台，打造了从田园到餐桌健康安全的全产业链，成为多元化的新型农产品和食品供应体系，可以延长产业链、提升价值链、打造供应链，提高综合竞争力。

智慧厨房的优点：集中原料处理、统一加工、易于质检、统一标准、综合信息处理，因此具备质量、成本和扩张迭代上的优势；团餐企业有计划、有步骤地规划和促进智慧厨房的发展，对发展团餐企业自身意义重大。随着我国团餐行业的不断发展，智慧厨房在促进团餐标准化、团餐规范化管理及团餐品牌形成过程中发挥的作用越来越明显，已逐渐成为团餐行业不可或缺的一部分。目前，绿色智慧厨房还在探索开发阶段，未来建设绿色智慧厨房将是一项非常有发展前景的事业。

2. 共享农庄

随着共享经济的迅速发展，各行各业都在这种新型经营模式的带领下尝试了创新与融合，也产生了滴滴打车、共享充电宝等成功的共享经营模式，也有很多人在农业经营模式与共享业态结合方面做出了很多尝试，如共享农机、共享农庄等。以艾米农场为代表的共享农庄经营模式主要是把农村闲置住房进行个性化改造，形成"一房一院一地"，并根据需求改造成市民田园生活、度假养生等多种模式，再通过互联网对外出租。艾米农场引进日本、韩国、欧美、台湾等国家和地区的生态农业、仿生学技术，将闲置良田进行整合。通过闲置农田托管计划，面向全国范围接受相关地方政府、合作社、乡村旅游度假项目、特色小镇等单位的闲置优质农田托管申请。经过环境审核后的土地，艾米农场会统一进行建设，打造成统一管理的农场，实现共享农场的全方位运营。同时，艾米农场深耕用户社群，已有 2 000 多户家庭受邀成为共享会员，并自发形成了"糖爸爸"社群。三五知己，几分田地，一个小院；无论是摄影、绘画还是品茗、美食都在这里聚集。相互交流，寻觅知音，营造积极向上、活力健康的生活氛围。艾米农场用一颗"胚芽米"链接城市和乡村。通过共享，将乡村的闲置土地、乡村农民和城市家庭三方连接起来，让荒芜的土地重新焕发生机，让乡村的闲置资源得到最大化利用，在为农民创收的同时，让城市家庭吃上生态、环保、无污染的健康主粮，匹配更好的乡村优质资源。艾米农场以"互联网+农业"的方法，线上预订农产品或农场体验，最后将健康的农产品通过物流送达客户手中。这种模式将是以后中国农庄发展的一大趋势，可以把闲置的土地、房屋以及农业资源最大化地利用起来，实现价值最大化。

3. 优质农产品 C2M

产业兴旺是乡村振兴的重点，而在广大农村地区，仍然存在着生产种植和销售脱节的现实问题。由于产销脱节，农民辛苦劳作而得的优质农产品，经过多层流转到消费者手中时价格涨了几倍，利润却很微薄。如何打通从生产到销售的链路，成为乡村振兴的关键。近年来，C2M（customer-to-manufacturer，用户直连制造）迅速崛起，成为电商兴农一大亮点。该模式利用电商途径，实现农户及时响应消费者需求，优化中间环节，减少成本支出，提高生产者的收益，提升消费者的满意度。各电商巨头借助平台优势，销售一系列极具地方特点的高质量农产品。2020 年全国两会期间，全国人大代表、苏宁控股集团董事长张近东提出了"大力发展 C2M 生产基地 助农富农推动乡村振兴”的建议，他认为应进一步统筹资源，政府、电商、农户、院校多方联动，推动返乡年轻人成为创富主体，带动形成以共同富裕为目标、以行政村为具体单位、以 C2M 模式为特色、以线上线下融合为主要销售手段的乡村生产基地，更好地实现助农富农，消除生产种植和销售环节信息不对称、渠道不通畅等问题。近年来，苏宁集团一直在积极推进模式创新，依托线上线下优势助农富农，在 C2M 基地建设上积累了丰富的经验，探索出苏宁村、拼基地、拼工厂、C2M 产业带等多种涉农产品供应链模式，并对合作农户、商户提供流量、物流、资金、技术等全方位扶持。以苏宁村为例，其思路是以核心农户为中心推动整个村的发展，将地方特色产品通过电商平台销往全国。2019 年 11 月，首批 10 个苏宁村获得授牌，黑龙江庆安大米、四川盐源苹果等优质农产品通过苏宁平台走向全国。除企业助力以外，政府也在优质农产品 C2M 模式构建中发挥了重要作用。以贵州省贵阳市修文县为例，修文县作为“国家级电子商务进农村综合示范县”，截至 2021 年 8 月，建成了 1 个电子商务公共服务中心、85 个电商服务站点、1 个县级物流配送中心，帮助当地农户利用 C2M 销售模式与全国各地的消费者市场对接，拓展了当地猕猴桃的销售渠道，实现了猕猴桃产量和收益的双丰收。

8.4 本章小结

本章主要分析新型农业经营模式创新的问题、对策以及未来发展趋势与重点。首先，从数字经济背景下新型农业经营主体管理不规范、农村缺乏有效担保抵押物、金融服务产品和方式创新不足、融资渠道单一和农业保险发展滞后等方面分析新型农业经营模式创新面临的问题。其次，针对农业经营模式创新的问题，提出加快新型农业经营模式创新的对策：推进土地适度规模流转，加快共享经济与农业经营的融合，加快农业金融、信用机制的健全和普及，加强政府宏观调控和扶持力度，深化农村经济体制改革以及强化科技推广和人才培养。最后，结合前文的四种创新模式总结新型农业经营模式创新的发展趋势与重点。农业经营模式要与空间技术、自动化技术等新型农业技术相融合，与预售融资模式、绿色供应链金融模式等新型融资方式相融合，与绿色智慧厨房、共享农庄、优质农产品 C2M 等新业态相融合，不断推动农业经营模式创新进步。

参考文献

蔡海龙，2013．农业产业化经营组织形式及其创新路径[J]．中国农村经济（11）：4-11．

陈东平，宋文华，2018．农民与新型农业经营主体利益联结稳定性：信任的作用——基于多个案例的分析[J]．农村经济（3）：99-105．

楚明钦，2020．数字经济下农业生产性服务业高质量发展的问题与对策研究[J]．理论月刊（8）：64-69．

苟兴朝，杨继瑞，2019．禀赋效应、产权细分、分工深化与农业生产经营模式创新：兼论“农业共营制”的乡村振兴意义[J]．宁夏社会科学（2）：84-92．

姜长云，2018．龙头企业与农民合作社、家庭农场发展关系研究[J]．社会科学战线（2）：58-67．

姜长云，2019．新时代创新完善农户利益联结机制研究[J]．社会科学战线（7）：44-53．

姜涛，2019．新型农业经营主体带动农村三产融合的动因、模式和对策[J]．中州学刊（10）：46-52．

寇爽，2021．技术引领下我国农村数字经济与农业经济的有效融合研究[J]．农业经济（6）：12-14．

兰明昊，涂圣伟，2017．重构农业激励约束机制、激发内生发展动力，助力现代农业发展[J]．农业现代化研究，38（1）：53-59．

李贝贝，2019．发展“互联网+农业”促进农业新升级[J]．农业经济（10）：14-15．

李佳南，2019．数字经济在推动农业经济发展中的功能分析：评《转型的动力：中国农业供给侧结构性改革》[J]．中国农业资源与区划，40（11）：94，102．

李洁，2019．新型农业经营主体的风险生成与规避机制：基于苏皖鄂等地的调查[J]．云南行政学院学报，21（5）：24-28．

廖祖君，郭晓鸣，2015．中国农业经营组织体系演变的逻辑与方向：一个产业链整合的分析框架[J]．中国农村经济（2）：13-21．

刘畅，高杰，2016．基于共生理论的中国农业产业化经营组织演进[J]．农村经济（6）：45-50．

刘静，2017．新型农业生产经营主体的生产效率研究[J]．中国农业资源与区划，38（1）：157-161．

闵继胜，2018．新型经营主体经营模式创新分析：基于黑龙江仁发合作社的案例分析[J]．农业经济问题（10）：50-59．

彭成圆，赵建伟，蒋和平，等，2019．乡村振兴战略背景下农村电商创业的典型模式研究：以江苏省创业实践为例[J]．农业经济与管理（6）：14-23．

钱明辉，潘菲，齐悦，2021．后新冠疫情下我国农业农村数字经济发展：问题、趋势与对策[J]．中国农业资源与区划，42（11）：62-71．

阮俊虎，刘天军，冯晓春，等，2020．数字农业运营管理：关键问题、理论方法与示范工程[J]．管理世界，36（8）：222-233．

孙东升，孔凡丕，陈学渊，2019．小农户与现代农业衔接的经验、启示与建议[J]．农业经济问题（4）：46-50．

汪旭晖，赵博，王新，2020．数字农业模式创新研究：基于网易味央猪的案例[J]．农业经济问题（8）：115-130．

汪艳涛，高强，金炜博，2015．新型农业经营主体产业化的运作模式[J]．重庆社会科学（5）：27-33．

王乐君，寇广增，王斯烈，2019．构建新型农业经营主体与小农户利益联结机制[J]．中国农业大学学报（社会科学版），36（2）：89-97．

王素琴，汪婧，2017．培育新型农业经营主体 助力南京现代农业发展[J]．江苏农村经济（11）：46-48．

王志刚，于滨铜，2019．农业产业化联合体概念内涵、组织边界与增效机制：安徽案例举证[J]．中国农村经济（2）：60-80．

温涛，陈一明，2020．数字经济与农业农村经济融合发展：实践模式、现实障碍与突破路径[J]．农业经济问题（7）：118-129．

文龙娇，张珩，2021．数字经济下新型农业经营主体融资实现路径研究[J]．当代经济管理，43（11）：90-97．

翁贞林，阮华，2015．新型农业经营主体：多元模式、内在逻辑与区域案例分析[J]．华中农业大学学报（社会科学版）(5)：32-39．

谢来位，付玉联，2019．农业生产方式和组织模式创新的政策诉求及政策保障[J]．探索（5）：124-131．

杨富云，2019．农业产业化经营组织的演进路径探析[J]．农业经济（3）：54-55．

曾福生，2011．中国现代农业经营模式及其创新的探讨[J]．农业经济问题，32（10）：4-10，110．

张照新，赵海，2013．新型农业经营主体的困境摆脱及其体制机制创新[J]．改革（2）：78-87．

周月书，王婕，2017．产业链组织形式、市场势力与农业产业链融资：基于江苏省 397 户规模农户的实证分析[J]．中国农村经济（4）：46-58．

JAMALUDDIN N, 2013. Adoption of E-commerce Practices among the Indian Farmers, a Survey of Trichy District in the State of Tamilnadu, India[R]. International Conerence on Economics and Business Research.

KHANAL A R, MISHRA A K, KOIRALA K H, 2015. Access to the Internet and Financial Performance of Small Business Households[J]. Electronic Commerce Research, 15(2): 159-175.

SINGH S, 2002. Contracting Out Solutions: Political Economy of Contract Farming in the Indian Punjab[J]. World Development, 30(9): 1621-1638.

TZOUNIS A, KATSOULAS N, BARTZANAS T, et al, 2017. Internet of Things in Agriculture, Recent Advances and Future Challenges[J]. Biosystems Engineering: 164.

VARGO S L, LUSCH R F, 2015. Institutions and Axioms: an Extension and Update of Service-dominant Logic[J]. Journal of the Academy of Marketing Science, 44(1): 5-23.

YANG M, HU S, 2016. Research on the E-business Platform of Agricultural Products and Rice Marketing Channel Based on Network Big Data[J]. Revista Técnica de la Facultad de Ingeniería Universidad del Zulia, 39(12): 258-265.

附　录

附录1　第一批国家农业绿色发展试点先行区名单（2017年）

序号	名单
1	浙江省
2	江苏省徐州市
3	江苏省泰州市
4	福建省漳州市
5	福建省南平市
6	山东省枣庄市
7	河南省平顶山市
8	湖北省咸宁市
9	云南省玉溪市
10	北京市顺义区
11	天津市武清区
12	河北省承德市围场县
13	山西省晋城市高平市
14	山西省临汾市蒲县
15	内蒙古自治区巴彦淖尔市杭锦后旗
16	辽宁省朝阳市喀左县
17	吉林省吉林市舒兰市
18	吉林省通化市通化县
19	黑龙江省大庆市肇源县
20	上海市崇明区
21	安徽省阜阳市颍上县
22	江西省宜春市丰城市
23	湖北省宜昌市夷陵区
24	湖南省岳阳市屈原管理区
25	湖南省常德市澧县
26	广东省河源市东源县
27	广东省江门市恩平市

续表

序号	名单
28	广西壮族自治区贺州市钟山县
29	海南省琼海市
30	重庆市璧山区
31	四川省自贡市荣县
32	贵州省遵义市凤冈县
33	云南省曲靖市马龙县
34	西藏自治区日喀则市仲巴县
35	陕西省渭南市华州区
36	甘肃省张掖市高台县
37	青海省海北州刚察县
38	宁夏回族自治区吴忠市青铜峡市
39	新疆维吾尔自治区伊犁州特克斯县
40	新疆生产建设兵团第八师石河子总场

资料来源：中华人民共和国农业农村部。

附录2　第二批国家农业绿色发展先行区名单（2019年）

序号	名单
1	海南省国家农业绿色发展先行区
2	北京市大兴区国家农业绿色发展先行区
3	天津市西青区国家农业绿色发展先行区
4	河北省平山县国家农业绿色发展先行区
5	河北省曲周县国家农业绿色发展先行区
6	山西省万荣县国家农业绿色发展先行区
7	内蒙古自治区科尔沁右翼前旗国家农业绿色发展先行区
8	辽宁省凌海市国家农业绿色发展先行区
9	吉林省和龙市国家农业绿色发展先行区
10	黑龙江省兰西县国家农业绿色发展先行区
11	上海市松江区国家农业绿色发展先行区
12	江苏省如皋市国家农业绿色发展先行区
13	江苏省常州市新北区国家农业绿色发展先行区
14	安徽省岳西县国家农业绿色发展先行区
15	安徽省休宁县国家农业绿色发展先行区

续表

序号	名单
16	福建省永泰县国家农业绿色发展先行区
17	江西省万载县国家农业绿色发展先行区
18	江西省泰和县国家农业绿色发展先行区
19	山东省齐河县国家农业绿色发展先行区
20	河南省济源市国家农业绿色发展先行区
21	湖北省大冶市国家农业绿色发展先行区
22	湖北省十堰市郧阳区国家农业绿色发展先行区
23	湖南省浏阳市国家农业绿色发展先行区
24	湖南省新宁县国家农业绿色发展先行区
25	广东省德庆县国家农业绿色发展先行区
26	广西壮族自治区田东县国家农业绿色发展先行区
27	重庆市开州区国家农业绿色发展先行区
28	重庆市武隆区国家农业绿色发展先行区
29	四川省成都市青白江区国家农业绿色发展先行区
30	四川省泸县国家农业绿色发展先行区
31	贵州省松桃县国家农业绿色发展先行区
32	贵州省金沙县国家农业绿色发展先行区
33	云南省大理市国家农业绿色发展先行区
34	云南省弥勒市国家农业绿色发展先行区
35	西藏自治区白朗县国家农业绿色发展先行区
36	陕西省洋县国家农业绿色发展先行区
37	甘肃省广河县国家农业绿色发展先行区
38	青海省湟源县国家农业绿色发展先行区
39	宁夏回族自治区中宁县国家农业绿色发展先行区
40	新疆维吾尔自治区奇台县国家农业绿色发展先行区
41	新疆生产建设兵团第六师共青团农场国家农业绿色发展先行区

资料来源：中华人民共和国农业农村部。

附录 3　第三批国家农业绿色发展先行区创建名单（2022 年）

序号	名单
1	北京市延庆区
2	天津市滨海新区

续表

序号	名单
3	河北省邢台市威县
4	河北省衡水市饶阳县
5	山西省长治市沁县
6	内蒙古自治区赤峰市敖汉旗
7	内蒙古自治区乌兰察布市察哈尔右翼前旗
8	辽宁省铁岭市西丰县
9	辽宁省鞍山市岫岩满族自治县
10	吉林省四平市梨树县
11	吉林省白山市抚松县
12	黑龙江省伊春市铁力市
13	黑龙江省齐齐哈尔市讷河市
14	上海市青浦区
15	江苏省南京市六合区
16	江苏省常州市武进区
17	安徽省宣城市宣州区
18	安徽省合肥市肥东县
19	福建省龙岩市长汀县
20	福建省三明市建宁县
21	江西省上饶市婺源县
22	江西省九江市瑞昌市
23	山东省济宁市金乡县
24	山东省聊城市阳谷县
25	河南省开封市兰考县
26	河南省南阳市
27	湖北省孝感市安陆市
28	湖北省恩施土家族苗族自治州
29	湖南省郴州市汝城县
30	湖南省株洲市茶陵县
31	广东省汕尾市陆丰市
32	广西壮族自治区贵港市平南县
33	四川省成都市邛崃市
34	四川省广元市剑阁县
35	重庆市合川区
36	重庆市万州区
37	贵州省黔西南布依族苗族自治州贞丰县

续表

序号	名单
38	贵州省六盘水市水城区
39	云南省大理白族自治州宾川县
40	云南省红河哈尼族彝族自治州石屏县
41	西藏自治区拉萨市曲水县
42	陕西省延安市富县
43	陕西省商洛市商南县
44	甘肃省甘南藏族自治州
45	青海省海东市循化撒拉族自治县
46	新疆维吾尔自治区塔城地区额敏县
47	新疆生产建设兵团第二师铁门关市二十五团
48	北大荒集团黑龙江前进农场
49	广东省农垦总局湛江农垦局（徐闻片区）

资料来源：中华人民共和国农业农村部。

附录4　第四批国家农业绿色发展先行区创建名单（2023年）

序号	名单
1	北京市怀柔区
2	天津市静海区
3	河北省定兴县
4	河北省魏县
5	河北省张家口市崇礼区
6	河北省乐亭县
7	山西省大同市云州区
8	山西省稷山县
9	山西省临猗县
10	内蒙古自治区五原县
11	内蒙古自治区喀喇沁旗
12	内蒙古自治区包头市九原区
13	内蒙古自治区扎赉特旗
14	辽宁省康平县
15	辽宁省新民市
16	辽宁省彰武县

续表

序号	名单
17	吉林省公主岭市
18	吉林省辉南县
19	吉林省永吉县
20	黑龙江省桦川县
21	黑龙江省通河县
22	黑龙江省黑河市爱辉区
23	黑龙江省宝清县
24	上海市金山区
25	江苏省盐城市
26	江苏省丹阳市
27	江苏省苏州市吴江区
28	江苏省南通市海门区
29	安徽省南陵县
30	安徽省太湖县
31	安徽省金寨县
32	安徽省砀山县
33	福建省尤溪县
34	福建省福清市
35	福建省安溪县
36	江西省庐山市
37	江西省资溪县
38	山东省新泰市
39	山东省无棣县
40	山东省平阴县
41	山东省青州市
42	河南省信阳市
43	河南省原阳县
44	河南省临颍县
45	河南省南乐县
46	湖北省京山市
47	湖北省石首市
48	湖北省团风县
49	湖南省岳阳市君山区
50	湖南省桃江县
51	湖南省韶山市

续表

序号	名单
52	广东省高州市
53	广东省肇庆市高要区
54	广西壮族自治区南丹县
55	广西壮族自治区合浦县
56	广西壮族自治区恭城瑶族自治县
57	四川省蒲江县
58	四川省威远县
59	四川省攀枝花市仁和区
60	四川省洪雅县
61	四川省开江县
62	重庆市奉节县
63	重庆市巫山县
64	重庆市涪陵区
65	贵州省榕江县
66	贵州省织金县
67	云南省洱源县
68	云南省禄丰市
69	云南省曲靖市麒麟区
70	西藏自治区山南市乃东区
71	陕西省眉县
72	陕西省彬州市
73	陕西省留坝县
74	陕西省西安市临潼区
75	甘肃省庆阳市
76	甘肃省天水市秦州区
77	青海省贵德县
78	新疆维吾尔自治区博乐市
79	新疆维吾尔自治区沙雅县
80	新疆生产建设兵团第一师十团